وردی

Rêzimanî Kurdî

Dr. Nerîman 'Ebdulla Xoşnaw

د. نەریمان عەبدوڵڵا خۆشناو

Edîtor

Ahmet KIRKAN

Amadekar

Ahmet KIRKAN, Abdullah EKİCİ,

Ayhan YILDIZ

dara

Dara: 60 | **Perwerde:** 05

Rêzimanî Kurdî
Dr. Nerîman ʻEbdulla Xoşnaw

Gerînendeyê Giştî: Bawer Berşev
Edîtor: Ahmet Kırkan
Amadekar: Ahmet Kırkan – Abdullah Ekici – Ayhan Yıldız
Dîzayna Bergê: Sadık Hangül
Mîzanpaj: juji tasarım

Çapa Yekem: Stenbol – Sibat, 2021

ISBN: 978-605-06612-7-9

Mirza Basım Yayın Dağıtım San. ve Tic. Ltd. Şti.
Kooperatifler Mah. Cahit Sıtkı Tarancı Sok. Kapitol Apt. No:1
Ofis/Yenişehir/Diyarbakır **Tel:** 0412 223 61 71
Sertifika: 47872

Web: www.pirtukakurdi.com - www.darayayinlari.com
e-mail: darayayinlari@gmail.com
facebook.com/twitter.com/instagram.com: darayayinlari

Çap:
Ceylan Matbaa
Maltepe Mah. Davutpaşa Cad. Güven İş Merkezi, No: 83/317-318-319
Zeytinburnu/İstanbul **Tel-Faks:** 0212 613 10 79
Sertifika No: 40933

Rêzimanî Kurdî

Dr. Nerîman 'Ebdulla Xoşnaw

د. نەریمان عەبدوڵڵا خۆشناو

Edîtor

Ahmet KIRKAN

Amadekar

Ahmet KIRKAN, Abdullah EKİCİ,

Ayhan YILDIZ

Perwerde

NAWEROK

Babet **Laper**

پێشەکی چاپی دووەم

لەچاپی یەکەمدا، بەداخەوە هەندێ هەڵەی چاپی تێکەوتبوو، بۆیە لەم چاپەدا هەموو هەڵەکانمان چاککردۆتەوە، لەگەڵ زیادکرنی هەندێ بابەتی زۆر گرنگی بواری ڕێزمانی کوردی، کە ئەوانیش بریتین لە (چاوگ، ڕەگی کار، قەدی چاوگ) ، کە بەداخەوە زماnnasانی کورد زۆر بەدەگمەن خۆیان لەم لایەنە گرنگانەی زمان داوە، بەتایبەتی لە قۆناغی زانکۆ، بەهۆیەوە زۆربەی مامۆستایان و پسپۆرانی زمانی کوردی خۆیان لەم لایەنانە دوورخستۆتەوە، هەر بۆیەشە ئێمە لەم ڕوانگەیەوە هەوڵماندوە ئەم بابەتە بۆ ئارەزوومەندان و خوێنەرانی زمانی کوردی ڕوونبکەینەوە .

لە کۆتاییدا هیواخوازین دڵسۆزانی زمانی کوردی لە کەموکوڕییەکانی ئەم کتێبە و سەرجەم کتێب و نووسینەکانی خۆمان ئاگادارمان بکەنەوە .

Pêşekî Çapî Duwem

Le çapî yekem da, be daxewe hendê heley çapî tê kewtibû, boye lem çape da hemû helekanman çak kirdotewe, legell ziyadkirdinî hendê babetî zor giringî biwarî rêzimanî Kurdî, ke ewanîş birîtîn le “çawg, rregî kar, qedî çawg” ke be daxewe zimannasanî Kurd zor be degmen xoyan lem layene giringaney ziman dawe, be taybetî le qonaxî zanko, be hoyewe zorbey mamostayan û pisporanî zimanî Kurdî xoyan lem layenane dûr xistotewe. Her boyeşe ême lem riwangeyewe hewilman da em babete bo arezûmendan û xwêneranî zimanî Kurdî rrûn bikeynewe.

Le kotayî da hîwaxwaz în dillsozanî zimanî Kurdî le kem û kurîyekanî em kitêbe û sercem kitêb û nûsînekanî xoman agadarman bikenewe.

پێشەکی چاپی یەکەم

ڕێزمان ئاستێکە لە ئاستەکانی زمان، کە بەهۆیەوە هەردوو لایەنی مۆرفۆلۆژی و سینتاکس دەگرێتەخۆ، ئەم ئاستە تا هەنووکە شتێکی زۆری لەسەر نەنووسراوە، بەتایبەتی بەشەکانی ئاخاوتن، بەجۆرێك ئەوەی نووسراشە پڕە لە هەڵە و کەموکووڕی زانستیی، تەنیا چەند دانەیەکی کەمیان نەبێت، کە بە پەنجەی دەست دەژمێردرێن بەتایبەتی بەرهەم و شاکارە بەناوبانگەکانی باوکی زمانەوانانی کورد (د.ئەوڕەحمانی حاجی مارف) ، کە زۆر دڵسۆزانە خزمەتی زمان و زمانەوانی کوردی کردووە، هەر بۆیەشە ئێمە لەم کتێبەدا سوودێکی زۆرمان لە بەرهەمەکانی بینیوە، بەو واتایەی کردوومانەتە بناغەیەك بۆ نووسین و دانانی ئەم کتێبە، تەنانەت دەتوانین بڵێین کە تا دونیا ماوە هیچ نووسینێك ناگات بە قوولە پێیەکی نووسینەکانی ئەوڕەحمانی حاجی مارف .

ئەم کتێبە هەر (دە) بەشەکانی ئاخاوتن دەگرێتەخۆ، کە ئەوانیش بریتین لە (ناو، جێناو، ئاوەڵناو، کار، ئاوەڵکار، ژمارە، پارتیکل، پێشبەند، ئامرازی بەستنەوە، ئامرازی سەرسوڕمان و بانگکردن) .

ئەوەی جێگەی باسکردنە هەردوو بەشە ئاخاوتنی (ژمارە) و (پارتیکل) تا هەنووکە زۆرێك لە زمانەوانان بە بەشە ئاخاوتنی سەربەخۆ سەیری ناکەن، بەڵێم لێکۆڵینەوەکەی ئێمە لە سەر بنەمای زانستیی و واقیعی زمانی کوردی سەیری بەشە ئاخاوتنەکانی کردووە، هەربۆیەشە وەکو دوو بەشە ئاخاوتنی سەربەخۆ سەیری (ژمارە) و (پارتیکل) مان کردووە.

نەریمان خۆشناو / هەولێر 2009/1/1

Pêşekî Çapî Yekem

Rêziman astêk e le astekanî ziman, ke be hoyewe her dû layenî morfolojî û sîntaks degirête xo, em aste ta henûke şitêkî zorî le ser nenûsrawe, be taybetî beşekanî axawtin, be corêk ewey nûsraşe pir e le hele û kem û kûrî zanistîy, tenya çend daneyekî kemyan nebêt ke be pencey dest dejmêrdirên be taybetî berhem û şakare be nawbangekanî bawkî zimanewananî Kurd Dr. Ewrehmanî Hacî Marif, ke zor dillsozane xizmetî ziman û zimanewanî Kurdî kirduwe, her boyeşe ême lem kitêbe da sûdêkî zorman le berhemekanî bînîwe, bew watayey kirdûmanete binaxeyek bo nûsîn û dananî em kitêbe, tenanet detwanîn billêyn ke ta dunya mawe hîç nûsînêk nagat be qûle pêyekî nûsînekanî Ewrihmanî Hacî Marif.

Em kitêbe her "de" beşekanî axawtin degirête xo, ke ewanîş birîtîn le " naw, cênaw, awellnaw, kar, awellkar, jimare, partîkil, pêşbend, amrazî bestinewe, amrazî sersûrman û bangkirdin."

Ewey cêgey baskirdin e her dû beşe axawtinî "jimare" û "partîkil" ta henûke zorêk le zimanewanan be beşe axawtinî serbexo seyrî naken, bellam lêkollînewekey ême le ser binemay zanistîy û waqî'î zimanî Kurdî seyrî beşe axawtinekanî kirduwe, her boyeşe weku dû beşe axawtinî serbexo seyrî "jimare" û "partîkil"man kirduwe.

Nerîman Xoşnaw

Hewlêr 1.1.2009

DESTPÊK

Xebatên di biwarê rêzimana Kurdî de çi bi zimanên derî Kurdî be, çi jî bi zimanê Kurdî bi xwe be, ji serê sedsala XIX-an ve ketine nav gur û geşîyê. Kedkarên gramera Kurdî, ji Êrîvan û Petersburgê heta Elezîz û Stenbolê, ji Roma û Berlînê heta bi Erzurûm û Bidlîsê, ji Parîs û Londonê heta bi Bexdad û Şamê, ji Tehran, Sine û Hewramanê heta bi Amed, Amêdîyê û Hewlêrê li ser rêzimana Kurdî xebitîne û berhem hilberane. Çi heye ku hayûbaya piranîya van kedkaran ji hev çê nebûye. Hinek di tanga/hindava xwe de li ser dîyalektekê, hinek li ser devokekê, hinek jî li ser çend dîyalektan bi hev re xebitîne. Ji wê hingê heta îro hîna jî kedkar û emekdarên ku li ser rêzimana Kurmancî, Soranî, yan jî Dimbilî dixebitin, bi awayekî baş hay ji hev tune ne. Ji ber wê, ew tecrubeya sedsalane, xwe nagihêne nifşên nû û di vê biwarê de ev gramer peresaneke/geşedaneke ku heq dike bi dest naxe. Meriv dikare vê rewşê wekî arîşe û "pirsgirêk"eke ciddî li qelem bide. Para pirtir a van xebatên rêzimanî, li ser Kurmancî û Soranî; qismek jî li ser Kirmancî/Zazakî ne. Ji ber tuxûbên sîyasî û cografî, zêdetirî sedsalekê ye ku gramernasên Kurdî nekarîne peywendîyeke baş di vê biwarê de ligel hev dênin. Herçiqas çend xebatên ku li ser rêzimana Kurmancî û Soranî hatibin çapkirin jî, di vê qadê de têra lêkoleran nakin.

Xebatên li Ser Berawirdkirina Gramera Kurmancî û Soranî

Gava em berê bala xwe didin ser rabirdûya dîrokî ya geşedana xebatên bi vî rengî, em rastî xebata ewil a bi navê *Hînkerê Zimanê Kurdî* tên. Neşrîyata "Hêvî Civata Kurdan" li Stenbolê, di sala 1921ê de ew neşir kirîye. Ev, wekî pirtûka ewil a hînkirina Kurdîya Kurmancî û Soranî tê dîtin. Tê de digel çend metnên xwendinê, li hember hevokên/risteyên tirkî, riste û îzafeyên bi Kurmancî û Soranî hatine dayin. Weşanxaneya **bgst**ê sala 2008an ev kitêbok, bi tevî orjinalî û transkirîpeya wê li Stenbolê çap kirîye. Qanatê Kurdo di salên 1965an de li ser gramera Soranî û Kurmancî digel hev xebitîye û wî ew wekî tezeke doktorayê, cara ewil bi navê *Gramatîka Kurdskogo Yazîka na Matêrîlê Kurmancî û Soranî* bi zimanê rûsî çap kirîye, peyre wî bi xwe, di sala 1984an de bi Kurmancî amade kirîye û li Ewrûpayê daye çapkirin. Doktor Kurdistan Mukrîyanî, ev berhem ji Rûsî wergeraye Soranî û Emîndarîyetî Giştî Roşinbîrî û Lawan ew di sala 1984an de di çapxaneya el-Edîbu'l-Bexdadî de daye çapkirin.[1] Zülküf Ergül, ev berhem ji Soranî wergeraye Kurmancî û sala 2013an Weşanxaneya Nûbiharê ew bi alfabeya latîn çap kirîye. Sadiq Bahaedîn Amêdî di vê biwarê de berhemek bi navê *Rêzimana Kurdî–Kurmancîya Jorî û Jêrî ya Hevberkirrî* nivîsîye û Zankoy Selahedîn ew sala 1987an çap kirîye. M. Xalid Sadinî ew amade kirîye û sala 2012an, Weşanên Dîwanê bi alfabeya latîn çap kirîye. Muhemmed Emîn Hewramanî bi navê *Zarî Zimanî Kurdî le Terazûyî Berawird da* berhemek nivîsîye û ev sala 1981ê li Bexdadê hatîye çapkirin. Melîk Fêrgîn Aykoç bi navê *Kurdîzan: Rûberîna Zaravên Kurdî* xebatek amade kirîye û ev sala 1996an li Berlinê hatîye çapkirin. Kadri Yıldırım, xebateke bi navê *Fêrkerî Soranî* ji bo Kurmancîaxivan amade kirîye û Weşanên Şemal Medya, di sala 2014an de ew li İstanbulê çap kirîye. Bextîyar Secadî digel Mezher Îbrahîmî bi navê *Ziman û Wêjeya Kurdî* pirtûkek bi alfabeya Erebî-Kurdî amade kirîye û di sala 1396ê salnameya Îranî li Seqizê di

[1] Qanatê Kurdo, *Rêzimana Kurdî Kurmancî-Soranî*, (Ji Kurdîya Soranî: Zülküf Ergün), Nûbihar, İstanbul, 2013, r. 11-12.

çapxaneya Gotarê de çap kirîye. Wan di vê xebata rêziman û edebîyata Soranî de cih daye edebîyata Kurmancî û Zazakî û behsa alfabeya Kurdî-Latîn.

Wekî din heger ev cure xebatên bi rengê ku gramera Kurmancî ji bo Soranîaxivan amade kiribin, an jî gramera Soranî ji bo Kurmancîaxivan amade kiribin û li başûr, rojhilat, rojava, yan jî li bakûr pêşkêşî raya giştî kiribin, a niha me hay jê tune ye. Çawa ku li jorê tê dîtin, hejmara xebatên ku li ser rêzimana Kurmancî û Soranî ne, hem hindik e, hem jî ev xebat wisan bi rehetî bi destê merivan nakevin. Nexwe ev tengavî, muşkîleyeke mezin e û têkildarî bi wê re ev xebata ber destê me "girîng" e.

Di Biwarê Termînolojîya Gramerê de Nêzîhevkirina Kurmancî, Soranî û Kirmancî

Çend sal berê, zemanê ku haya gramernas û gramernûsên Kurmanc û Kirmanc/Zaza ji xebatên gramernas û gramernûsên Soran tunebû, wan di biwarê term û têgehên gramera Kurmancî û Kirmancî de ji xwe re bêjeyên nû çê dikirin û her ku zeman bi ser de derbas dibû, termînolojîya Kurmancî, Zazayî û Soran ji hev dûr diket. Piştî ku haya xebatkarên gramera Kurmancî û Kirmancî ji yên Soranî çê bû, bere bere wan giranî û girîngîyeke gewre da têgehên hevbeş. Wekî mînak di Kurmancî de navê bêjeya sifetê "rengdêr"[2] bû, navê zerfê "hoker"[3] bû, piştî ku ew bi Soranî hisîyan ku ew ji sifetê re dibêjin "awalnaw" û ji zerfê re dibêjin "awalkar", wan jî êdî di berhemên xwe yên rêzimanî de li şûna bêjeya rengdêr, bêjeya "hevalnav"; li şûna bêjeya hoker, "hevalkar"[4] bi kar anî. Gramernasên Dimbilî/Zazayî jî di vê biwarê de girîngî bi termînolojîya van her du Kurdîyan da û meriv dibîne ku ew jî term û têgehên ku bi Kurmancî û Soranî re hevbeş in bi kar diênin. Wekî mînak gramernûsên gramera Dimbilî/Zazayî Munzur Çem[5], Sebahettin Gultekin[6], Seîd Veroj[7] û Hacî Ozkal[8] mîna Soranan ji bêjeya fiîlê re dibêjin "kar". Di nav gramernasên Dimbilî de lêkoler û mamostayê Dimbilî/Kirmancî Sebahettîn Gultekîn, mîna mamosteyên Soranan ji cumleyê/hevokê re dibêje "rista", ji awelnawan re dibêje "hevalname" û ji awelkaran ra dibêje "hevalkar". Jixwe gramernasê herêma Kurdên Sûrî Deham Ebdulfettah ji zû ve ye ku bêjeya "kar" di xebatên xwe yên gramerê de bi kar diêne. Helbet ev bi xêra wê kedê ye ku xebat û berhemên van Kurdîyan digihîjîne ber destê gramernûsan.

Pirsgirêka Alfabeyan

Weşan û tehsîla Kurmancî û Soranî ku li Kurdistana Iraq û Îranê tê kirin, ji berê ve heta niha, bi alfabeya Erebî ye. Zemanê berê çawa ku Kurmancên Sûrî û Tirkîyeyê, heta salên 1950yî berhemên xwe yên Kurmancî bi alfabeya Erebî dinivîsîn, alimên Dimbilîyan jî berhemên xwe yên Dimbilî bi heman alfabeyê dinivîsîn. Piştî ku Birabedirxanîyan (Celadet Elî û Kamiran) alfabeya kovara *Hawar*ê kir tîpên latînî, êdî ev alfabe ket nav miletê. Tiştê ku

---

[2] Bahoz Baran, *Rêzimana Kurmancî*, Belkî, İstanbul, 2012, r. 77.

[3] Kamuran Ali Bedir-Xan, *Türkçe İzahlı Kürtçe Gramer*, Weşanên Deng, İstanbul, 1991, r. 80.

[4] Samî Tan, *Rêziman û Rastnivîsa Zaravayê Kurmancî*, Weşanên Enstîtuya Kurdî ya Stenbolê, İstanbul, 2005, r. 143.

[5] Munzur Çem, *Türkçe Açıklamalı Kirmancca (Zazaca) Gramer,* Deng Yayınları, İstanbul, 2003, r. 128.

[6] Sebahettin Gultekin, *Ro Ser Zarawayê Kirmanckî Xebata Gramerî,* Weşanên Enstîtuya Kurdî ya Stenbolê, 2011. r. 83.

[7] Seîd Veroj, *Veracêkerdena Gramerê Zazakî û Kurmancî: Dîyalekt, Alfabe, Fonetîk û Morfolojî*, Weşanên Ava, Dîyarbakir, 2014, r. 203.

[8] Hacî Ozkal, *Gramer û Raştnuştişê Kurdî/Kirdkî (Kirmanckî/Zazakî),* Weşanên J&J, Dîyarbakir, 2017, r. 104.

heye bi taybetî rêvebirên komara nû ya Osmanî, Cumhurîyeta Tirkîyeyê ku di hemî dam û dezgayên xwe de li şûna alfabeya Erebî-Osmanî, alfabeya Latîn-Tirkî bi awayê fermî li ser her welatîyî bi darê zorê ferz kir, Kurmanc û Dimbilî jî neçar man ku hînî wê bibin. Nifş bi nifşên Kurmanc û Dimbilîyan êdî hema hema bi temamî alfabeya Erebî-Kurdî ji bîr kir û îro tenê bi alfabeya Latîn dizanin bixwênin û binivîsin. Ji lew re, piranîya kedkar û xebatkarên rêzimana Kurmancî û Dimbilî, bi hêsanî nikanin metnekî ku bi alfabeya Erebî-Kurdî hatîye nivîsîn bixwênin. Di vê rewşê de dubendî û jihevdûrketineke mezin di nav termînolojîya gramerî ya Kurmancî, Soranî û Dimbilî de derketîye manaşê. Li pêşberî vê rewşê Kurmanc, Soran û Goranên ku li herêmên xwe yên ku di bin desthilatdarîya Dewleta Iraq û Dewleta Îranê de bi awayê fermî hînî alfabeya Erebî-Kurdî bûne û ew jî îca bi hêsanî nikarin metnên Kurmancî û Dimbilî ku bi alfabeya latîn hatine nivîsîn bixwênin û jê mifa wergirin. Ev jî helbet dibe/bûye sedemê nerehetî û dijwarîyeke zehmet. Ha bi vê xebata ber destê me, hewildanek hatîye dayîn ku bi hindikî be jî, çareserîyek ji vê problemê re bihe dîtin. Berhema Dr. Nerîman Ebdullah Xoşnaw, *Rêzimanî Kurdî*, bi awayê wê yê orijînal ji alfabeya Erebî-Kurdî li alfabeya Latîn-Kurdî hatîye transkrîpekirin û digel alfabeya wê ya Erebî-Kurdî hatîye amadekirin. Hêvî û umêd heye ku bi vî awayî di termînolojîya gramerî ya Kurdîyan de, xizmetek ji bo nêzîhevkirinê bihe kirin.

Beşên Xebatê

Amadekarê vê xebatê Dr. Nerîman Ebdulla Xoşnaw, serê ewil piştî ku bi kurtî behsa rêziman û binşaxên zimannasîyê dike, astên zimanî, dabeşî şaxên mîna dengsazî, rêziman û wateyê dike. Dengsazîyê li ser binbeşên "fonetîk" û "fonolojîyê", rêzimanê li ser "watesazî" û "wişesazîyê" û asta wateyê, li ser ristesazî û pragmatîkê dabeş dike. Piştî vê ji bo her têgehekê pênaseyan dike.

Xoşnaw, di pey van de dest bi dîyarkirina "beşên axaftinê" ku bi Kurmancî em jê re "cureyên bêjeyan" dibêjin dike. Ew vê beşê ji qûtabxaneyên (ekolên) dunyayê yên zimanewanîyê, li gor Qutabxaneya Rûsî ku hejmara cureyên bêjeyan deh e pêşkêş dike. Bêjeyên "naw" ango navdêr/name, cihnav/caname, hevalnav/hevalname, kar, hevalkar, hejmar/hûmarname, partîkel, edatên navgînên peywendîyê (gihanek, bestox, navgînên bestinê), edatên sersurman û bangê (baneşan) û daçek (preposition/pêşbend) rêz dike û peyre li gor Qutabxaneya Emerîkî û Îngilîzî beşên axaftinê ku hejmara wan heşt e rêz dike. Nivîskar di pey van agahîyan de dor diêne ser her yek ji cureyekî bêjeyan û bi berfirehî li ser wan hûr û kûr dibe. Serê pêşî bêjeyên navdêr, ji hêla taybetmendîyên cîya cîya ve dinikirîne.

Di destpêkê de bêjeyên navdêr, ji hêla hejmar, dîyarî/nasyarî, hebûn, naverok, pêkhatin (binyadî), regezî, ango zayendê û erkê/peywirê ve rave dike. Li gor wî nav ji hêla hejmarê ve dabeşî navên tak (yekhejmarî/yewhûmarî) û navên ko (pirhejmarî/zafhûmarî) dibe, nav ji hêla nasînê/nasyarîyê ve dabeşî navên naskirî/binavkirî û navên nenasyar/nebinavkirî dibe. Ji alîyê hebûnê ve nav, dabeşî navên maddî (şênber) û navên wateyî (razber) dibe, îca navên wateyî jî, di nav xwe de dabeşî navên bincî (razberên eslî) û navên nebincî (razberên darîştî) dibe. Nav ji hêla naverokê (hejmarê) ve dabeşî navên giştî, navên taybetî û navên komelî (komî) dibe. Ji alîyê pêkhatinê ve nav, dabeşî cureyên mîna navên sade (xwerû), navên darijraw (darîştî) û navên lêkdiraw/pevedudanî (hevedudanî) dibe. Li gor regezeyî/zayendê nav, dabeşî navên nêr, mê, dulayan (dualî) û navên bêlayan (rêzimanî). Amadekar di dawîyê de li ser erka/peywira navan a di nav risteyê de disekine û bi mînakan dîyar dike ku nav dikarin wekî hêmanê biker, berkar (bireser), nîhad (bikera neaktîf) û guzare (pêvebera nelikar) cih bigirin. Cîyê baldarîyê ye ku di Soranî de ji bo "karê alîkar" têgeha "karê natemam" tê gotin. Wisan xuya dibe ku ev mijar di bin karîgerîya gramera Erebî de maye. Çunkî ew jî dibêjin "fîila temam" û "fîila naqis". Tiştê ku heye gramernûsên Kurmanc û Kirmanc, ji bo "karê netemam", "kopyûla"[9] jî dibêjin. Nivîskarî, bi berfirehî cih daye cureyên navên razber ku di xebatên gramerî yên Kurmancî û Zazayî de ev mijar tune ye. Gava di erka bêjeyên navdêr de dor tê ser hêmana risteyê "berkar" ango "bireser"ê, Xoşnaw jê re cureyan destnîşan dike û dibêje "berkarê rastewxo" û "berkarê nerastewxo" ku heta niha di gramera Kurmancî de zêde ev mijar nehatîye nikirandin.

Piştî navdêrê nivîskar tê ser bêjeyên ku cureyên wan cênaw/cihnav/caname ne. Li gor vê xebatê cihnav, ji hêla wateyê ve dabeşî cureyên cihnavên kesî, nîşane, xoyî, heyî, hawbeşî (hevbeş), nerênî, çendêtî dîyar, nedîyar, pirsîyarî û cihnavên lêkder dibe, ji hêla pêkhatinê ve dabeşî cureyên mîna cihnavên sade, darijraw (dariştî) û lêkdiraw (pevedudanî) dibe. Digel van cihnav, ji hêla erkên xwe yên nav risteyê ve, wekî hêmanên risteyê jî dikare bibe biker, berkar, nîhad û guzare. Cîyê baldarîyê ye ku gramernûsên Soran ji cihnavên mîna *hev, hev û din, yek û dû, yekdî, yektir* re "cênawî hawbeş" dibêjin. Dibe ku di gramera Kurmancî û Dimilî/Zazayî de jî ev têgeh bihe tercîhkirin. Soran ji cihnava çendanîyê re dibêjin "çendêtî." Dibe ku ev têgeh jî di gramera Kurmancî û Dimbilî de bi heman formî bihe bikaranîn. Cîyê baldarîyê ye ku nivîskarî, cihnavên nedîyarîyê, bi navê "cênawî dîyar" û "cênawî nadîyar" dabeşî du koman kirîye. Ev rêbaz heta niha di pirtûkên gramera Kurmancî de nehatîye destnîşankirin; bes Munzur Çem ji bo navên deman têgeha "dîyar" û "nedîyar"[10] bi kar diêne. Ew cihnavên mîna "hemû" û "gişt" wekî cihnavên dîyar; cihnavên mîna "filan" û "yekêk" wekî cihnavên nedîyar li qelem dane.

Li gor nivîskar bêjeyên hevalnav, ji alîyê **wate**yê ve dabeşî cureyê çonyetî/çawanî, nîşane/nîşandanê, nisbî, nedîyar dibin, ji alîyê **pile**yê ve dabeşî cureyê pileya çespaw/normal, pileya berawird û pileya bala dibin, ji alîyê **pêkhatin**ê ve dabeşî cureyê sade, darijraw/dariştî û lêkdiraw dibin. Cîyê baldarîyê ye ku di gramera Soranî de nîşaneya hevalnava nîşandanê, tê ser wê bêjeya navdêr ku li kêleka hevalnavê cih digire û rewşa makîya navdêrên Dimbilî dixe bîra merivan:

em (ev) kure
ew kiçe
em kurane
ew gulane

Ev taybetmendî di gramera Kurmancî de bi awayê ev *kurê ha, ev keça ha, ew kurên han, ew keçên han* heye; ji bilî wî formeke din di xebatên gramerê de nehatîye destnîşankirin.

Em ji vê xebatê tê digihêjin ku mîna Kurmancî û Dimbilî, di Soranî de jî, bi navê rega rabirdû (dema borî), rega ranebirdû (dema niha) û rega çawkî (raya karên bêrist) sê cure regên/rayên bêjeyan hene; nivîskarî di gramera Soranî de hejmara regên karan derxistîye pêncan. Di pey regan de dor tê ser bêjeyên ku cureyê wan "kar" (lêker) e. Di vê mijarê de rêbaza dîyarkirina Soranî, Kurmancî û Dimbilî ne mîna hev e. Xoşnaw, bêyî ku bi giştî behsa taybetmendîyên gramerî yên bêjeyên "kar" bike, rasterast li ser bingeha dem û avanîya wan a

---

[9] Berzo Mehmud, *Kopyûla û Paşkok di Rista Kurdî û Hindo-Ewrûpî de*, Berzo, Şam, 2012, 11.

[10] Munzur Çem, *Türkçe Açıklamalı Kirmancca (Zazaca) Gramer*, r. 155.

li gor têperî/gerguhêzî û negerguhêzîyê kûr dibe. Cîyê baldarîyê ye ku nivîskar, dudemîya karan, bi navê "kar le rûyê rêjewe" girtîye dest; lêbelê gramernûsên Kurmanc, heta niha bi vî awayî li ser vê mijarê kûr nebûne. Karek, an bi yek demekê tenê ketîye kêşanê, yan jî bi du deman. Bi rastî gava bêjeyeke kar, digel dem û raweyan/kîpan (raweyên ragihandinê û yên daxwazîyê) dikeve kêşanê, di Soranî de gelek navên cîyawaz digire ser xwe û ev terz jî muşkîle ye. Dîyar e nivîskar li gor gramera zimanê Îngilîzî li ser navê deman kûr bûye. Herçiqas di morfema neyînî ya raweyên ragihandinê {ne-}, {na-}, {ni-}, {nê-}yê de Dimbilî bi awayê {nê-} ji Kurmancî û Soranî cîyawaz dibe jî, di morfema neyînî ya raweya fermana rasterast de Kurmancî, Soranî û Dimbilî bi heman formatê dikevin kêşanê û ev morfem di her sêyan de {me-} ye.

Di vê berhemê de nivîskar bêjeyên awelkar/hevalkar (hoker) ji alîyê wateyê ve dabeşî hevalkarên katî/demî, şiwênî/cihî, çonyetî/çawanî, çendêtî, nerênî/neyînî, cextkirdin/dilnîyayî (teqezî), ho û mebest (rewşî) dike, ji alîyê pêkhatinî ve dabeşî sade, dariştî û pevedudanî dike.

Di Soranî de ji bo edatê/daçekê (preposition) pêşbend dibêjin. Çi heye ji ber ku paşbend jî di Soranî, Kurmancî û Dimbilî de hene, bi qenaeta me ev navlêkirin kêm e. Nivîskar, morfema {-e-} wekî morfemeke serbixwe digire dest li ser hêla wê ya aktîv kûr dibe û di vê navberê de mînakan ji gramera Kurmancî jî dide. Tiştê ku heye ku di gramera Kurmancî de gramernas, vê morfemê, wekî gireyeke ku bêjeyên pevedudanî pêk diêne li qelem didin. Li gor vê xebatê em dibînin ku di biwarê mijara "jimare"yan de Kurmancî, Soranî û Dimbilî bi rêjeyeke bilind nêzî hev in. Di mijara sersurman û bangehêştan (baneşan) de ew amrazên (bêjeyên/navgînên) Soranî, Kurmancî û Dimbilî gelek nêzî hev in. Bi qasî ku meriv ji berhema Munzur Çem û pirtûkên gramera Kurmancî serwext dibe, wan mîna Xoşnaw, behsa mijara "partîkel"an nekirîye. Wisan dîyar e ku Xoşnaw, ew navgînên mîna xozge (xwezî), debêt (divê) û ba/wa (bila) ku di biwarê raweyên daxwazîyê de tên bikaranîn, wekî "partîkel" li qelem dane. Mamoste xebata xwe bi mijara amrazê bestinewe bi dawî dike. Ew digel vê têgehê, têgeha "peywend" jî bi kar diêne. Bi qenaeta me bêjeya bestinê çêtir e. Çunkî hem di Kurmancî de cîyê bestinê heye, hem jî di Dimbilî de. Jixwe Muzur Çem di xebata xwe de gava têgehên rêzimana Dimbilî li beraberî tirkî dîyar dike, ji navgînên peywendîyê re dibêje **bestox**[11], S. Gultekîn[12] û Seîd Veroj[13] heman bêjeyê bi kar diênin û Hacî Ozkal bêjeya "bestek"[14] bi kar diêne. Herçiqas gramernûsên gramera Kurmancî li Bakûr dibêjin gihanek[15] ; li Başûr dibêjin "pêwend"[16] jî, heq heye ku gramernasên Soran, Kurmanc û Dimbilî, mîna bêjeya nav, cihnav, kar û hevalkar li ser vê bêjeyê li hev bikin û wê bi kar biênin.

[11] Munzur Çem, *Türkçe Açıklamalı Kirmancca (Zazaca) Gramer,* r. 229.

[12] Şebahettin Gultekin, *Ro Ser Zarawayê Kirmanckî Xebata Gramerî*, r. 78.

[13] Seîd Veroj, *Veracêkerdena Gramerê Zazakî û Kurmancî: Dîyalekt, Alfabe, Fonetîk û Morfolojî*, r. 277.

[14] Hacî Ozkal, *Gramer û Raştnuştişê Kurdî/Kirdkî (Kirmanckî/Zazakî),* r. 100.

[15] Samî Tan, *Rêzimana Kurmancî*, Weşanên Enstîtuya Kurdî ya Stenbolê, İstanbul, 2015, r. 201.; Kadri Yıldırım, *Temel Alıştırma ve Metinlerle Kürtçe Dilbilgisi (Kürmanci Lehçesi),* M.A.Ü. Türkiye'de Yaşayan Diller Enstitüsü Yayınları, Mardin, 2012, r. 283.; Nezir Oçek, *Waneyên Rêzimana Kurmancî*, Weşanên Sîtav, İstanbul, 185.2014, r. ; Bahoz Baran, *Rêzimana Kurmancî*, Weşanên Wardoz, İstanbul, 2018, r. 105.

[16] Îbrahîm Remezan Zaxoyî, *Rêzimana Kurdî/Kurdish Grammar/قواعد اللغة الكردية*, Kolîja Şerî'ê, Dihok, 1998, r. 170.

Rêbaza Amadekirin û Transkrîptekirina Berhemê

Awayê nivîsîna bi alfabeya Kurdî-Latîn, li gor *Rêbera Rastnivîsînê* hatîye bikeyskirin. Herfa [r] û herfa [l] ku bi awayê stûr/qalind di alfabeya Erebî-Kurdî ya Soranî de hene û ji bo ferqa navbera heman herfên wan ên normal, di alfabeya Erebî-Kurdî de nîşaneya "v" li binê wan hatîye danan. Di vê xebatê de ji ber ku cîyawazîya van her du herfên cêwî di alfabeya Kurdî-Latîn de tune ye, ji bo dîyarkirina van herfên stûr, heman herf du caran hatîye nivîsîn. Wekî bêjeya ***rr**istesazî, deko**ll**êtewe.* Rûpelê bi alfabeya Erebî-Kurdî û rûpelê bi alfabeya Latîn-Kurdî li hember hev hatine danan; da ku xwêner bikaribe jê mifa wergire û bi rehetî/hêsanî hînî van alfabeyan bibe. Di dawîyê de ferhengeke biçûk a Soranî-Kurmancî-Tirkî jî cih digire ku ji ferhenga Abdullah Ekici hatîye îstîfadekirin.

ڕێزمانی کوردی

Rêzimanî Kurdî

1. ڕێزمان

ئاستێکە لە ئاستەکانی زمان، کە لە هەردوو لایەنی وشەسازی و ڕستەسازی دەکۆڵێتەوە. لە ڕێزماندا باس لەو یاسایانە دەکرێ، کە دەنگ و واتا بە یەک دەگەیەنێت.

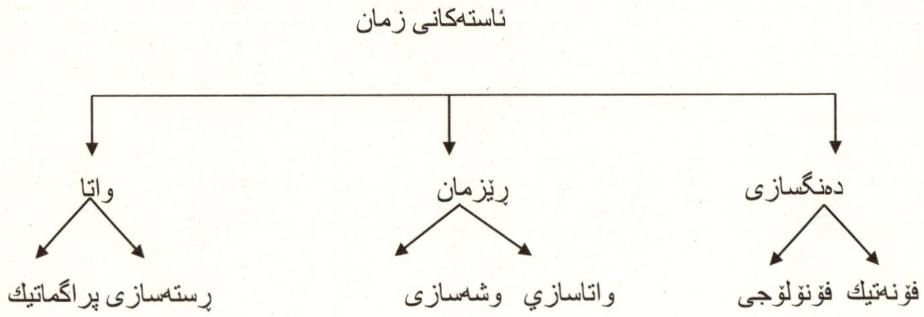

دەنگسازی: ئەو زانستەیە کە لە هەردوو لایەنی فۆنەتیك و فۆنۆلۆجی دەکۆڵێتەوە.

فۆنەتیك: لقێکە لە زانستی دەنگ، کە لە پەیدابوونی دەنگ و ژمارەی دەنگەکان لە هەر زمانێکدا دەکۆڵێتەوە. هەروەها ئاماژە بەو کەرستانە دەکات کە بەشداری لە دروستکردنی دەنگ دەکات، بەتایبەتی (دەم، لووت، مەلاشوو، ...) . کەواتە بەکورتی فۆنەتیك لایەنی تیۆریی دەنگ دەگرێتەخۆ.

فۆنۆلۆجی: لقێکە لە زانستی دەنگ، تیایدا ئاماژە بە یاساکانی دەنگ دەکات، وەکو: (یاساکانی پەیدابوونی دەنگ، تێچوونی دەنگ، جێگۆڕکێی دەنگ،... هتد) . بەو واتایەی فۆنۆلۆژی لایەنی پراکتیکی دەنگ دەگرێتەخۆ.

ڕێزمان: ئاستێکە لە ئاستەکانی زمان، کە لە هەردوو لایەنی وشەسازی (مۆرفۆلۆجي) و ڕستەسازی (سینتاکس) دەکۆڵێتەوە.

وشەسازي (مۆرفۆلۆجي) : زانستێکە لە وشە یاخود مۆرفیم دەکۆڵێتەوە. لە وشەسازیدا ئاماژە بۆ بەشەکانی ئاخاوتن (ناو، جێناو، ئاوەڵناو، ئاوەڵکار، کار... هتد) دەکرێت.

ڕستەسازی (سینتاکس) : ئەو زانستەیە کە لە ڕستە دەکۆڵێتەوە، واتە باسي ڕستە لە ڕووی پێکهاتنەوە (سادە، لێکدراو، تێکەڵ) ، هەروەها ڕستە لە

1. **Rêziman**

Astêk e le astekanî ziman, ke le her dû layenî wişesazî û rristesazî dekollêtewe. Le rêziman da bas lew yasayane dekrê, ke deng û wata be yek degeyenêt.

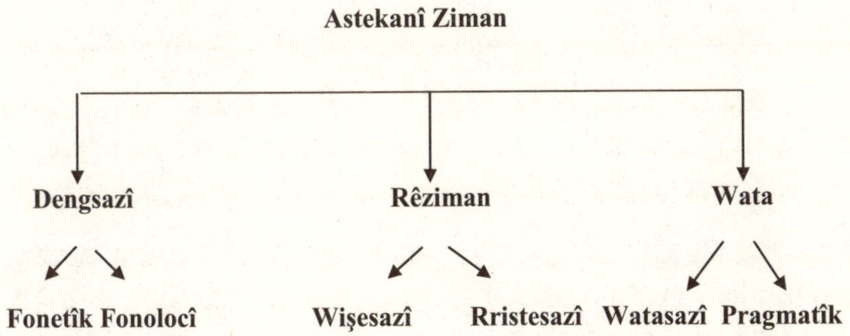

Dengsazî: Ew zaniste ye ke le her dû layenî fonetîk û fonolocî dekollêtewe.

Fonetîk: Liqêk e le zanistî deng, ke le peydabûnî deng û jimarey dengekan le her zimanêk da dekollêtewe. Herweha amaje bew kerestane dekat ke beşdarî le dirustkirdinî deng dekat, be taybetî: "dem, lût, melaşû, ..." kewate be kurtî fonetîk layenî tiyorîy deng degirête xo.

Fonolocî: Liqêk e le zanistî deng, tiyay da amaje be yasakanî deng dekat, weku: yasakanî peydabûnî deng, têçûnî deng, cêgorkêy deng, ... htd. Bew watayey fonolocî layenî piraktîkî deng degirête xo.

Rêziman: Astêk e le astekanî ziman, ke le her dû layenî wişesazî (morfolocî) û rristesazî (sîntaks) dekollêtewe.

Wişesazî (Morfolocî) : Zanistêk e le wişe yaxud morfîm dekollêtewe. Le wişesazî da amaje bo beşekanî axawtin: naw, cênaw, awellnaw, awellkar, kar... htd. dekrêt.

Rristesazî (Sîntaks) : Ew zaniste ye ke le rriste dekollêtewe, wate basî rriste le rrûy pêkhatinewe (sade, lêkdiraw, têkel), herweha rriste le

ڕووی ناوەڕۆکەوە (هەواڵگەیاندن، پرسیارکردن، سەرسوڕمان، فەرماندان) دەکات. جگە لەوەش ئاماژە بۆ کەرەسە سەرەکییەکان و لاوەکییەکانی ڕستە دەکات (بکەر و جۆرەکانی، بەرکار و جۆرەکانی، نیهاد، گوزارە،...هتد) .

واتا: ئاستێکە لە ئاستەکانی زمان، کە لە هەردوو لایەنی واتاسازي و پراگماتیك دەکۆڵێتەوە.

واتاسازي: ئەو زانستەیە کە لە واتای وشە و ڕستەکانی زمان دەکۆڵێتەوە، واتە باسی پێوەندییە واتاییەکان (هاوواتا، دژواتا، فرەواتا، هاوبێژی، لێڵی...) دەکات، هەروەها باسی گریمانەکانی واتا (گریمانەی هێمایی، گریمانەی سێگۆشەی واتایی، گریمانەی ناولێنان...هتد) دەکات.

پراگماتیك: لقێکە لە واتا، کە واتاکەی لە سەرووی لایەنی واتاسازییەوەیە، ئاماژە بەو کەرەسانە دەکات پێشووتر لە ئەدەبدا باسیان لێوەکراوە بە تایبەتی لایەنەکانی ڕەوانبێژی، هەروەها باسی ئەو کەرەسانە دەکات، کە ناچنە ناو وشەسازی و ڕستەسازی و واتاسازی، وەکو (هێز، ئاواز، گریمانەی پێشبینی، گریمانەی پاشینە، ئاماژە.......هتد) .

Rrûy nawerokewe (hewalgeyandin, pirsiyarkirdin, sersurrman, fermandan) dekat. Cige leweş amaje bo kerese serekîyekan û lawekîyekanî rriste dekat: biker û corekanî, berkar û corekanî, nîhad, guzare, … htd.

Wata: Astêk e le astekanî ziman, ke le her dû layenî watasazî û pragmatîk dekollêtewe.

Watasazî: Ew zaniste ye ke le watay wişe û rristekanî ziman dekollêtewe, wate basî "pêwendîye watayiyekan" (hawwata, dijwata, firewata, hawbêjî, lêlî…) dekat, herweha basî "girîmanekanî wata" (girîmaney hêmayî, girîmaney sêgoşey watayî, girîmaney nawlênan… htd.) dekat.

Pragmatîk: Liqêk e le wata, ke watakey le serrûy layenî watasazîyewe, ke amaje bew keresane dekat pêşûtir le edeb da basyan lêwe kirawe be taybetî layenekanî rewanbêjî, herweha basî ew keresane dekat, ke naçine naw wişesazî û rristesazî û watasazî, weku: hêz, awaz, girîmaney pêşbînî, girîmaney paşîne, amaje… htd.

2. بەشەکانی ئاخاوتن

سەرەتای پەیدابوونی بەشەکانی ئاخاوتن دەگەڕێتەوە بۆ سەردەمی ئەفلاتوون، واتە ئەفلاتوون یەکەم کەس بوو بەشەکانی ئاخاوتنی دۆزییەوە، کە ئەوکات پێیان دەوت (بەشەکانی وشە) ، دواتر زمانەوانانی دی لێکۆڵینەوەی زیاتریان لە بەشەکانی ئاخاوتن کرد و چەندین لق و پۆپیان دۆزییەوە.

بەشەکانی ئاخاوتنیش لە قوتابخانە زمانەوانییەکانی (ڕووسی، ئینگلیزی، ئەمەریکی، جنێڤ، پراگ،...هتد) لێی دەکۆڵدرێتەوە، هەر بۆیە جیاوازی لە ژمارەی بەشە ئاخاوتن لە قوتابخانەیەکی زمانەوانییەوە بۆ قوتابخانەیەکی تری زمانەوانی جیاوازی لە ڕووی ژمارەی بەشە ئاخاوتنەوە دەبینرێت، بەتایبەتی قوتابخانە زمانەوانییەکانی ئینگلیزی و ئەمەریکی جیاوازن لەگەڵ قوتابخانەی زمانەوانی ڕووسی، چونکە لە هەردوو قوتابخانە زمانەوانییەکانی ئەمەریکی و ئینگلیزی، (هەشت) بەشە ئاخاوتن دیاری دەکرێت، بەڵێم لە قوتابخانەی زمانەوانی ڕووسی (مۆسکۆ) ، (دە) بەشە ئاخاوتن ئاماژەی بۆ دەکرێت، واتە جیاوازییەکە لە هەردوو بەشە ئاخاوتنی (ژمارە و پارتیکل) دایە، چونکە بەشە ئاخاوتنەکانی (ژمارە و پارتیکل) لە قوتابخانەی زمانەوانی ڕووسی وەك دوو بەشە ئاخاوتنی سەربەخۆ سەیردەکرێن، بەڵێم لە قوتابخانە زمانەوانییەکانی ئەمەریکی و ئینگلیزی وەك بەشە ئاخاوتنی سەربەخۆ سەیر ناکرێن، بەڵکو وەکو لق و تەوەرمیەك لەگەڵ بەشەکانی تری ئاخاوتنەوە سەیر دەکرێن.

قوتابخانەی زمانەوانی ڕووسی (کلاسیك) :

1. ناو
2. جێناو
3. ئاوەڵناو
4. کار
5. ئاوەڵکار
6. ژمارە
7. پارتیکل
8. ئامرازی بەستنەوە
9. ئامرازی سەرسوڕمان و بانگهێشت
10. پریپۆزیشن (پێشبەند)

2. Beşekanî Axawtin

Seretay peydabûnî beşekanî axawtin degerêtewe bo serdemî Eflatûn, wate Eflatûn yekem kes bû beşekanî axawtinî dozîyewe, ke ew kat pêyan dewit: Beşekanî wişe. Diwatir zimanewananî dî lêkollînewey ziyatiryan le beşekanî axawtin kird û çendîn liq û popyan dozîyewe.

Beşekanî axawtinîş le qutabxane zimanewanîyekanî (Rrûsî, Îngilîzî, Emrîkî, Cinêv, Prag, htd.) lêy dekoldirêtewe, her boye ciyawazî le jimarey beşe axawtin le qutabxaneyekî zimanewanîyewe bo qutabxaneyekî tirî zimanewanî ciyawazî le rrûy jimarey beşe axawtinewe debînrêt, be taybetî qutabxane zimanewanîyekanî Îngîlîzî û Emrîkî ciyawaz in legell qutabxaney zimanewanî Rrûsî, çunke le her dû qutabxane zimanewanîyekanî Emrîkî û Îngîlîzî "heşt" beşe axawtin diyarî dekrêt, bellam le qutabxaney zimanewanî Rrûsî (Mosko), (de) beşe axawtin amajey bo dekrêt, wate ciyawazîyeke le her dû beşe axawtinî (jimare û partîkil) da ye, çunke beşe axawtinekanî (jimare û partîkil) le qutabxaney zimanewanî Rrûsî wek dû beşe axawtinî serbexo seyr dekrên, bellam le qutabxane zimanewanîyekanî Emrîkî û Îngilîzî wek beşe axawtinî serbexo seyr nakrên.

Qutabxaney Zimanewanî Rrûsî (Klasîk) :

1. **Naw**
2. **Cênaw**
3. **Awellnaw**
4. **Kar**
5. **Awellkar**
6. **Jimare**
7. **Partîkil**
8. **Amrazî Peywendî**
9. **Amrazî Sersurrman û Banghêşt**
10. **Prîpozîşin (Pêşbend)**

قوتابخانەی زمانەوانی ئەمەریکی و ئینگلیزي (نوێگەری) :

1. ناو
2. جێناو
3. ئاوەڵناو
4. کار
5. ئاوەڵکار
6. ئامرازی بەستنەوە
7. پریپۆزیشن (پێشبەند)
8. ئامرازی سەرسوڕمان و بانگهێشت

بەشە ئاخاوتنەکان (ناو، جێناو، ئاوەڵناو، کار، ئاوەڵکار، ژمارە) بە وشەی تەواو ناودەبرێن، کەچی بەشە ئاخاوتنەکانی پریپۆزیشن (پێشبەند) ، ئامرازی بەستنەوە، پارتیکلاً، ئامرازی سەرسوڕمان و بانگهێشت) بە وشەی ناتەواو ناودەبرێن.

وشەی تەواو: بەو وشانە دەوترێ کە بە تەنیا بەکاردێن و بە تەنیاش واتا دەبەخشن.

وشەی ناتەواو: بە تەنیا بەکارنایەن، بەڵکو پێویستی بە کەرەسەی دی هەیە بۆ ئەوەی واتا ببەخشن.

Qutabxaney Zimanewanî Emrîkî û Îngilîzî (Niwêgerî) :

1. **Naw**
2. **Cênaw**
3. **Awellnaw**
4. **Kar**
5. **Awellkar**
6. **Amrazî Bestinewe**
7. **Prîpozîşin (Pêşbend)**
8. **Amrazî Sersurrman û Banghêşt**

Beşe axawtinekan (naw, cênaw, awellnaw, kar, awellkar, jimare) be wişey tewaw naw debirên, keçî beşe axawtinekanî (prîpozîşin/pêşbend, amrazî bestinewe, partîkil, amrazî sersurrman û banghêşt) be wişey natewaw naw debirên.

Wişey Tewaw: Bew wişane dewitrê ke be tenya be kar dên û be tenyaş wata debexşin.

Wişey Natewaw: Be tenya be kar nayen, bellku pêwîstî be keresey dî heye bo ewey wata bibexşin.

.2.1 نــاو

1- ناو له رووی ژمارەوە:

- ✓ ناوی تاك
- ✓ ناوی كۆ

2- ناو له رووی ناسینەوە:

- ✓ ناوی ناسراو
- ✓ ناوی نەناسراو

3- ناو له رووی هەبوونەوە:

- ✓ ناوی مادی
- ✓ ناوی مەعنەوی

4- ناو له رووی ناوەرۆكەوە:

- ✓ ناوی تایبەتی
- ✓ ناوی گشتی
- ✓ ناوی كۆمەڵ

5- ناو له رووی پێكهاتنەوە:

- ✓ ناوی سادە
- ✓ ناوی داڕژاو
- ✓ ناوی لێكدراو

6- ناو له رووی رەگەزەوە:

- ✓ ناوی نێر
- ✓ ناوی مێ
- ✓ نێوی بێلایەن
- ✓ ناوی دوو لایەن

7- ناو له رووی ئەركەوە:

(بكەر و جۆرەكانی، بەركار و جۆرەكانی، نیهاد، گوزارە، تەواوكەری ناو، تەواوكەری كاری ناتەواو.......هتد) .

پێناسینی ناو:

بەشێكە له بەشەكانی ئاخاوتن،ئەو ناوانە دەگرێتەوە كە بەسەر گیاندارێك یان بێگیانێك یان بیرێك یان ڕووداوێك دەنرێت یان دادەبڕێ، كە دەبێتە هۆی دیاری كردنی.

2.1. NAW

1. Naw le Rrûy Jimarewe

✓ **Nawî Tak**

✓ **Nawî Ko**

2. Naw le Rrûy Nasînewe

✓ **Nawî Nasraw**

✓ **Nawî Nenasraw**

3. Naw le Rrûy Hebûnewe

✓ **Nawî Madî**

✓ **Nawî Me'newî**

4. Naw le Rrûy Nawerokewe

✓ **Nawî Taybetî**

✓ **Nawî Giştî**

✓ **Nawî Komell**

5. Naw le Rrûy Pêkhatinewe

✓ **Nawî Sade**

✓ **Nawî Darijaw**

✓ **Nawî Lêkdiraw**

6. Naw le Rrûy Rregezewe

✓ **Nawî Nêr**

✓ **Nawî Mê**

✓ **Nawî Bêlayen**

✓ **Nawî Dû Layen**

7. Naw le Rrûy Erkewe: biker û corekanî, berkar û corekanî, nîhad, guzare, tewawkerî naw, tewawkerî karî natewaw, htd.

NAW (Pênasînî Naw) : Beşêk e le beşekanî axawtin, ew nawane degirêtewe ke be ser giyandarêk yan bêgiyanêk yan bîrêk yan rrûdawêk denrêt yan dadebirê, ke debête hoy diyarî kirdinî.

2.1.1. پۆلێنکردنەکانی ناو

2.1.1.1 ناو لە ڕووی ژمارەوە

ناو لە ڕێزمانی کوردیدا لە ڕووی ژمارەوە بەسەر تاك و کۆ دابەشدەکرێ، بەمشێوەیە[17]:-

ناوی تاك:

بەو ناوانە دەوترێ کە بۆ تاکە کەسێك یان بۆ تاکە شتێك بەکاردێت.وەکو: (کوڕ، کچ، ژن، چەقۆ، چرا...........هتد) .

ناوی کۆ:

بەو ناوانە دەوترێ کە بۆ کۆمەڵە کەسێك یاخود کۆمەڵە شتێك بەکاردێن، کە لە دوو شت یان دوو کەس زیاتربێ . لە زمانی کوردیدا بە هۆی نیشانەی تایبەتییەوە ناوێك لە تاکەوە دەگۆڕدرێ بۆ کۆ، بەم شێوەیەی خوارەوە:

1. بە هۆی نیشانەی سەرەکی (ان) ، کە لە زمانی کوردیدا نیشانەی سەرەکی کۆیە، دەچێتە سەر بەشی دواوەی ناو. لە کاتی وەرگرتنی نیشانەی کۆدا، ئەگەر ناوەکە بە پیتی نەبزوێن کۆتایي هاتبوو، ئەوە هیچ گۆڕانکاری بەسەردا نایەت، بەڵکو وەك خۆی دەنووسرێ، وەکو:-

کوڕ+ ان .... کوڕان

کچ + ان .... کچان

---

[17] بۆ ئەم بەشە ئاخاوتنە بگەڕێوە بۆ: د.ئەورەحمانی حاجی مارف (د) ، ڕێزمانی کوردی، بەرگی یەکەم (مۆرفۆلۆژی) ، بەشی یەکەم (ناو) ، چاپخانەی کۆڕی زانیاری عێراق، بەغدا، 1979.

2.1.1. Pollênkirdinekanî Naw:[18]

2.1.1.1 Naw le Rrûy Jimarewe

Naw le rêzimanî Kurdî da le rrûy jimarewe be ser tak û ko dabeş dekrê; bem şêweye:

Nawî Tak

Bew nawane dewitrê ke bo takekesêk yan bo takeşitêk be kar dêt. Weku: kur, kiç, jin, çeqo, çira, hdt.

Nawî Ko

Bew nawane dewitrê ke bo komellekesêk yaxud komelleşitêk be kar dên, ke le dû şit yan du kes ziyatir bê. Le zimanî Kurdî da be hoy nîşaney taybetîyewe nawêk le takewe degorrdirê bo ko, bem şêweyey xwarewe:

1) Be hoy nîşaney serekî **"ان: an"** ke le zimanî Kurdî da nîşaney serekî ko ye, deçête ser beşî diwawey naw. Le katî wergirtinî nîşaney ko da eger naweke be pîtî nebizwên kotayî hatibû, ewe hîç gorrankarî be ser da nayet, bellku wek xoy denûsrê, weku:

kurr + an	=	kurran.
kiç + an	=	kiçan.

[18] Bo em beşe axawtine bigerêwe bo: D.Ewrihmanî Hacî Marif (d), *Rêzimanî Kurdî, Bergî Yekem (Morfolojî), Beşî Yekem (Naw)*, Çapxaney Korî Zanyarî Iraq, Bexda, 1979.

پیاو+ ان .... پیاوان

ژن + ان .... ژنان

بەڵێم ئەگەر ناوەکە کۆتایی بە پیتی بزوێن هاتبوو، ئەوە گۆڕانکاری بەسەردادێ، واتە لە هەندێ حاڵەتدا پیتی (ی) نەبزوێن دێتە نێوان ناوەکە و نیشانە کۆیەکەوە، لە هەندێ حاڵەتی تردا (ە) تێ دەچێت، هەروەکو ئەم نموونانەی خوارەوە:

مامۆستا + ان .... مامۆستایان

قوتابخانە + ان .... قوتابخانان

چەقۆ+ ان .... چەقۆیان

2. بەهۆی نیشانەی ناسەرەکی، کە نیشانەکانی (ات، هات، جات، وات، گەل، ەها) دەگرێتەوە، و دەچنە سەر ناو و لە تاکەوە دەیگۆڕن بۆ کۆ. هەر بۆیەش پێی دەوترێ نیشانەی ناسەرەکی، چونکە ئەم نیشانانە دەچنە سەر چەند ناوێکی دیاریکراو لە زماندا، هەروەکو ئەم نموونانەی خوارەوە:

باخ + ات .... باخات

دێ + هات .... دێهات

سەوزە + وات .... سەوزەوات

میوە + جات .... میوەجات

مێ + گەل .... مێگەل

کوڕ + گەل .... کوڕگەل

جار + ەها .... جارەها

ساڵ + ەها .... ساڵەها

2.1.1.2. ناو لە ڕووی ناسینەوە

ناو لە زمانی کوردیدا لە ڕووی ناسینەوە بەسەر ناوی ناسراو و ناوی نەناسراو دابەشدەکرێت:

ناوی ناسراو:

لە زمانی کوردیدا بە چەندین شێوە ناو دەبێتە ناسراو:

piyaw + an = piyawan.

jin + an = jinan.

Bellam eger naweke kotayî be pîtî bizwên hatibû ewe gorrankarî be ser da dê, wate le hendê hallet da pîtî "ی :y" nebizwên dête nêwan naweke û nîşane koyekewe û le hendê halatî tir da "ه :e" tê deçêt, her weku em nimûnaney xwarewe:

mamosta + an = mamostayan.

qutabxane + an = qutabxaneyan.

çeqo + an = çeqoyan.

2) Be hoy nîşaney naserekî ke nîşanekanî, **"ات: at"**, **"هات: hat"**, **" جات: cat"**, **" وات: wat"**, **"گەل :gel"**, **"ەها :eha"** degerêtewe û deçine ser naw û le takewe deygorin bo ko. Her boyeş pêy dewitrê nîşaney naserekî, çunke em nîşanane deçine ser çend nawêkî diyarîkiraw le ziman da, her weku em nimûnaney xwarewe:

bax + at = baxat.

dê + hat = dêhat.

sewze + wat = sewzewat.

mîwe + cat = mîwecat.

mê + gel = mêgel.

kurr + gel = kurrgel.

car + eha = careha.

sall + eha = salleha.

2.1.1.2. Naw le Rrûy Nasînewe

Naw le zimanî Kurdî da le rrûy nasînewe be ser nawî nasraw û nawî nenasraw dabeş dekrêt:

Nawî Nasraw

Le zimanî Kurdî da be çendîn şêwe naw debête nasraw:

1- بەهۆی نیشانەی (مکە) یان هەندێ جار بە نیشانەی (ە) ناو دەبێتە ناسراو. ئەم نیشانەیە دەچێتە سەر بەشی دواوەی ناو و لە نەناسراوەوە دەیکات بە ناسراو، وەکو:-

کوڕ + مکە .... کوڕەکە

چرا + مکە .... چراکە (بە تێچوونی بزوێن)

چرا + مکە .... چرایەکە (پەیدابوونی نەبزوێن)

برا + مکە .... براکە - برایەکە (بە تێچوونی بزوێن) ، (پەیدابوونی نەبزوێن)

لێرەشدا دەبێ ئاگاداری پیتی بزوێن و پیتی نەبزوێن بین، چونکە بە هۆی بوونی پیتی بزوێن لە کۆتایی وشەوە، ئەوە گۆڕانکاری ڕوودەدات، هەروەکو لەم نموونانەی سەرەوەدا دەرکەوتووە .

2- بەبێ نیشانەی (مکە) ، کە ئەمیش لەم حاڵەتانەی خوارەوەدا ناو دەبێتە ناسراو:

- ناوی تایبەتی، ناسراوە، وەکو ناوی مرۆڤ (ئەحمەد، ڕزگار، نەسرین، شیرین......) ، ناوی ئاژەڵ (شێر، گورگ......) ، ناوی ولێت (عێراق، ئێران،.....) ، ناوی هەرێم (کوردستان، باسك،....) ، ناوی شار (هەولێر، دهۆك،......) ، ناوی قەزا (قەڵێدزێ، سۆران، .....) ، ناوی ناحیە (عەنکاوە، سەنگەسەر،.....) ، ناوی لادێ (سوورەدێ، گردجۆتیار،...) .

- ئەگەر ناوێك بەهۆی ئاوەڵناوی نیشانەوە دەست نیشان بکرێت، ئەوە ئەو ناوە دەبێتە ناوی ناسراو، وەك:

ئەم کوڕە زیرەکە .

لێرەدا وشەی (کوڕ) ناوێکی ناسراوە، چونکە بەهۆی ئاوەڵناوی نیشانەی (ئەم........ە) دەست نیشانکراوە.

- بەهۆی ئامرازی دانەپاڵەوە، بەو واتایەی ئەو وشانەی بەهۆی ئامرازی دانەپاڵەوە دەخرێنە پاڵ یەکتری دەچێتە حاڵەتی ناسراویی، وەك:

کچی ئازاد جوانە .

جێگای ئاماژەپێکردنیشە، ژمارەی پیت لە زمانی کوردیدا (37) پیتە، کە بەسەر بزوێن و نەبزوێن دابەش دەکرێن:

ناوی نەناسراو:

بەو ناوانە دەوترێت کە بۆ حاڵەتی نەناسراوی بەکاردێن، ناوی نەناسراویش هەندێ جار بەهۆی نیشانەی نەناسراوی دروست دەبێت، نیشانەی نەناسراویش (ێ، ێك، مك) ە، کە دەچێتە بەشی دواوەی ناوەکە، هەندێ جاریش بە بێ نیشانە ناوەکە خۆی نەناسراوە.

کوڕ + ێ، ێك، مك .... کوڕێ، کوڕێك، کوڕەك

1) Be hoy nîşaney “**ەکە :eke**” yan hendê car be nîşaney “**ە :e**” naw debête nasraw. Em nîşaneye deçête ser beşî diwawey naw û le nenasrawewe deykat be nasraw, weku:

kurr + eke	= kurreke
çira + eke	= çirake (be têçûnî bizwên)
çira + eke	= çirayeke (peydabûnî nebizwên)
bira + eke	= birake/birayeke (be têçûnî bizwên), (peydabûnî nebizwên)

Lêreş da debê agadarî pîtî bizwên û pîtî nebizwên bîn, çunke be hoybûnî pîtî bizwên le kotayî wişewe, ewe gorrankarî rrû dedat, her weku lem nimûnaney serewe da derkewtuwe.

2) Be bê nîşaney “**ەکە :eke**”, ke emîş lem sallaney xwarewe da naw debête nasraw:

a) Nawî taybetî nasrawe, weku nawî mirov: Ehmed, Rizgar, Nesrîn, Şîrîn, Azad, Şîlan, Benaz; nawî ajel: şêr, gurg; nawî wilat: Iraq, Êran; nawî herêm: Kurdistan, Bask; nawî şar: Hewlêr, Dihok; nawî qeza: Qelladizê, Soran; nawî nahiye: ‘Enkawe, Sengeser; nawî ladê: Sûredê, Girdcotyar.

b) Eger nawêk be hoy awellnawî nîşanewe destnîşan bikrêt, ewe ew nawe debête nasraw, weku:

Em kurre zîrek e.

Lêre da wişey “kurr” nawêkî nasraw e, çunke be hoy awellnawî nîşaney “em + e” destnîşan kirawe.

c) Be hoy amrazî danepallewe, bew watayey ew wişaney be hoy amrazî danepallewe dexrêne pall yektirî deçête halletî nasrawîy, wek:

Kiçî Azad ciwan e.

Cêgay amaje pê kirdinîş e, jimarey pît le zimanî Kurdî da “34” pît e[19], ke be ser bizwên û nebizwên dabeş dekrên:

Nawî Nenasraw

Bew nawane dewitrêt ke bo halletî nenasrawî be kar dên, nawî nenasrawîş hendê car be hoy nîşaney nenasrawî dirust debêt, nîşaney nenasrawîş “ **ێ ê, ێک êk, ەک ek**” e, ke deçête beşî diwawey naweke, hendê carîş be bê nîşane naweke xoy nenasrawe.

kurr + ê, êk, ek	= kurrê, kurrêk, kurrek

[19] Be pêy elifûbêy Erebî

کوڕێك هاتە ماڵمان.

کچ + ێ .... کچێ

چرا + ەك، ێ، ێك .... چرایەك، چرایێ، چرایێك

نازدار چرایێك بکڕە.

2.1.1.3. ناو لە ڕووی هەبوونەوە

بەسەر سێ جۆر دابەشدەکرێت :

ناوی ماددی:

بەو ناوانە دەوترێت کە بوونێکی سەربەخۆ و واقیعیان هەیە و بەر یەکێك لە هەستەکانی مرۆڤ دەکەون. بۆنموونە: دار، پەنجەرە، کورسي، مێز...

ناوی واتایی (مەعنەوی) :

ناوێکە خۆی لەخۆیدا بوونی سەربەخۆی نییە، بەڵکو لە هزر و خەیاڵدا پەیدا دەبێت و بەر هیچ یەکێك لە هەستەکانی مرۆڤ ناکەوێت. ئەویش دەکرێت بە دوو جۆر:-

kurr**êk** hate mallman.

kiç + ê = kiçê

çira + ek, ê, êk= çirayek, çirayê, çirayêk

Nazdar çiray**êk** bikire.

2.1.1.3. Naw le Rrûy Hebûnewe
Be ser sê cor dabeş dekrêt:

Nawî Maddî

Bew nawane dewitrêt ke bûnêkî serbexo waqî'yan heye û ber yekêk le hestekanî mirov dekewin; bo nimûne: dar, pencere, kursî, mêz, htd.

Nawî Watayî (Me'newî)

Nawêk e xoy le xoy da bûnî serbexoy nîye, bellku le hizir û xeyall da peyda debêt û ber hîç yekêk le hestekanî mirov nakewêt. Ewîş dekrêt be dû cor:

أ ـ ناوی واتایی بنجی:

هەر خۆی لەبنەڕەتدا ناوێکی واتاییە و بۆ ئەم مەبەستە دانراون، وەکو: شەرم، هێز، خەم، خەو، ڕەنج، جەنگ، دەروون، گیان، هۆش، بڕوا...هتد.

ب ـ ناوی واتایی نابنجی:

ئەو نـاوانە لە بنەڕەتـدا مـادین، بەڵـێم بەهـۆی پاشـگرەوە دەبـنە نـاوی واتـایی، کە بەم جـۆرە دێـتە دروستکردن: -

1- ناو + پاشگرەکانی (ی، ەتی، یەتی، ایەتی، ێتی، ینی، اتی، یی.......) = ناوی واتایی نابنجی

برا + ەتی = برایەتی

پیاو+ ەتی = پیاوەتی

برا + ی = برایی

2- هاوەڵناو + پاشگرەکانی (ی، یەتی، ێتی، ایی، ە، اتی، .....) = ناوی واتایی نابنجی

أ ـ ئاوەڵناوی چۆنیەتی، وەك: ڕەشی، باشی، بڵندی، ئاشنایەتی، ئازایەتی.

ب ـ ئاوەڵناوی بکەری دارژاو، وەك: نووسەری، سەرپەرشتیاری، دانایی، زانایی.

جـ ـ ئاوەڵناوی بکەری لێکدراو، وەك: گەشبینی، گیانبازی.

3- ڕەگی کار + پاشگری (ە) = ناوی واتایی نابنجی

پرس + ە = پرسە

ناڵأ + ە = ناڵە

4- قەدی چاوگ + پاشگری (ار) = ناوی واتایی نابنجی

کرد + ار = کردار

مرد + ار = مردار

5- ڕەگی کار + پاشگری (ی) = ناوی واتایی نابنجی

دز + ی= دزی

Nawî Watayî Bincî

Her xoy le binerret da nawêkî watayiye û bo em mebeste danrawin; weku: şerm, hêz, xem, xew, renc, ceng, derrûn, giyan, hoş, birwa, htd.

Nawî Watayî Nabincî

Ew nawane le binerret da mad în, bellam be hoy paşgirewe debine nawî watayî, ke bem core dête dirustkirdin:

1) naw + paşgirekanî "-î, -etî, -yetî, -ayetî, -êtî, -înî, -atî, -yî..." = nawî watayî nabincî.

bira + yetî = birayetî

piyaw + etî = piyawetî

bira + yî = birayî

2) hawellnaw + paşgirekanî **"-î, -yetî, -êtî, -ayî, -e, -atî..."** = nawî watayî nabincî

a) awellnawî çonyetî; wek: reşî, başî, billindî, aşnayetî, azayetî.

b) awellnawî bikerî darijaw; wek: nûserî, serperiştyarî, danayî, zanayî.

c) awellnawî bikerî lêkdiraw; wek: geşbînî, giyanbazî.

3) rregî kar + paşgirî **"-e"** = nawî watayî nabincî

pirs + e = pirse

nall + e = nalle

4) qedî çawg + paşgirî **"-ar"** = nawî watayî nabincî

kird + ar = kirdar

mird + ar = mirdar

5) rregî kar + paşgirî **"-î"** = nawî watayî nabincî.

diz + î = dizî

.2.1.1.4 ناو لە ڕووی ناوەڕۆکەوە

بەسەر سێ جۆر دابەشدەکرێت :

ناوی گشتی:

بەو ناوانە دەوترێ کە بە هەموو ناوێکی گیاندار و یان بێگیانێك دادەبڕێ، کە خاوەنی یەك ڕەگەزن، بەو واتایەی کە کەسێك یان شتێکی دیاریکراو پیشان نادات، وەکو: (ڕووبار، چیا، دەشت، کوڕ، کچ، ژن، پیاو،... هتد) .

نموونە: **کوڕێکی زیرەکە.**

پیاوێکی باشە.

ناوی تایبەتی:

بە ناوی گیاندار و بێگیانی دیاریکراو دەوترێت، بەو واتایەی کە کەسێك یان شتێکی دیاریکراو پیشان دەدات. وەکو:

ڕووبار/ ئاراس، فوڕات، دیجلە ...... هتد .

زێ/ بچووك، گەورە، سیروان .... هتد .

چیا/ سەفین، ئاسۆس، هەڵگورد .... هتد .

وشەکانی (ڕووبار، زێ، چیا) ناوی گشتین، بەڵێم وشەکانی (ئاراس...، سیروان...، سەفین...) ناوی تایبەتین.

روبـاری فــوڕات لــە عێـراقــدایــە.

ناوی گشتي ناوی تایبەتی

ناوی کۆمەڵ:

بەو ناوانە دەوترێت کە لە ڕواڵەتدا تاکن، بەڵێم لە ناوەڕۆکدا کۆن.

نموونە: هۆز، عەشیرەت، لەشکر، چین، توێژ، دەستە، گروپ....

نموونە: **دەستەیەك پێنووسم بۆ بکڕە.**

لەشکری دوژمن بەڕێوەیە.

.2.1.1.5 ناو لە ڕووی پێکهاتنەوە

بەسەر سێ جۆر دابەشدەکرێت

2.1.1.4. Naw le Rrûy Nawerokewe

Be ser sê cor dabeş dekrêt:

Nawî Giştî

Bew nawane dewitrê ke be hemû nawêkî giyandar û yan bêgiyanêk dadebirê, ke xawenî yek rregez in, bew watayey ke kesêk yan şitêkî diyarîkiraw pîşan nadat; weku: rrûbar, çiya, deşt, kurr, kiç, jin, piyaw, htd.

nimune: **Kurr**êkî zîrek e. **Piyaw**êkî baş e.

Nawî Taybetî

Be nawî giyandar û bêgiyanî diyarîkiraw dewitrêt, bew watayey ke kesêk yan şitêkî diyarîkiraw pîşan dedat; weku:

rrûbar/ Aras, Furat, Dîcle, htd.

zê/biçûk, gewre, Sîrwan, htd.

çiya/Sefîn, Asos, Helgurd, htd.

Wişekanî, "rrûbar, zê, çiya" nawî gişt în; bellam wişekanî, "Aras, Sîrwan, Sefîn..." nawî taybet în.

Rrûbarî	Furat le Iraq da ye.
(nawî giştî)	(nawî taybetî)

Nawî Komella

Bew nawane dewitrêt ke le rriwallet da tak in; bellam le nawerok da ko in; nimûne: hoz, 'eşîret, leşkir, çîn, tiwêj, deste, grup...

Desteyek pênûsim bo bikire.

Leşkirî dujmin be rê we ye.

2.1.1.5. Naw le Rrûy Pêkhatinewe

Be ser sê cor dabeş dekrêt:

ناوی سادە:

لە وشەیەکی واتاداری سەربەخۆ پێکهاتووە، بە مەرجێ ئەم وشەیە ناو بێت، وەکو: ئازاد، ڕزگار، دار، بەرد، چاو، کەو،...هتد.

ناوی داڕژاو:

بەو ناوانە دەوترێت، کە لە وشەیەکی سادە لەگەڵ پێشگرێك یاخود پاشگرێك یاخود هەردووکیان پێك دێت، بەم شێوەیەی خوارەوە:-

أ ـ ناوی سادە + پاشگر (گەر، دار، ساز، بەند، وان، چی، باز، کەر، مەند،...هتد) = ناوی داڕژاو

ئاسن + گەر = ئاسنگەر

سەر + باز = سەرباز

هونەر + مەند = هونەرمەند

چای + خانە = چایخانە

شەو+ گار = شەوگار

ب ـ ئاوەڵناوی سادە + پاشگر (ی، یی، یەتی، ایەتی، ە، ایی، ێنە،... هتد) = ناوی داڕژاو

بڵند + ایەتی = بڵندایەتی

گۆج + ی =گۆجی

تووڕە + یی =تووڕەیی

مەرد + ایەتی =مەردایەتی

خراپ + ە = خراپە

پاك + انە = پاکانە

جـ ـ کاری سادە + پاشگر = ناوی داڕژاو

وت + ار = وتار

کوشت + ار = کوشتار

دروو + مان = دروومان

د- ڕەگی کار + پاشگر = ناوی داڕژاو

نووس + ەر = نووسەر

پرس + یار = پرسیار

Nawî Sade

Le wişeyekî watadarî serbexo pêkhatuwe, be mercê em wişeye naw bêt; weku: Azad, Rizgar, dar, berd, çaw, kew, htd.

Nawî Darijaw

Bew nawane dewitrêt, ke le wişeyekî sade legell pêşgirêk yaxud paşgirêk yaxud her dûkiyan pêk dêt, bem şêweyey xwarewe:

1) nawî sade + paşgir (ger, dar, saz, bend, wan, çî, baz, ker, mend, htd.) = nawî darijaw

asin + ger = asinger

huner + mend = hunermend

çay + xane = çayxane

şew + gar = şewgar

2) awellnawî sade + paşgir (î, yî, yetî, ayetî, e, ayî, êne, hdt.) = nawî darijaw

billind + ayetî = billindayetî

goc + î = gocî

tûre + yî = tûreyî

merd + ayetî = merdayetî

xirap + e = xirape

pak + ane = pakane

3) karî sade + paşgir = nawî darijaw

wit + ar = witar

kuşt + ar = kuştar

dirrû + man = dirrûman

4) rregî kar + paşgir = nawî darijaw

nûs + er = nûser

pirs + yar = pirsyar

ه ـ ئاوەڵکاری سادە + پاشگر = ناوی دارڕاو

بن + ار = بنار

پێش + ەوا = پێشەوا

و ـ پێشگر + ڕەگی کار = ناوی دارڕاو

پێ + ویست = پێویست

ناوی لێکدراو:

بەو وشانە دەوترێت، کە لە دوو وشەی واتاداری سەربەخۆ یان زیاتر پێك دێت، بەمشێوەیە: -

1- ناوی سادە + ناوی سادە = ناوی لێکدراو

شا + هەنگ = شاهەنگ

مار + ماسی = مارماسی

2- ناوی سادە + و + ناوی سادە (هاوواتا) = ناوی لێکدراو

ئاخ + و + داخ = ئاخ و داخ

ئاە + و + ئۆف= ئاهوئۆف

3- ناوی سادە + ناوبەند + ناوی سادە = ناوی لێکدراو

بەرد + ە + نوێژ = بەردەنوێژ

کولێرە + بە + ڕۆن = کولێرە بەڕۆن

4- ناوی سادە + ناوبەند + ئاوەڵناو = ناوی لێکدراو

مێرگ + ە + سوور = مێرگەسوور

5- ئاوەڵناوی سادە + ناو = ناوی لێکدراو

ڕەش + ماڵ = ڕەشماڵ

6- ئاوەڵناوی سادە + ناوبەند + ناوی سادە = ناوی لێکدراو

ڕەش + ە + با = ڕەشەبا

7- ناوی سادە + ڕەگی کار = ناوی لێکدراو

دار + تاش = دارتاش

دڵ + خواز = دڵخواز

برا + زا = برازا

5) awellkarî sade + paşgir = nawî darijaw

bin + ar = binar

pêş + ewa = pêşewa

6) pêşgir + rregî kar = nawî darijaw

pê + wîst = pêwîst

Nawî Lêkdiraw

Bew wişane dewitrêt ke le dû wişey watadarî serbexo yan ziyatir pêk dêt, bem şêweye:

1) nawî sade + nawî sade = nawî lêkdiraw

şa + heng = şaheng

mar + masî = marmasî

2) nawî sade + û + nawî sade (hawwate) = nawî lêkdiraw

ax + û + dax = axûdax

ah + û + of = ahûof

3) nawî sade + nawbend + nawî sade = nawî lêkdiraw

berd + e + niwêj = berdeniwêj

kulêre + be + ron = kulêreberon

4) nawî sade + nawbend + awellnaw = nawî lêkdiraw

mêrg + e + sûr = mêrgesûr

5) awellnawî sade + naw = nawî lêkdiraw

reş + mall = reşmall

6) awellnawî sade + nawbend + nawî sade = nawî lêkdiraw

reş + e + ba = reşeba

7) nawî sade + rregî kar = nawî lêkdiraw

dar + taş = dartaş

dill + xwaz = dillxwaz

bira + za = biraza

8- ناوی سادە + ناوبەند + قەدی چاوگ = ناوی لێکدراو

دەست + و + برد = دەست و برد

9- کاری ڕابوردوو + ناوبەند + ڕەگی کار = ناوی لێکدراو

هات + و + چۆ = هاتوچۆ [20]

گفت + و + گۆ =گفتوگۆ

مشت + و + ماڵ =مشتوماڵ

10- ئاوەڵکار + ناوی سادە = ناوی لێکدراو

پێش + نوێژ = پێش نوێژ

بەر + ماڵ = بەرماڵ

11- ئاوەڵکار + ناوبەند + ناوی سادە = ناوی لێکدراو

پاش + ە + ڕۆژ = پاشەڕۆژ

12- ناوی سادە + ناوبەند + وشەیەکی بێ واتا= ناوی لێکدراو

قەرز + و + قۆڵ = قەرزوقۆڵ

گوڵ + و + موڵ = گوڵوموڵ

13- ڕەگی کار + ناوبەند + وشەیەکی بێ واتا = ناوی لێکدراو

کوڵ + و + کۆ = کوڵوکۆ

14- ناو + ناوبەند + ناو = ناوی لێکدراو

قرچ + ە + قرچ = قرچەقرچ

چەق + ە + چەق = چەقەچەق

جیڕ + ە + جیڕ = جیڕەجیڕ

15- وشەیەکی بێ واتا + و + ناوی سادە = ناوی لێکدراو

فڕ + و + فێڵ = فڕوفێڵ

گژ + و+ گیا = گژوگیا

---

[20] چاوگی (چوون) ، ڕەگەکەی (چ) ە، بەڵام لێرەدا (ۆ) وەکو حاڵەتێکی فۆنۆلۆجی دەرکەوتووە .

8) nawî sade + nawbend + qedî çawg = nawî lêkdiraw

dest + û + bird = destûbird

9) karî rrabirdû + nawbend + rregî kar = nawî lêkdiraw

hat + û + ço = hatûço[21]

gift + û + go = giftûgo

mişt + û + mall = miştûmall

10) awellkar + nawî sade = nawî lêkdiraw

pêş + niwêj = pêşniwêj

ber + mall = bermall

11) awellkar + nawbend + nawî sade = nawî lêkdiraw

paş + e + roj = paşeroj

12) nawî sade + nawbend + wişeyekî bêwata = nawî lêkdiraw

qerz + û + qol = qerzûqol

gull + û + mul = gullûmul

13) rregî kar + nawbend + wişeyekî bêwata = nawî lêkdiraw

kul + û + ko = kulûko

14) naw + nawbend + naw = nawî lêkdiraw

qirç + e + qirç = qirçeqirç

çeq + e + çeq = çeqeçeq

cîr + e + cîr = cîrecîr

15) wişeyekî bêwata + û + nawî sade = nawî lêkdiraw

fir + û + fêl = firrûfêl

gij + û + giya = gijûgiya

---

[21] Çawgî "çûn", rregekey "ç" e; belam lêre da "o" weku haletêkî fonolocî derkewtuwe.

2.1.1.6. ناو لە ڕووی ڕەگەزەوە

ناو لە زمانی کوردیدا لە ڕووی ڕەگەزەوە، بە سەر ناوەکانی (نێر، مێ، دوولایەن، بێلایەن) دابەشدەکرێ، بەم شێوەیەی خوارەوە :

ناوی نێر: بەو ناوانە دەوترێت کە بۆ ڕەگەزی نێر بەکاردێن، کە بەم شێوەیەی خوارەوەن :

- ✓ ناوی تایبەتی کوڕان : ئازاد، شێرزاد، محەمەد... هتد.
- ✓ ناوی کەسانی نێر : باوك، خالأ، مام، کوڕ...هتد.
- ✓ ناوی گیانلەبەری نێر : کەڵەشێر، هەسپ، یەکانە،...هتد.
- ✓ ناوی پیشەی پیاوان: نانەوا، فیتەر، گۆشت فرۆش، خزمەتکار، گاوان......هتد.

ناوی مێ: بەو ناوانە دەوترێت کە بۆ ڕەگەزی مێ بەکاردێن، کە بەم شێوەیەی خوارەوەن :

- ✓ ناوی تایبەتی کچان: سۆزان، نێرگز، نەمام...هتد.
- ✓ ناوی کەسانی مێ : دایك، خاڵۆژن، کچ...هتد.
- ✓ ناوی گیانلەبەری مێ: مریشك، ماین، ماڵوس...هتد.
- ✓ ناوی پیشەی کچان: جلشۆر، نانکەر، تەشی ڕێس،...هتد.

ناوی دوولایەن: بەو ناوانە دەوترێت کە بۆ هەردوو ڕەگەزی نێر و مێ بەکاردێن.

وەك: قوتابی، مامۆستا، ئامۆزا، کەو، ورچ، سەگ...هتد.

هەندێکجار ئەم ناوە دوولایەنانە بەهۆی بەکارهێنانی وشەیەك لەگەڵیاندا، دەتوانرێ بکرێ بە ناوی نێر یان ناوی مێ، وشەکانیش بریتین لە (نێر، مێ، ما، دێلأ، گۆلأ،...هتد) ، وەکو: -

ناوی دوولایەن	بۆ نێر	بۆ مێ
پڵینگ	پڵینگی نێر	پڵینگی مێ
سەگ	گۆڵە سەگ	دێڵە سەگ
ورچ	نێرە ورچ	دێڵە ورچ
گیسك	گیسکی نێر	گیسکی مێ
کەو	نێرەکەو	ماکەو
بەراز	یەکانە	ماڵوس

2.1.1.6. Naw le Rrûy Rregezewe

Le zimanî Kurdî naw le rrûy rregezewe, be ser nawekanî *(nêr, mê, dûlayen, bêlayen)* dabeş dekrê; bem şêweyey xwarewe:

Nawî Nêr

Bew nawane dewitrêt ke bo rregezî nêr be kar dên; ke bem şêweyey xwarewe:

- ✔ Nawî taybetî kurran: Azad, Şêrzad, Mihemed, hdt.
- ✔ Nawî kesanî nêr: bawik, xal, mam, kurr, hdt.
- ✔ Nawî giyanleberî nêr: keleşêr, hesp, yekane, hdt.
- ✔ Nawî pîşey piyawan: nanewa, fîter, goştfiroş, xizmetkar, gawan, hdt.

Nawî Mê

Bew nawane dewitrêt ke bo rregezî mê be kar dên, ke bem şêweyey xwarewen:

- ✔ Nawî taybetî kiçan: Sozan, Nêrgiz, Nemam, hdt.
- ✔ Nawî kesanî mê: dayik, xalojin, kiç, hdt.
- ✔ Nawî giyanleberî mê: mirîşk, mayin, malos, hdt.
- ✔ Nawî pîşey kiçan: cilşor, nanker, teşîrês, hdt.

Nawî Dûlayen

Bew nawane dewitrêt ke bo her dû rregezî nêr û mê be kar dên; wek: qutabî, mamosta, amoza, kew, wirç, sek, hdt.

Hendêk car em nawe dûlayenane be hoy bekarhênanî wişeyek legellyan da, detwanrê bikrê be nawî nêr yan nawî mê, wişekanîş birît în le: nêr, mê, ma, dêl, gol, hdt. Weku:

nawî dûlayen	bo nêr	bo mê
pilîng	pilîngî nêr	pilîngî mê
seg	goleseg	dêleseg
wirç	nêrewirç	dêlewirç
gîsk	gîskî nêr	gîskî mê
kew	nêrekew	makew/mêkew
beraz	yekane	malos

ناوی بێلایەن: بەو ناوانە دەوترێت کە ڕەگەزی نێر و مێی تێدا نییە .

وەك: دار، بەرد، کورسي، مێز...هتد.

2.1.1.7. ناو لە ڕووی ئەرکەوە :

ناو لە ڕستەدا دەتوانێت ئەرك ببینێت، واتە دەتوانێت ببێت بە (بکەر، بەرکاری ڕاستەوخۆ، بەرکاری ناڕاستەوخۆ، نیهاد، گوزارە، تەواوکەری ناو، تەواوکەری کار......هتد) .

بکەر: ناو کاتێ ئەرکی بکەر دەبینێ، ئەگەر کارێك ئەنجام بدات، چونکە بکەر کەسێکە یان شتێکە،هەڵدەستێت بە ئەنجامدانی کارێك یاخود تەنها شوێنی بکەرەکە لە ڕستەدا پڕدەکاتەوە، وەکو:-

شێرزاد چوو بۆ بازاڕ.

بکەر

باران باخچەکەی تێکدا.

بکەر

پەنجەرەکە شکا.

بکەر

کەپرەکە ڕووخا.

بکەر

شیلان نانی خوارد.

بکەر

بکەریش پێنج جۆری هەیە:

1. بکەری ڕێزمانی.
2. بکەری لۆجیکي.
3. بکەر دیار.
4. بکەرنادیار.
5. بکەرنادیاری ئاماژەپێکراو

Nawî Bêlayen

Bew nawane dewitrêt ke rregezî nêr û mêy tê da nîye; wek: dar, berd, kursî, mêz, hdt.

2.1.1.7. Naw le Rrûy Erkewe

Naw le rriste da detwanêt erk bibînêt, wate detwanêt bibêt be: biker, berkarî rrastewxo, berkarî narrastewxo, nîhad, guzare, tewawkerî naw, tewawkerî kar, hdt.

Biker: Naw katê erkî biker debînê, eger karêk encam bidat, çunke biker kesêk e yan şitêk e, heldestêt be encamdanî karêk yaxud tenha şiwênî bikereke le rriste da pir dekatewe; weku:

Şêrzad (biker) çû bo bazar.

Baran (biker) baxçekey têk da.

Pencereke (biker) şika.

Kepireke (biker) rrûxa.

Şîlan (biker) nanî xward.

Bikerîş pênc corî heye:

1) Bikerî rêzimanî.

2) Bikerî locîkî.

3) Bikerdiyar.

4) Bikernadiyar.

5) Bikernadiyarî amaje pêkiraw.

1- **بکەری ڕێزمانی**: بەو بکەرانە دەوترێت، کە تەنیا لە ڕووی ڕێزمانەوە بکەرن، واتە بکەری ڕاستەقینەی ڕستەکە نین، وەکو:

دۆیەکە ڕژا.

کەپرەکە ڕووخا.

پەنجەرەکە شکا.

2- **بکەری لۆجیکی**: بەو بکەرانە دەوترێت، کە لە ڕووی واتاوە کارەکانیان ئەنجامداوە، و بکەری ڕاستەقینەی ڕستەکەن، وەکو:

تریفە هات.

شێرزاد دەنگی کامەران دەبیستێت.

3- بکەردیار: بەو بکەرانە دەوترێت، کە لە ڕستەدا دەوریان هەیە و دەردەکەون، ئینجا بکەرەکە ڕێزمانی بێت یان لۆجیکی. وەکو:

کەپرەکە ڕووخا.

ڕزگار پەنجەرەکەی شکاند.

ڕێزان چێشتەکەی لێنا.

4- **بکەرنادیار**: بەو بکەرانە دەوترێت کە لە ڕستەکەدا بوونیان نیە، یاخود دەرناکەون، وەکو:

پەنجەرەکە شکێنرا.

ڕزگار کوژرا. [22]

5- **بکەرنادیاری ئاماژە پێکراو**: بەو بکەرانە دەوترێت کە لە ڕووی ڕوخسارەوە ڕستەکان بکەریان نادیارە، بەڵێم لە ڕووی ناوەڕۆکەوە بکەریان لە شوێنێکی تری ڕستەکەدا دەرکەوتووە، بۆیە بەم جۆرە بکەرانە دەوترێت بکەرنادیاری ئاماژەپێکراو، وەکو:

ئازاد بەدەستی ڕزگار کوژرا.

بەناز لەڕێگەی تریفەوە هێنراوە.

---

[22] بۆ زانیاری زیاتر لە بارەی بکەر و جۆرەکانی، بگەڕێوە بۆ: نەریمان عەبدوڵلاَ خۆشناو، بکەر نادیار، سەنتەری ڕوناکبیری هەتاو، هەولێر، چاپخانەی شەهاب، 2007.

1) Bikerî rêzimanî: Bew bikerane dewitrêt ke tenya le rrûy rêzimanewe biker in, wate bikerî rrasteqîney rristeke nîn; weku:

Doyeke rija.

Kepireke rrûxa.

Pencereke şika.

2) Bikerî locîkî: Bew bikarane dewitrêt, ke le rrûy watawe karekanyan encam dawe û bikerî rrasteqîney rristeken; weku:

Tirîfe hat.

Şêrzad dengî **kameran** debîstêt.

3) **Bikerdiyar:** Bew bikarane dewitrêt, ke le rriste da dewiryan heye û derdekewin, înca bikereke rêzimanî bêt yan locîkî; weku:

Kepireke rrûxa.

Rizgar pencerekey şikand.

Rêzan çêştekey lêna.

4) Biker nadiyar: Bew bikerane dewitrêt ke le rristeke da bûnyan niye, yaxud dernakewin; weku:

Pencereke şikênra.

Rizgar kujra.[23]

5) Bikernadiyarî amaje pêkiraw: Bew bikerane dewitrêt ke le rrûy rruxsarewe rristekan bikeryan nadiyar e; bellam le rrûy nawerokewe bikeryan le şiwênêkî tirî rristeke da derkewtuwe, boye bem core bikerane dewitrêt: bikernadiyarî amaje pêkiraw; weku:

Azad be destî **Rizgar** kujra.

Benaz le rrêgey **tirîfewe** hênrawe.

---

[23] Bo zanyarî ziyatir le barey biker û corekanî, bigerêwe bo: Nerîman Ebdulla Xoşnaw, *Bikernadiyar*, Senterî Runakbîrî Hetaw, Hewlêr, Çapxaney Şehab, 2007.

2.1.2. نیهاد: ئەرکێکە لە ئەرکەکانی ناو، وشەیەکە ڕوودانی کارەکە ئەنجام نادات، بەڵکو زیاتر سیفەتێکە دەدرێتە پاڵی. نیهاد کاتێك لە ڕستەدا پەیدادەبێت، ئەگەر کاری ناتەواو لە ڕستەکەدا هەبێت.

کاری ناتەواو: بەو کارانە دەوترێ کە بە تەنیا بەکارنایەن، بەڵکو دەچنە پاڵ وشەیەکی ترەوە، کارە ناتەواوەکانیش لە زمانی کوردیدا لە چاوگی (بوون) ەوە وەرگیراون، کە بۆ هەر سێ حاڵەتی ڕابوردوو و ئێستا و داهاتوو بەکاردێن، بەم شێوەیەی خوارەوە:

(بوو) ...... بۆ کاتی ڕابوردوو

شێرزاد زیرەك <u>بوو</u>.

کاری ناتەواوە بۆ کاتی ڕابوردوو

(ە) .... بۆ کاتی ئێستا

قوتابییەکە زیرەک<u>ە</u>.

کاری ناتەواوە بۆ کاتی ئێستا

ڕەگی (ب) بۆ کاتی داهاتوو، کە بەم شێوەیە:

دەبم ـــــــ دەبین

دەبیت ـــــ دەبن

دەبێت ـــــ دەبن

ڕزگار <u>دەبێت</u> بە ئەندازیار.

کاری ناتەواوە بۆ کاتی داهاتوو

کارە ناتەواوەکان لە ڕووی هێزەوە تێنەپەڕن، بەڵێم ئەگەر بە واتای (لەدایکبوون) یان (هەبوون) و (خاوەنداریێتی) بێن، ئەوە لەم حاڵەتانەدا دەبنە کارێکی تەواو، لە ڕووی هێزیشەوە لە هەردوو جۆری تێپەڕ و تێنەپەڕ دەبینرین، هەروەکو:

<u>ژنەکە</u> <u>منداڵی</u> <u>بوو</u>.

بکەر بەرکای ڕاستەوخۆ کاری ڕابوردووی تێپەڕە

<u>دارەکە</u> <u>شین</u> <u>بوو</u> .

بکەر کاری ڕابوردووی لێکدراوی تێنەپەڕە

2.1.2. Nîhad: Erkêk e le erkekanî naw, wişeyek e rrûdanî kareke encam nadat, bellku ziyatir sîfetêk e dedrête palî. Nîhad katêk le rriste da peyda debêt, eger karî natewaw le rristeke da hebêt.

Karî Natewaw: Bew karane dewitrê ke be tenya be kar nayen, bellku deçine pall wişeyekî tirewe, kare natewawekanîş le zimanî Kurdî da le çawgî "bûn"ewe wergîrawin, ke bo her sê halletî rabirdû û êsta û dahatû be kar dên, bem şêweyey xwarewe:

"bû" = bo katî rabirdû

Şêrzad zîrek **bû**. → karî natewaw e bo katî rabirdû

"e" = bo katî êsta

Qutabîyeke zîrek **e.** → karî natewaw e bo katî êsta

rregî "b" bo katî dahatû, ke bem şêwe ye:

debim	debîn
debît	debît
debêt	debin

Rizgar **debêt** be endazyar. → karî natewawe bo katî dahatû.

Kare natewawekan le rrûy hêzewe têneperr in. Bellam eger be watay "ledayikbûn" yan "hebûn" û "xawendarêtî" bên, ewe lem halletane da debine karêkî tewaw, le rrûy hêzîşewe le her dû corî têperr û têneperr debînrîn; her weku:

<u>Jineke</u> <u>mindallî</u> <u>bû.</u>

biker berkarî rrastewxo karî rrabirdûy têperre

<u>Dareke</u> <u>şîn bû.</u>

biker karî rabirdûy lêkdirawî têneperre

2.1.3. گوزاره: شتێکە دەدرێتە پاڵ نیهاد، گوزارە هەمیشە کارێکی ناتەواوی لەگەڵدا دێت، واتە دەبێتە تەواوکەری کارەکە.

نموونە: قوتابییەکە زیرەکە. کاری ناتەواوە بۆ کاتی ئێستا

نیهاد گوزارە

بەرکاری ڕاستەوخۆ: ناو کاتێك ئەرکی بەرکاری ڕاستەوخۆ دەبینێت، ئەگەر هاتوو کاری تێپەڕ لە ڕستەکەدا هەبێت.

نموونە/

ئازاد نامەکەی هێنا.

تریفە نانی خوارد.

بکەر بەرکاری ڕاستەوخۆ کاری تێپەڕ

بەرکاری ناڕاستەوخۆ: ناو کاتێك لە ڕستەدا ئەرکی بەرکاری ناڕاستەوخۆ دەبینێت، ئەگەر یەکێك لە پێشبەندەکانی (بە، لە، بۆ، ە) لەپێش بێت، واتە بەشێوەیەکی ناڕاستەوخۆ هێزی کارەکەی دەکەوێتە سەر.

نموونە: **شیلان چوو بۆ بازار.**

پێشبەند بەرکاری ناڕاستەوخۆ

2.1.3. Guzare: Şitêk e dedrête pall nîhad, guzare hemîşe karêkî natewawî legell da dêt, wate debête tewawkerî kareke.

nimûne: Qutabîyeke zîrek e. → karî natewawe bo katî êsta

nîhad guzare

Berkarî rrastewxo: Naw katêk erkî berkarî rrastewxo debînêt, eger hatû karî têperr le rristeke da hebêt; nimûne:

Azad	namekey	hêna.
biker	berkarî rrastewxo	karî têperr
Tirîfe	nanî	xward.
biker	berkarî rrastewxo	karî têperr

Berkarî narrastewxo: Naw katêk le rriste da erkî berkarî narrastewxo debînêt, eger yekêk le pêşbendekanî **"be, le, bo, e"** le pêş bêt; nimûne:

Şîlan çû	bo	bazar.
pêşbend	berkarî	narrastewxo

2.2. جێـــناو

2.2.1. یەکەم : جێناو لە ڕووی واتاوە

1-جێناوی کەسی

- ✓ جێناوی کەسي سەربەخۆ
- ✓ جێناوی کەسی لکاو

2- جێناوی نیشانە

3- جێناوی خۆیي

4- جێناوی هەیي

5- جێناوی هاوبەش

6- جێناوی نەرێنی

7- جێناوی چەندێتی

8- جێناوی دیار

9- جێناوی نادیار

10- جێناوی پرسیاری

11- جێناوی لێکدەر

2.2.2. دووەم: جێناو لە ڕووی پێکهاتنەوە:

1- سادە

2- داڕژاو

3- لێکدراو

2.2.3. سێیەم : جێناو لە ڕووی ئەرکەوە

(بکەر، بەرکاری ڕاستەوخۆ، بەرکاری ناڕاستەوخۆ، نیهاد، گوزارە،.......)

2.2. CÊNAW

2.2.1. Yekem: Cênaw le Rrûy Watawe

1. Cênawî Kesî

✓ Cênawî Kesî Serbexo

✓ Cênawî Kesî Likaw

2. Cênawî Nîşane

3. Cênawî Xoyî

4. Cênawî Heyî

5. Cênawî Hawbeşî

6. Cênawî Nerênî

7. Cênawî Çendêtî

8. Cênawî Diyar

9. Cênawî Nadiyar

10. Cênawî Pirsiyarî

11. Cênawî Lêkder

2.2.2. Duwem: Cênaw le Rrûy Pêkhatinewe

1. Cênawî Sade

2. Cênawî Darijaw

3. Cênawî Lêkdiraw

2.2.3. Sêyem: Cênaw le Rrûy Erkewe: biker, berkarî rrastewxo, berkarî narrastewxo, nîhad, guzare...

چەمك و پێناسەی جێناو [24]

لە زمانی کوردیدا جگە لە زاراوەی جێناو، هەندێ جار زاراوەکانی (ڕاناو، جێناڤ، ڕاناڤ، بەرناو، بەرناڤ ....هتد) بەکاردێت، کە هەر هەموویان هەمان مەبەست و واتا دەگەیەنن.

جێناو بەشێکە لە بەشەکانی ئاخاوتن، کە لە جێی ناوی کەسێك یان شتێك دێت، واتە دەبێتە جێگرەوەی ناو. دەتوانین لە سێ ڕوانگەوە لە جێناو بکۆڵینەوە، ئەوانیش جێناو لە ڕووی واتاوە، جێناو لە ڕووی پێکهاتنەوە و جێناو لە ڕووی ئەرکەوە.

2.2.1. یەکەم : جێناو لە ڕووی واتاوە

2.2.1.1. جێناوی کەسي:

واتای کەسی گیاندار دەگرێتەخۆ، کە ئەوانیش قسەکەر و گوێگر و نائامادە دەگرێتەوە، جێناوە کەسیەکانیش دوو جۆرن:

أ. جێناوی کەسی سەربەخۆ:

ئەو جێناوانە دەگرێتەوە، کە لە ڕواڵەتدا سەربەخۆن و واتای کەسی گیاندار دەگەیەنن، هەروەها واتای کەسەکە یان کەسەکان نیشان دەدەن و پەیوەندییان بە کەسانی دیکەوە ڕوون دەکەنەوە. لە کرمانجی ناوەڕاستی زمانی کوردیدا یەك کۆمەڵە جێناوی کەسی سەربەخۆمان هەیە، بەم شێوەیە:

کەسەکان		تاك	کۆ
قسەکەر	یەکەم	من	ئێمە
گوێگر	دووەم	تۆ	ئێوە
نائامادە	سێیەم	ئەو	ئەوان

[24] بۆ زانیاری زیاتر لە بارەی بەشە ئاخاوتنی جێناو، بگەڕێوە بۆ: ئەوڕەحمانی حاجی مارف (د) ، ڕێزمانی کوردی، بەرگی یەکەم (وشەسازی) ، بەشی دووەم (جێناو) ، دەزگای ڕۆشنبیری و بڵاوکردنەوەی کوردی، بەغدا، 1987.

CÊNAW (Çemik û Pênasey Cênaw) [25]

Le zimanî Kurdî da cige le zarawey cênaw, hendê car zarawekanî, "bernaw, cênaw, bernav, hdt." be kar dêt, ke her hemûyan heman mebest û wata degeyenin.

Cênaw beşêk e le beşekanî axawtin, ke le cêy nawî kesêk yan şitêk dêt, wate debête cêgirewey naw. Detwanîn le sê riwangewe le cênaw bikollînewe, ewanîş: cênaw le rrûy watawe, cênaw le rrûy pêkhatinewe û cênaw le rrûy erkewe.

2.2.1. Yekem: Cênaw le Rrûy Watawe

2.2.1.1. Cênawî Kesî
Watay kesî giyandar degirête xo, ke ewanîş qiseker û giwêgir û naamade degirêtewe, cênawe kesiyekanîş dû cor in:

Cênawî Kesî Serbexo

Ew cênawane degirêtewe, ke le rriwallet da serbexo in û watay kesî giyandar degeyenin, herweha watay keseke yan kesekan nîşan deden û peywendîyan be kesanî dîkewe rrûn dekenewe. Le Kirmancî nawerrastî zimanî Kurdî da yek komelle cênawî kesî serbexoman heye, bem şêweye:

Kesekan		Tak	Ko
qiseker	yekem	min	ême
giwêgir	duwem	to	êwe
naamade	sêyem	ew	ewan

[25] Bo zanyarî ziyatir lebarey beşe axawtinî cênaw, bigerêwe bo: Ewrehmanî Hacî Marif (d), *Rêzimanî Kurdî, Bergî Yekem (Wişesazî) Beşî Duwem (Cênaw),* Dezgay Roşinbirî û Bilawkirdinewey Kurdî, Bexda, 1987.

<u>من</u> دەچم بۆ زانكۆ.

<u>ئێمە</u> دەچین بۆ زانكۆ.

<u>تۆ</u> دەچی بۆ زانكۆ.

<u>ئێوە</u> دەچن بۆ زانكۆ.

<u>ئەو</u> دەچێت بۆ زانكۆ.

<u>ئەوان</u> دەچن بۆ زانكۆ.

<u>من</u> نامەكەم نارد.

<u>ئێمە</u> نامەكەمان نارد.

<u>تۆ</u> نامەكەت نارد.

<u>ئێوە</u> نامەكەتان نارد.

<u>ئەو</u> نامەكەی نارد.

<u>ئەوان</u> نامەكەیان نارد.

ب- جێناوی كەسی لكاو:

بەو جێناوانە دەوترێت، كە لە ڕواڵەتدا سەربەخۆ نین، بەڵكو بەشێوەیەكی لكاو بە كارێك یان ناوێك دەلكێن. ئەم جێناوانە لە ئاخاوتن و نووسیندا شوێن و جێگەی جێناوە كەسییە سەربەخۆكان دەگرنەوە. ئەو جێناوانە بە تەنیا هیچ مەبەستێك نە لە ئاخاوتن و نە لەنووسیندا بەدەستەوە نادەن، بەڵێم كە لكان بە وشەكانی پێش خۆیانەوە، ئینجا مەبەست دەپێكن.[26] جێناوە لكاوەكان لە كرمانجی ناوەڕاستی زمانی كوردیدا چوار كۆمەڵەن، بەم شێوەیەی خوارەوە:

كۆمەڵەی یەكەم: ئەم كۆمەڵەیە لەگەڵ كاری ڕابوردووی تێپەڕدا بەكاردێت. (م – مان، ت – تان، ي – یان) .

(26) لیژنەیەك لە وەزارەتی پەروەردە، زمان و ئەدەبی كوردی، پۆلی دووەمی ناوەندیی، چاپخانەی ئارام، بەغدا، 2007، ل 45.

Min deçim bo zanko.

Ême deçîn bo zanko.

To deçî bo zanko.

Êwe deçin bo zanko.

Ew deçêt bo zanko.

Ewan deçin bo zanko.

Min namekem nard.

Ême namekeman nard.

To nameket nard.

Êwe nameketan nard.

Ew namekey nard.

Ewan namekeyan nard.

B. Cênawî Kesî Likaw

Bew cênawane dewitrêt, ke le rriwallet da serbexo nîn, bellku be şêweyekî likaw be karêk yan nawêk delkên. Em cênawane le axawtin û nûsîn da şiwên û cêgey cênawe kesîye serbexokan degirinewe. Ew cênawane be tenya hîç mebestêk ne le axawtin û ne le nûsîn da be destewe naden, bellam ke likan be wişekanî pêş xoyanewe, înca mebest depêkin.[27] Cênawe likawekan le Kirmancî nawerrastî zimanî Kurdî da çiwar komellen, bem şêweyey xwarewe.

Komelley Yekem: Em komelleye legell karî rrabirdûy têperr da be kar dêt: **m-man, t-tan, î-yan**.

[27] Lîjneyek le Wezaretî Perwerde, *Ziman û Edebî Kurdî, Polî Duwemî Nawendî*, Çapxaney Aram, Bexda, 2007, l. 45.

کەسەکان		تاك	کۆ
قسەکەر	یەکەم	م	مان
گوێگر	دووەم	ت	تان
نائامادە	سێیەم	ی	یان

هێنا	خوارد	برد
هێنام – هێنامان	خواردم – خواردمان	بردم – بردمان
هێنات – هێناتان	خواردت – خواردتان	بردت – بردتان
هێنای – هێنایان	خواردی – خواردیان	بردی – بردیان

کۆمەڵەی دووەم: ئەم کۆمەڵەیە لەگەڵ کاری ڕابوردووی تێنەپەڕ بەکاردێت. (م – ین، یت – ن، Ø– ن) .

کەسەکان		تاك	کۆ
قسەکەر	یەکەم	م	ین
گوێگر	دووەم	یت، ي	ن
نائامادە	سێیەم	Ø	ن

خەوت	کەوت	هات
خەوتم – خەوتین	کەوتم – کەوتین	هاتم – هاتین
خەوتیت – خەوتن	کەوتیت (کەوتی) – کەوتن	هاتیت – هاتن
خەوت – خەوتن	کەوت – کەوتن	هات – هاتن

Kesekan		Tak	Ko
qiseker	yekem	m	man
giwêgir	duwem	t	tan
naamade	sêyem	î ی	yanیان

bird	**xward**	**hêna**
bird**im**	xward**im**	hêna**m**
bird**it**	xward**it**	hêna**t**
bird**î**	xward**man**	hêna**y**
bird**man**	xward**tan**	hêna**man**
bird**tan**	xward**î**	hêna**tan**
bird**yan**	xward**yan**	hêna**yan**

Komelley Duwem: Em komelleye legell karî rabirdûy têneperr be kar dêt: **m-în, ît-n, Ø-n**.

Kesekan		Tak	Ko
qiseker	yekem	m	în
giwêgir	duwem	ît, î	n
naamade	sêyem	Ø	n

hat	**kewt**	**xewt**
hat**im**	kewt**im**	xewt**im**
hat**ît**	kewt**ît** (kewt**î**)	xewt**ît**
hat	kewt	xewt
hat**în**	kewt**în**	xewt**în**
hat**in**	kewt**in**	xewt**in**
hat**in**	kewt**in**	xewt**in**

لەم کۆمەڵەیە، کەسی دووەمی کۆ و کەسی سێیەمی کۆ، هەردووکیان جێناوی لکاوی (ن) وەردەگرن، بۆیە لە ڕستەدا بە هۆی جێناوە کەسییە سەربەخۆکان دەناسرێنەوە، وەکو:

هاتن.

ئەوان هاتن .

ئێوە هاتن .

کۆمەڵەی سێیەم: ئەو کۆمەڵەیە لەگەڵ کاری ڕانەبوردووی تێپەڕ و تێنەپەڕ بەکاردێت. (م – ین، یت (ی) – ن، ات (ا) ، ێت (ێ) – ن) .

کەسەکان		تاک	کۆ
قسەکەر	یەکەم	م	ین
گوێگر	دووەم	یت، ی	ن
نائامادە	سێیەم	ات ێت	ن

کردن	خواردن	چوون
دەکەم – دەکەین	دەخۆم – دەخۆین	دەچم – دەچین
دەکەیت – دەکەن	دەخۆیت (دەخۆی) – دەخۆن	دەچیت (دەچی) - دەچن
دەکات – دەکەن	دەخوات – دەخۆن	دەچێت – دەچن

Lem komelleye, kesî duwemî ko û kesî sêyemî ko, herdûkiyan cênawî likawî **"n"** werdegirin, boye le rriste da be hoy cênawe kesîye serbexokan denasrênewe; weku:

Hati**n.**

Ewan hati**n.**

Êwe hati**n.**

Komelley Sêyem: Ew komelleye legell karî rraneburdûy têperr û têneperr be kar dêt: **m-în, ît/î-n, at/a, êt/ê-n.**

Kesekan		Tak	Ko
qiseker	yekem	m	în
giwêgir	duwem	ît, î	n
naamade	sêyem	at êt	n

çûn	**xwardin**	**kirdin**
deç**im**	dexo**m**	deke**m**
deç**ît**/deç**î**	dexoy**t**/dexoy	deke**yt**
deç**êt**	dexw**at**	dek**at**
deç**în**	dexoy**n**	dekey**n**
deç**in**	dexo**n**	deke**n**
deç**in**	dexo**n**	deke**n**

ئەگەر ڕەگی کار کۆتایي بە پیتە بزوێنەکانی (ە، ۆ) هاتبێ، ئەوا لەم حاڵەتەدا کەسی سێیەمی تاك (ات- ا) وەردەگرێ. لەم حاڵەتەشدا دوو گۆڕانکاری ڕوودەدات، یەکەکیان پیتی بزوێنی (ە) تێدەچێت، ئەویتریان پیتی بزوێنی (ۆ) دەبێتە (و) ی نەبزوێن، ئەمیش بۆ ئاسانی دەربڕین، وەك ئەمانەی خوارەوە:

کاری ڕانەبوردوو	ڕەگی کار	چاوگ
دەخوات	خۆ	خواردن
دەشوات	شۆ	شوشتن
دەکات	کە	کردن
دەبات	بە	بردن

جیاوازی کۆمەڵەی دووەم و کۆمەڵەی سێیەم لە کەسی سێیەمی تاکدا دەردەکەوێت، چونکە بۆ کاری ڕابوردووی تێنەپەڕ لە کەسی سێیەمی تاك، مۆرفیمی (سفر) ە و دەرناکەوێت، بەڵێم بۆ کاری ڕانەبوردووی تێپەڕ و تێنەپەڕ، ئەوە جێناوەکانی (ات (ا) ، ێت (ێَ)) وەردەگرێت .

کۆمەڵەی چوارەم: ئەم کۆمەڵەیە لەگەڵ کاری فەرماندان بەکاردێت.

کۆ	تاك	کەسەکان
—	—	یەکەم
ن	ە	دووەم
—	—	سێیەم

دانیشتن

دانیشە – دانیشن

خواردن

بخۆ – بخۆن

خوێندن

بخوێنە - بخوێنن

Eger rregî kar kotayî be pîte bizwênekanî **(e, o)** hatibê, ewa lem hallete da kesî sêyemî tak **(-at, -a)** werdegirê. Lem halleteş da dû gorrankarî rrûdedat: yekekiyan pîtî bizwênî **(e)** tê deçêt, ewîtiryan pîtî bizwênî **(o)** debête **(w)** î nebizwên, emîş bo asanî derbirrîn; wek emaney xwarewe:

Çawg	Rregî Kar	Karî Rraneburdû
xwardin	xo	dexwat
şuştin	şo	deşwat
kirdin	ke	dekat
birdin	be	debat

Ciyawazî komelley duwem û komelley sêyem le kesî sêyemî tak da derdekewêt, çunke bo karî rabirdûy têneperr le kesî sêyemî tak, "morfîmî sifir" e û dernakewêt; bellam bo karî rraneburdûy têperr û têneperr, ewe cênawekanî **(at/a, êt/ê)** werdegirêt.

Komelley Çiwarem: Em komelleye legell karî fermandan be kar dêt.

Kesekan	Tak	Ko
yekem	___	___
duwem	e	N
sêyem	___	___

danîştin

danîşe danîşi**n**

xwardin

bixo bixo**n**

xwêndin

bixwêne bixwêni**n**

هەندێ جار جێناوی لکاوی کەسی دووەمی تاك دەرناکەوێت، بەتایبەتی کاتێ ڕەگی کار کۆتایی بە پیتی بزوێنی (ە، ۆ) دێت، وەکو:-

شوشتن ⟵ بشۆ ⟵ کردن ⟵ بکە

هەروەها چاوگی (چوون) ئەگەرچی ڕەگی کارەکەی (چـ) ە، کە پیتێکی نەبزوێنە، بەڵێم هەمدیسان جێناوی لکاوی کەسی دووەمی تاك (ە) دەرناکەوێت، وەکو:

چوون ــ چـ ــ بچۆ

2.2.1.2.جێناوی نیشانە:

بەو جێناوانە دەوترێت کە لە جێی ناوی کەسێك یان شتێك دادەنرێت و دەست نیشانی دەکات. جێناوەکانی نیشانەش لە کرمانجی ناوەڕاستی زمانی کوردیدا بەم شێوەیەی خوارەوەن: [28]

ئەمە .... بۆ تاکی نێر و مێی نزیك بەکاردێ.

ئەوە .... بۆ تاکی نێر و مێی دوور بەکاردێ.

ئەمانە .... بۆ کۆی نێر و مێی نزیك بەکاردێ.

ئەوانە .... بۆ کۆی نێر و مێی دوور بەکاردێ.

<u>ئەمە</u> زیرەکە.

<u>ئەوە</u> جوانە.

<u>ئەمانە</u> نەوەی دواڕۆژن.

<u>ئەوانە</u> نەهاتوون.

---

[28] لە شێوەی ئاخاوتنی هەولێر (شێوەی سۆرانی) ، جێناوەکانی نیشانە بەم شێوەیەی خوارەوەن:

ئەوە .... بۆ تاکی نێر و مێی نزیك بەکاردآ.

ئەوێهێ............. بۆ تاکی نێر و مێی دوور بەکاردآ.

ئەوانە.............. بۆ کۆی نێر و مێی نزیك بەکاردآ.

ئەوانێهێ........... بۆ کۆی نێر و مێی دوور بەکاردآ.

Hendê car cênawî likawî kesî duwemî tak dernakewêt, be taybetî katê rregî kar kotayî be pîtî bizwênî **(e, o)** dêt; weku:

şûştin → bişo

kirdin → bike

Herweha çawgî **"çûn"** egerçî rregî karekey **"ç"**e, ke pîtêkî nebizwên e, bellam hem dîsan cênawî likawî kesî duwemî tak **"e"** dernakewêt; weku:

çûn → ç → biço

2.2.1.2. Cênawî Nîşane

Bew cênawane dewitrêt ke le cêy nawî kesêk yan şitêk dadenrêt û destnîşanî dekat. Cênawekanî nîşaneş le Kirmancî nawerrastî zimanî Kurdî da bem şêweyey xwarewen:[29]

eme: bo takî nêr û mêy nizîk be kar dê.

ewe: bo takî nêr û mêy dûr be kar dê.

emane: bo koy nêr û mêy nizîk be kar dê.

ewane: bo koy nêr û mêy dûr be kar dê.

Eme zîrek e.

Ewe ciwan e.

Emane newey diwaroj in.

Ewane nehatûn.

---

[29] Le şêwey axawtinî Hewlêr (şêwey Soranî), cênawekanî nîşane bem şêweyey xwarewen:

ewe: bo takî nêr û mêy nizîk be kar dê.

ewêhê: bo takî nêr û mêy dûr be kar dê.

ewane: bo koy nêr û mêy nizîk be kar dê.

ewanêhê: bo koy nêr û mêy dûr be kar dê.

هەندێکجار جێناوی نیشانە شێوەی خۆیان دەگۆڕن، بەتایبەتی کاتێك لەگەڵ پێشبەندەکان یەك دەگرن. وەکو:-

له + ئەمە = لەمە

به + ئەوە = بەوە

له + ئەمانە = لەمانە

له + ئەوانە = لەوانە

لەمەوە بۆمان دەرکەوت.

جێناوی نیشانە

له + ئەمە + ەوە

پێشبەند جێناوی نیشانە پاشگری دووبارە

Hendêk car cênawî nîşane şêwey xoyan degorin, be taybetî katêk legell pêşbendekan yek degirin; weku:

le + eme = **le**me.

be + ewe = **be**we.

le + emane = **le**mane.

le + ewane = **le**wane.

Lemewe bo man derkewt. → le + eme + ewe

cênawî nîşane pêşbend cênawî nîşane paşgirî dûbare

.2.2.1.3. جێناوی خۆیي:

جۆرێکە لە جۆرەکانی جێناو لە ڕووی واتاوە، کە خاوەنییەتی و خاوەنداري دەگەیەنێت. فۆرمی سەرەکی جێناوی خۆیي لە کرمانجی ناوەڕاستی زمانی کوردیدا (خۆ) یە، کە بۆ هەر سێ کەسەکانی یەکەم (قسەکەر) ، دووەم (گوێگر) ، سێیەم (نائامادە) بەکاردێ، بەم شێوەیەی خوارەوە:

خۆم - خۆمان

خۆت - خۆتان

خۆی - خۆیان

خۆم دەچم بۆ زانکۆ.

جێناوی خۆیي بۆ کەسی یەکەمی تاك

خۆی دەچێت بۆ زانکۆ.

جێناوی خۆیي بۆ کەسی سێیەمی تاك

خودی خۆم ئەم کارەم ئەنجامدا.

جێناوی خۆیي

هەندێ جار (خود) ش وەکو جێناوێکی خۆیي بەکاردێت، وەکو:-

خودی خۆی ئەو کارەی ئەنجامداوە .

جێناوی خۆیی لە ڕووی ڕەگەز و ژمارە و دۆخەوە بێلایەنە . لە هەمان کاتیشدا دەشێ جێناوی خۆیی (خۆ) لە ڕستەدا بە تەنیا دەرکەوێت، وەکو:

ئێمە دوێنێ ئێوارە لە پارکی شانەدەر خۆ بە خۆ دانیشتبووین .

جێناوی خۆیی جگە لەوەی لەگەڵ جێناوە لکاوەکان دەردەکەێت، هەروەها لەگەڵ مۆرفیمی (ش،یش) ی جەختکردنیش دەردەکەوێت، وەکو:

خۆشم – خۆشت – خۆشی – خۆشمان – خۆشتان - خۆشیان

2.2.1.3. Cênawî Xoyî

Corêk e le corekanî cênaw le rrûy watawe, ke xawenîyetî û xawendarî degeyenêt. Formî serekî cênawî xoyî le Kirmancî nawerrastî zimanî Kurdî da **“xo”** ye, ke bo her sê kesekanî yekem (qiseker), duwem (giwêgir), sêyem (naamade) be kar dê; bem şêweyey xwarewe:

xom xoman

xot xotan

xoy xoyan

Xom deçim bo zanko. = cênawî xoyî bo kesî yekemî tak.

Xoy deçêt bo zanko. = cênawî xoyî bo kesî sêyemî tak.

Xudî xom em karem encam da. = cênawî xoyî.

Hendê car **“xud”**iş weku cênawêkî xoyî be kar dêt; weku:

Xudî xoy ew karey encam dawe.

Cênawî xoyî le rrûy rregez û jimare û doxewe bê layen e. Le heman katîş da deşê cênawî xoyî **(xo)** le rriste da be tenya derkewêt; weku:

Ême diwênê êware le Parkî Şaneder **xo** be **xo** danîştibûyn.

Cênawî xoyî cige lewey legell cênawe likawekan derdekewêt, herweha legell morfîmî **“ş, îş”**î cextkirdinîş derdekewêt; weku:

xoşim – xoşit – xoşî – xoşman – xoştan – xoşyan.

.2.2.1.4. جێناوی هەیی:

جۆرێکە لە جۆرەکانی جێناو لە ڕووی واتاوە، کە واتای خاوەنداریەتی دەگەیەنێ، و خاوەنەکەشی دەشێ ناو بێ یان جێناو و لەنێو ڕستەدا ئەرکی ناوەکە یان جێناوەکەی پێ دەسپێردرێ. لە کرمانجی ناوەڕاستی زمانی کوردیدا هەردوو فۆرمی (ئی، هي) بۆ جێناوی هەیي بەکاردێن.وەکو:

ئـەم کـتـێبە ئی منە.

پێنووسەکە هي تۆیە.

.2.2.1.5. جێناوی هاوبەش:

بەو جێنـاوانە دەوتـرێ، کە هاوبەشـی لەنێـوان دووکەس یـان دوو شـت دروسـت دەکـات، فـۆرمی جێنـاوی هاوبەش بریتییە لە (یەك) و (تر) لەگەڵ یەکدي دەبێتە (یەکتر) ،جگە لەو فۆرمە دەتوانین (یەکدي، یەکدوو) ش بەکاربێنین، هەروەکو:-

سـکالێ بـۆ یـەکدي دەنێرین.

وتارەکان بۆ یەکتر دەنووسینەوە.

.2.2.1.6. جێناوی نەرێنی (نەفي) :

بەو جێناوانە دەوترێت کە نەرێنی کەسێك یان شتێك ڕادەگەیەنێت، فۆرمی نەرێنی لە کرمانجی ناوەڕاستی زمـانی کوردیـدا پێکدێت لە (چ – هیچ) . ئەگـەرچـی هەنـدێ جـار ئەم جێنـاوە بە تەنیـا نـایەت، بەڵکو لەگەڵ کەرەستەیەکی تر دێت، وەك (کەس، کەسێ، کەسێك، شت، شتێ، شتێك، یەك، یەکێ، یەکێك) ، وەکو:-

هیچ کەس نەهاتووە.

چ شتێکم نەبینیوە.

.2.2.1.7. جێناوی چەندێتی:

بەو جێنـاوانە دەوترێـت کە ڕێـژەی کەسـەکان یـاخود شـتەکان دیـاری دەکـات و واتـای چەنـدێتی و پرسـیار دەبەخشێ. فۆرمەکانی جێناوی چەندێتی بریتییە لە (چەند، چەندە، چەندی، هێندە، هێندی، ئەوەندە، ئەمەندە .....) .

ئەمەندەم ماوەتەوە.

2.2.1.4. Cênawî Heyî

Corêk e le corekanî cênaw le rrûy watawe, ke watay xawendariyetî degeyenê û xawenekeşî deşê naw bê, yan cênaw û le nêw rriste da erkî naweke yan cênawekey pê despêrdirê. Le Kirmancî nawerrastî zimanî Kurdî da her dû formî **"î, hî"** bo cênawî heyî be kar dên; weku:

Em kitêbe **î** min e.

Pênûseke **hî** to ye.

2.2.1.5. Cênawî Hawbeş

Bew cênawane dewitrê ke hawbeşî le nêwan dû kes, yan dû şit dirust dekat. Formî cênawî hawbeş birîtîye le **"yek"** û **"tir"** legell yekdî debête **"yektir"**. Cige lew forme detwanîn **"yekdî"**, **"yekdû"**ş be kar bênîn; her weku:

Sikalla bo **yekdî** denêrin.

Witarekan bo **yektir** denûsînewe.

2.2.1.6. Cênawî Nerênî (nefî)

Bew cênawane dewitrêt ke nerênî kesêk yan şitêk radegeyenêt. Formî nerênî le Kirmancî nawerrastî zimanî Kurdî da pêk dêt le **"çi"** û **"hîç"**. Egerçî hendê car em cênawe be tenya nayet, bellku legell keresteyekî tir dêt; wek: "kes, kesê, kesêk, şit, şitê, şitêk, yek, yekê, yekêk", weku:

Hîç kes nehatuwe.

Çi şitêk'im nebînîwe.

2.2.1.7. Cênawî Çendêtî

Bem cênawane dewitrêt ke rêjey kesekan yaxud şitekan diyarî dekat û watay çendêtî û pirsiyar debexşê. Formekanî cênawî çendêtî birîtîye le "çend, çende, çendî, hênde, hêndî, ewende, emende..."

Emendem mawetewe.

2.2.1.8. جێناوی دیار:

بەو جێناوانە دەوترێت کە ژمارەی کەسەکان یان شتەکان لە ڕستە و دەقدا دیاری دەکەن. بە واتایەکی تر ئەو وشانە دەگرێتەوە، کە لە جێگەی کەسێکی دیار و ئاشکرا و زانراو بەکاردێن، فۆرمەکانی جێناوی دیار بریتین لە (هەموو، گشت، هەر، تەواو) ، هەندێ جار ئەم فۆرمانە لەگەڵ کەرستەی تردا دێن، واتە (هەموو کەسێك، هەموو شتێك، هەر کەسێك،...) . وەك:

هەموویان ئامادەبوون.

جێناوی دیار

گشتیان دەرچوون.

جێناوی دیار

2.2.1.9. جێناوی نادیار:

ئەو جێناوانە دەگرێتەوە، کە لە بری ناوی کەسێك یا گیاندارێك یا هەر شتێکی تر بەکار دەهێنرێت، بەڵێم ئەم ناوە بەئاشکرایی دیار نییە کە کێیە و چییە، بە واتایەکی تر بەو جێناوانە دەوترێت کە لە شوێنی کەسێك یان شتێکی نادیار دێن. فۆرمەکانی جێناوی نادیاریش بریتین لە (فلێن، فیسار، کابرا، هین، کەسێك، شتێك، یەکێ، یەکێك ...هتد) .وەك:

فلێن کارەکەی ئەنجامدا.

جێناوی نادیار

ئەمڕۆ یەکێك خۆی کوشت .

جێناوی نادیار

2.2.1.10. جێناوی پرسیاری:

بەو جێناوانە دەوترێ کە پرسیار لە کەسێك یان شتێك یا کاتێك یاخود ڕووداوێك دەکەن. فۆرمی جێناوی پرسیاری بریتییە لە (کێ، کام، کامە، کامیان، کامەیان، بۆ، چەند، لەکوێ ... هتد) . وەکو:

کێ نەهاتووە ؟

جێناوی پرسیاری

کامە گوڵ جوانە؟

جێناوی پرسیاری

2.2.1.8. Cênawî Diyar

Bew cênawane dewitrêt ke jimarey kesekan yan şitêkan le rriste û deq da diyarî deken. Be watayekî tir ew wişane degirêtewe ke le cêgey kesêkî diyar û aşkira û zanraw be kar dên. Formekanî cênawî diyar birîtîn le "hemû, gişt, her, tewaw". Hendê car em formane legell kerestey tir da dên; wate, "hemû kesêk, hemû şitêk, her kesêk..." wek:

Hemûyan amade bûn.

cênawî diyar

Giştyan derçûn.

cênawî diyar

2.2.1.9. Cênawî Nadiyar

Ew cênawane degirêtewe, ke le birî nawî kesêk ya giyandarêk ya her şitêkî tir be kar dehênrêt bellam em nawe be aşkirayî diyar nîye ke kê ye û çî ye, be watayekî tir bew cênawane dewitrêt ke le şiwênî kesêk yan şitêkî nadiyar dên. Formekanî cênawî nadiyarîş birîtîn le "fillan, fîsar, kabra, hîn, kesêk, şitêk, yekê, yekêk... hdt." wek:

Fillan karekey encam da.
cênawî nadiyar

Emrro **yekêk** xoy kuşt.
cênawî nadiyar

2.2.1.10. Cênawî Pirsiyarî

Bew cênawane dewitrê ke pirsiyar le kesêk yan şitêk ya katêk yaxud rrûdawêk deken. Formî cênawî pirsiyarî birîtîye le "kê?", "kam?", "kame?", "kamyan?", "kameyan?", "bo?", "çend?", "le kiwê?"... hdt." weku:

Kê nehatuwe?

cênawî pirsiyarî

Kame gull ciwan e?

cênawî pirsiyarî

.2.2.1.11. جێناوی لێکدەر:

ئەو جێناوانە دەگرێتەوە کە لە جیاتی ناوی کەسێك یان شتێك بەکاردەهێنرێت، کە پێشتر گوترابێ، هەروەها دوو ڕستەش پێکەوە دەبەستێت و بەیەکەوە ڕستەیەکی ئاڵۆز (تێکەڵا) سازدەکەن. هەمیشە جێناوی لێکدەر وەکو کەرەسەیەکی پەیوەستدار بە پارستەی نێو ڕستەکە هەژمار دەکرێت، چونکە ڕستەی ئاڵۆز لە شارستە و پارستە پێك دێت. فۆرمەکانی جێناوی لێکدەریش بریتین لە (کە، ی کە) ، وەکو:

هەولێر کە پایتەختی کوردستانە، شارێکی خۆشە.

ئەو قوتابییەی کە نەهاتبوو، دەرکرا.

.2.2.2. دووەم : جێناو لە ڕووی پێکهاتنەوە

.2.2.2.1. جێناوی سادە: لە یەك وشەی واتاداری سەربەخۆ پێکدێت، وەکو (کێ، کام، ئەو، ی، هی، ئی...هتد) .

.2.2.2.2. ێناوی دارِژاو: لە وشەیەکی سادە لەگەڵ پێشگرێك یاخود پاشگرێك یاخود پێشگر و پاشگر پێکدێت، وەکو (ئەمە، ئەوە، ئەمانە، ئەوانە، کامە، کامەیە،... هتد) .

.2.2.2.3.جێناوی لێکدراو: لە دوو وشەی واتادار یاخود زیاتر پێکدێت، وەکو (هەموو شتێك، هەموو کەسێك، هەر کەسێك،... هتد) .

.2.2.3. سێیەم : جێناو لە ڕووی ئەرکەوە

بەشە ئاخاوتنی جێناو دەتوانێ لە ڕستەدا ئەرك ببینێت، واتە ببێتە (بکەر، بەرکاری ڕاستەوخۆ، بەرکاری ناڕاستەوخۆ، نیهاد، گوزارە، تەواوکەری ناو، تەواوکەری کاری ناتەواو...) .

ئەرکی بکەر: من نان دەخۆم.

ئەرکی بەرکاری ڕاستەوخۆ: من ئەوم بینی.

ئەرکی بەرکاری ناڕاستەوخۆ: بەتۆ دەڵێم.

ئەرکی نیهاد: خۆی جوانە.

ئەرکی گوزارە: نامەکە هی ئەمانەیە.

2.2.1.11. Cênawî Lêkder

Ew cênawane degirêtewe ke le ciyatî nawî kesêk yan şitêk be kar dehênrêt ke pêştir gutrabê, herweha dû rristeş pêkewe debestêt û be yekewe rristeyekî alloz (têkel) saz deken. Hemîşe cênawî lêkder weku kereseyekî peywestdar be parristey nêw rristeke hejmar dekrêt, çunke rristey alloz le şarriste û parriste pêk dêt. Formekanî cênawî lêkderîş birîtîn le “ke, y ke”, weku:

Hewlêr **ke** paytextî Kurdistan e, şarêkî xoş e.

Ew qutabîyey **ke** nehatibû, derkira.

2.2.2. Duwem: Cênaw le Rrûy Pêkhatinewe

2.2.2.1. Cênawî Sade

Le yek wişey watadarî serbexo pêk dêt; weku: kê, kam, ew, y ی , hî, î یی, …hdt.

2.2.2.2. Cênawî Darijaw

Le wişeyekî sade legell pêşgirêk yaxud paşgirêk yaxud pêşgir û paşgir pêk dêt; weku: eme, ewe, emane, ewane, kame, kameye, … hdt.

2.2.2.3. Cênawî Lêkdiraw

Le dû wişey watadar yaxud ziyatir pêk dêt; weku: hemû şitêk, hemû kesêk, her kesêk, … hdt.

2.2.3. Sêyem: Cênaw le Rrûy Erkewe

Beşe axawtinî cênaw detwanê le rriste da erk bibînêt, wate bibête “biker, berkarî rrastewxo, berkarî narrastewxo, nîhad, guzare, tewawkerî naw, tewawkerî karî natewaw...”

1) Erkî biker

Min nan dexo**m**.

2) Erkî berkarî rrastewxo

Min **ew**im bînî.

3) Erkî berkarî narrastewxo

Be **to** dellolleêm.

4) Erkî nîhad

Xoy ciwan e.

5) Erkî guzare

Nameke hî **emane ye**.

.2.3 ئاوەڵناو

.2.3.1 جۆرەکانی ئاوەڵناو

.2.3.1.1 ئاوەڵناو لە ڕووی واتاوە:

- ✓ ئاوەڵناوی چۆنیەتی
- ✓ ئاوەڵناوی نیشانە
- ✓ ئاوەڵناوی نسبي
- ✓ ئاوەڵناوی نادیار

.2.3.1.2 ئاوەڵناو لە ڕووی پلەوە:-

- ✓ پلەی چەسپاو
- ✓ پلەی بەراورد
- ✓ پلەی باڵێ

.2.3.1.3 ئاوەڵناو لە ڕووی پێکهاتنەوە:

- ✓ ئاوەڵناوی سادە
- ✓ ئاوەڵناوی داڕژاو
- ✓ ئاوەڵناوی لێکدراو

.2.3.1.4 ئاوەڵناو لە ڕووی ئەرکەوە:

- ✓ دیارخەری ناو
- ✓ دیارخەری جێناو
- ✓ دیارخەری ئاوەڵناو
- ✓ دیارخەر و تەواوکەری کاری ناتەواو

چەمك و پێناسەی ئاوەڵناو:

لە زمانی کوردیدا جگە لە زاراوەی ئاوەڵناو، ئەوە زاراوەکانی (هاوەڵناو، هەڤلناڤ، هاوەڵناڤ، سیفە .....) بەکاردێن. ئاوەڵناویش بەشێکە لە بەشەکانی ئاخاوتن، کە وەسفي ناوێك یاخود جێناوێك دەکات، بەهۆیەوە دەبێتە تەواوکەری ناوێك یان جێناوێك یان ئاوەڵناوێکی تر یان تەواوکەری کارێکی ناتەواو.

ئاوەڵناو پەیوەستە بە ناو و جێناوەوە، واتە دۆست و هاوڕێی ناو و جێناوە لە ڕستەدا. ئاوەڵناویش هەروەکو ناو و ئاوەڵکار هیچ نیشانەیەکی مۆرفۆلۆژی نییە، بۆ ئەوەی لە ڕووی ڕوخسارەوە دیاری بکرێت، بەڵکو دیاریکردنی ئاوەڵناو لە ڕستەدا پەیوەستە بە واتاوە.

2.3. AWELLNAW

2.3.1. COREKANÎ AWELLNAW

2.3.1.1. Awellnaw Le Rrûy Watawe

- ✓ **Awellnawî Çonyetî**
- ✓ **Awellnawî Nîşane**
- ✓ **Awellnawî Nisbî**
- ✓ **Awellnawî Nadiyar**

2.3.1.2. Awellnaw Le Rrûy Pilewe

- ✓ **Piley Çespaw**
- ✓ **Piley Berawird**
- ✓ **Piley Bala**

2.3.1.3. Awellnaw Le Rrûy Pêkhatinewe

- ✓ **Awellnawî Sade**
- ✓ **Awellnawî Darijaw**
- ✓ **Awellnawî Lêkdiraw**

2.3.1.4. Awellnaw Le Rrûy Erkewe

- ✓ **Diyarxerî Naw**
- ✓ **Diyarxerî Cênaw**
- ✓ **Diyarxerî Awellnaw**
- ✓ **Diyarxer û Tewawkerî Karî Natewaw**

AWELLNAW (Çemk û Pênasey Awellnaw)

Le zimanî Kurdî da cige le zarawey awellnaw, ewe zarawekanî "hawellnaw, hevilnav, hawellnav, sîfet…" be kar dên. Awellnawîş beşêk e le beşekanî axawtin ke wesfî nawêk yaxud cênawêk dekat, be hoyewe debête tewawkerî nawêk yan cênawêk yan awellnawêkî tiryan tewawkerî karêkî natewaw.

Awellnaw peywest e be naw û cênawewe, wate dost û hawrêy naw û cênaw e le rriste da. Awellnawîş her weku naw û awellkar hîç nîşaneyekî morfolojî nîye, bo ewey le rrûy rruxsarewe diyarî bikrêt, bellku diyarîkirdinî awellnaw le rriste da peywest e be watawe.

2.3.1. جۆرەکانی ئاوەڵناو

2.3.1.1. ئاوەڵناو لە ڕووی واتاوە[30]:

أ. ئاوەڵناوی چۆنیەتی:

بەو ئاوەڵناوانە دەوترێت کە چۆنیەتی و خاسیەت و نیشانە دەگەیەنێ، لەگەڵ ئەوەشدا ئاوەڵناوی چۆنیەتی هەمەجۆرە، لەوانە واتای ڕەنگ نیشان دەدات (زەرد، شین سوور، سپی...) ، چەمکی دەوروبەر ڕادەگەیەنێ (ڕاست، چەپ...) ، یاخود سیفەت نیشان دەدات (ڕەزیل، ڕووخۆش...) ، یاخود شێوە دەردەبڕێ (قەڵەو، پان، بەرین، لاواز....) .

لە بابەتی ئاوەڵناودا بە گشتی و ئاوەڵناوی چۆنیەتی بەتایبەتی، ئامرازی دانەپاڵی (ی) و هەندێ جار ئامرازی دانەپاڵی (ە) ڕۆڵێکی دیار دەبینن لە خستنەپاڵی ناوێك یا جێناوێك لەگەڵ ئاوەڵناوێك، وەکو:-

پیاوی دەشتەکی بەهێزە.

پیاو: ناو

ی : ئامرازی دانەپاڵ

---

[30] بۆ شارەزابوون لەم بابەتە، بگەڕێوە بۆ: ئەورەحمانی حاجی مارف (د) ، ڕێزمانی کوردی، بەرگی یەکەم (وشەسازی) ، بەشی سێیەم (ئاوەڵناو) ، کۆڕی زانیاری عێراق/ دەستەی کورد، بەغدا، 1992.

2.3.1. Corekanî Awellnaw

2.3.1.1. Awellnaw le Rrûy Watawe
Awellnawî Çonyetî[31]

Bew awellnawane dewitrêt ke çonyetî, xasiyet û nîşane degeyenê, legell eweş da awellnawî çonyetî heme cor e, lewane watay reng nîşan dedat: zerd, şîn, sûr, sipî; çemkî dewrrûber radegeyenê: rrast, çep; yaxud sîfet nîşan dedat: rezîl, rrûxoş; yaxud şêwe derdebirê: qelew, pan, berîn, lawaz...

Le babetî awellnaw da be giştî û awellnawî çonyetî be taybetî, amrazî danepallî "î/y: ی" û hendê car amrazî danepallî "e" rollêkî diyar debînin le xistine palî nawêk ya cênawêk legell awellnawêk; weku:

Piyawî deştekî be hêz e.

piyaw: naw

î: amrazî danepall

31 Bo şarezabûn lem babete, bigerêwe bo: Ewrehmanî Hacî Marif (d), *Rêzimanî Kurdî, Bergî Yekem (Wişesazî) Beşî Sêyem (Awellnaw),* Korî Zanyarî Iraq/Destey Kurd, Bexda, 1992.

دەشتەکی: ئاوەڵناوی نسبي

بەهێز: ئاوەڵناوی چۆنیەتی

قوتابیي زیرەك سەردەکەوێت.

قوتابي: ناو

ی : ئامرازی دانەپاڵ

زیرەك: ئاوەڵناوی چۆنیەتی

ئێوەی تێکۆشەر سەربەرزن.

ئێوە: جێناوی سەربەخۆ

ی: ئامرازی دانەپاڵ

تێکۆشەر: ئاوەڵناوی چۆنیەتی

سەربەرز: ئاوەڵناوی چۆنیەتی

ب. ئاوەڵناوی نیشانە:

بەو ئاوەڵناوانە دەوترێت کە دەستنیشانی ناوی کەسێك یان شتێك لە ڕستەدا دەکەن. ئاوەڵناوەکانی نیشانە هەمیشە دەبنە دوو پارچە، پارچەیەکیان دەکەوێتە پێش ناوەکە و پارچەکەی تریان دەکەوێتە دوای ناوەکە، ئەم دوو پارچەیە دەبنە دیارخەر بۆ ناوەکە، هەر بۆیە هەر ناوێك بە ئاوەڵناوی نیشانە دەستنیشان بکرێت، ئەوە دەبێتە ناوێکی ناسراو. ئاوەڵناوەکانی نیشانە لە زاری کرمانجی ناوەڕاستدا بریتین لە:

ئەم..... ە بۆ تاکی نێر و مێی نزیك بەکاردێ.

ئەو..... ە بۆ تاکی نێر و مێی دوور بەکاردێ.

ئەم ....انە بۆ کۆی نێر و مێی نزیك بەکاردێ.

ئەو....انە بۆ کۆی نێر و مێی دوور بەکاردێ.

deştekî: awellnawî nisbî

behêz: awellnawî çonyetî

Qutabîy zîrek ser dekewêt.

qutabî: naw

y/î: amrazî danepall

zîrek: awellnawî çonyetî

Êwey têkoşer serberz in.

êwe: cênawî serbexo

y/î: amrazî danepall

têkoşer: awellnawî çonyetî

serberz: awellnawî çonyetî

B. Awellnawî Nîşane

Bew awellnawane dewitrêt ke destnîşanî nawî kesêk yan şitêk le rriste da deken. Awellnawekanî nîşane hemîşe debine dû parçe, parçeyekiyan dekewête pêş naweke û parçekey tiryan dekewête diway naweke, em dû parçeye debine diyarxer bo naweke, her boyeşe her nawêk be awellnawî nîşane destnîşan bikrêt, ewe debête nawêkî nasraw, awellnawekanî nîşane le zarî Kirmancî nawerrast da birîtîn le:

em...e	: bo takî nêr û mêy nizîk be kar dê.
ew...e	: bo takî nêr û mêy dûr be kar dê.
em...ane	: bo koy nêr û mêy nizîk be kar dê.
ew...ane	: bo koy nêr û mêy dûr be kar dê.

دەتوانین بەم شێوەیەی خوارەوە بەراورد لە نێوان جێناوی نیشانە و ئاوەڵناوی نیشانە بکەین :

جێناوی نیشانە	ئاوەڵناوی نیشانە
1- جۆرێکە لە جۆرەکانی جێناو لە ڕووی واتاوە . 2-هەموو ئەرکەکانی ناو دەبینێ (بکەر، بەرکاری ڕاستەوخۆ، بەرکاری ناڕاستەوخۆ، نیهاد، گوزارە....) . 3- هەمیشە لە جێی ناو دێ. 4- لە ناو ڕستەدا لە شێوەی یەك پارچەدا دێ.	1- جۆرێکە لە جۆرەکانی ئاوەڵناو لە ڕووی واتاوە . 2- تەنیا ئەرکی دیارخەری ناو دەبینێ. 3- هەمیشە لەگەڵ ناو دێ، بە هۆیەوە ناوەکەش دەبێتە ناوێکی ناسراو . 4- لە ناو ڕستەدا ئاوەڵناوی نیشانە دەبێتە دوو پارچە، پارچەیەکیان دەکەوێتە پێش ناو و پارچەکەی تریان دەکەوێتە دوای ناوەکە.

نموونە بۆ ئاوەڵناوی نیشانە:

ئەم کوڕە زیرەکە.

ئەو کچە جوانە.

ئەم کوڕانە نەوەی دواڕۆژن.

ئەو گوڵێنە بکڕە.

Detwanîn bem şêweyey xwarewe berawird le nêwan cênawî nîşane û awellnawî nîşane bikeyn:

Cênawî Nîşane	Awellnawî Nîşane
1. Corêk e le corekanî cênaw le rrûy watawe.	1. Corêk e le corekanî awellnaw le rrûy watawe.
2. Hemû erkekanî naw debînê: biker, berkarî rrastewxo, berkarî narrastewxo, nîhad, guzare...	2. Tenya erkî diyarxerî naw debînê.
3. Hemîşe le cêy naw dê.	3. Hemîşe legell naw dê, be hoyewe nawekeş debête nawêkî nasraw.
4. Le naw rriste da le şêwey yek parçe da dê.	4. Le naw rriste da awellnawî nîşane debête dû parçe: parçeyekiyan dekewête pêş naw û parçekey tiryan dekewête diway naweke.

Nimûne bo awellnawî nîşane:

Em kurr**e** zîrek e.

Ew kiç**e** ciwan e.

Em kurr**ane** newey diwaroj in.

Ew gull**ane** bikire.

ئاوەڵناوی نسبي:

بەو ئاوەڵناوانە دەوترێت، کە واتاکەیان بەستراوەتەوە بە وشەیەکی ترەوە، واتە ڕاستەوخۆ مەبەستەکە دیاری ناکات، بەڵکو لە ڕێگەی پەیوەندی بە وشەیەکی ترەوە واتاکەی دەردەکەوێت.

جیاوازی ئاوەڵناوی نسبی لەگەڵ ئاوەڵناوی چۆنیەتی لەوەدایە، کە هەموو ئاوەڵناوێکی نسبی دارڕژاون، واتە ناسادەن، بەڵێم ئاوەڵناوی چۆنیەتی زۆربەیان لە جۆری سادەدان.

ئەو پاشگرانەی کە بۆ دروستکردنی ئاوەڵناوی نسبی لە زمانی کوردیدا بەکاردێن، بریتین لە: (ی، ین، ە، انە، ەکی) ، وەکو:

(ی) : کرمانجی، عێراقي، هەولێری... هتد.

(ین) : بەردین، ئاشین، زێڕین... هتد.

(ە) : هاوینە، زستانە، پایزە، بەهارە... هتد.

(انە) : پیاوانە، ژنانە... هتد.

(ەکی) : دەشتەکی، خێڵەکی،...هتد.

د. ئاوەڵناوی نادیار:

بەو ئاوەڵناوانە دەوترێت کە ڕاستەوخۆ دەلالەت لە شتێکی دیاریکراو ناکەن، بەڵکو واتاکەی بە چوارچێوەیەکی دیاریکراوەوە بەستراوەتەوە.

لە زمانی کوردیدا دوو جۆر ئاوەڵناوی نادیارمان هەیە:

1. ئاوەڵناوی نادیاری جیاکەرەوە: ئەو کەرەسانەی کە بۆ ئاوەڵناوی جیاکەرەوە بەکاردێن، بریتین لە (دی، دیکە، تر، کە) ، هەندێ جار ئەو ئاوەڵناوانە (ئی، یەك) لەگەڵیان دێت، ئەم هاوەڵناوانە دەتوانن لە ڕستەدا لەبری یەکتر بەکاربهێنرێن،وەك:

ئی + دی = ئیدي

ئي + دیکە = ئیدیکە

یەك + دیکە = یەکدیکە

لەگەڵ پیاوی دي کار دەکەم.

پێویستم بە کەسی دیکە نییە.

C. Awellnawî Nisbî

Bew awellnawane dewitrêt ke watekeyan bestrawetewe be wişeyekî tirewe. Wate rrastewxo mebesteke diyarî nakat, bellku le rrêgey peywendî be wişeyekî tirewe watakey derdekewêt.

Ciyawazî awellnawî nisbî legell awellnawî çonyetî lewe da ye ke hemû awellnawêkî nisbî darijaw in, wate nasaden, bellam awellnawî çonyetî zorbeyan le corî sadedan. Ew paşgiraney ke bo dirustkirdinî awellnawî nisbî le zimanî Kurdî da be kar dên, birîtîn le " î, în, e, ane, ekî ".

-î : Kirmanc**î**, Iraq**î**, Hewlêr**î**, hdt.

-în : berd**în**, aş**în**, zêr**în**, hdt.

-e : hawîn**e**, zistan**e**, payiz**e**, behar**e**, hdt.

-ane : piyaw**ane**, jin**ane**, hdt.

-ekî : deşt**ekî**, xêl**ekî**, hdt.

D. Awellnawî Nadiyar

Bew awellnawane dewitrêt ke rrastewxo delalet le şitêkî diyarîkiraw naken, bellku watakey be çiwarçêweyekî diyarîkirawewe bestrawetewe. Le zimanî Kurdî da dû cor awellnawî nadiyarman heye:

Awellnawî Nadiyarî Ciyakerewe

Ew keresaney ke bo awellnawî ciyakerewe be kar dên, birîtîn le "dî, dîke, tir, ke" hendê car ew awellnawane "î, yek" legelyan dêt, em hawellnawane detwanin le rriste da le birî yektir be kar bihênrên; weku:

î + dî = îdî

î + dîke = îdîke

yek + dîke = yek dîke

Legell piyawî **dî** kar dekem.

Pêwîstim be kesî **dîke** nîye.

4. ئاوەڵناوی نادیاری دیاریکردن: ئەو کەرەسانەی کە بۆ ئاوەڵناوی نادیاری دیاریکردن بەکاردێن، بریتین لە (وا، ئاوا، وەها، ئاوها، ئەوها ......) .

- کچێکی وام بینی، کە هەر وەسفی ناکرێت.

- نازدار کچێکی ئاوایە.

2.3.1.2. ئاوەڵناولە ڕووی پلەوە:

أ. ئاوەڵناوی پلەی چەسپاو:

ئەو ئاوەڵناوانە دەگرێتەوە کە بەراورد لە نێوان هیچ کەس و شتێك ناکات، بەڵکو تەنیا پلەی نەگۆڕ و چەسپاوی ناوەکە یاخود جێناوەکە دەخاتە ڕوو، واتە تەنیا وەسفی ناوەکە یاخود جێناوەکە دەکات و، دەبێتە تەواوکەری ناو یان جێناو یان کاری ناتەواو، وەکو (باش، خراپ، جوان، زیرەك، ئازا، خێرا، ....) .

ڕزگار زیرەکە.

سۆزان جوانە.

سۆران ئازایە.

ب. ئاوەڵناوی پلەی بەراورد:

ئەو ئاوەڵناوانە دەگرێتەوە کە بەراورد لە نێوان دوو کەس یان دوو شت دەکەن، بە جۆرێك یەکێکیان بە باشتر و چاکتر دادەنێ لە ئەویتریان. یاساکەی بەم شێوەیە:

چەسپاو + تر = ئاوەڵناوی پلەی بەراورد

باش + تر = باشتر

چاك + تر = چاکتر

زیرەك + تر = زیرەکتر

شیلان لە ئاواز زیرەکترە.

Awellnawî Nadiyarî Diyarîkirdin

Ew keresaney ke bo awellnawî nadiyarî diyarîkirdin be kar dên, birîtîn, le "wa, awa, weha, awha, ewha…"

Kiçêkî **wam** bînî ke her wesfî nakrêt.

Nazdar kiçêkî **awa** ye.

2.3.1.2. Awellnaw le Rrûy Pilewe

A. Awellnawî Piley Çespaw

Ew awellnawane degirêtewe ke berawird le nêwan hîç kes û şitêk nakat, bellku tenya piley negor û çespawî naweke yaxud cênaweke dexate rrû, wate tenya wesfî naweke yaxud cênaweke dekat û debête tewawkerî naw yan cênaw yan karî natewaw; weku: baş, xirap, ciwan, zîrek, aza, xêra…

Rizgar **zîrek** e.

Sozan **ciwan** e.

Soran **aza** ye.

B. Awellnawî Piley Berawird

Ew awellnawane degirêtewe ke berawird le nêwan dû kes yan dû şit deken, be corêk yekêkiyan be baştir û çaktir dadenê le ewîtiryan. Yasakey bem şêweye: **çespaw + tir = awellnawî piley berawird**

baş + tir = baştir

çak + tir = çaktir

zîrek + tir = zîrektir

Şîlan le awaz **zîrektir** e.

ج. ئاوەڵناوی پلەی باڵێ:

ئەو ئاوەڵناونە دەگرێتەوە، کە بەراورد لە نێوان کەسێك لەگەڵ کۆمەڵە کەسێك یان شتێك لەگەڵ کۆمەڵە شتێك دەکەن.

دەستوورەکانی بەم شێوەیەی خوارەوەیە:

1. چەسپاو + ترین = ئاوەڵناوی پلەی باڵێ
باش + ترین = باشترین

چاك + ترین = چاکترین

2. بەراورد + ین = ئاوەڵناوی پلەی باڵێ
باشتر + ین = باشترین

چاکتر + ین = چاکترین

3. لەهەموو، لەگشت، لەتێکڕا + بەراورد = ئاوەڵناوی پلەی باڵێ
ئاواز لە هەموو کچەکان جوانترە.

4. هەرە + چەسپاو = ئاوەڵناوی پلەی باڵێ
کامەران قوتابي هەرە زیرەکی پۆلەکەیەتی.

2.3.1.3. ئاوەڵناو لە ڕووی پێکهاتنەوە:

ئاوەڵناو لە ڕووی پێکهاتنەوە پێکدێت لە:

1- ئاوەڵناوی سادە:-

بەو ئاوەڵناوانە دەوترێت، کە لە یەك وشەی واتاداری سەربەخۆ پێك دێن، وەکو: (جوان، پاك، زیرەك، سوور، لێژ، خراپ، باش، بەرز، قورس،...هتد) .

ڕزگار زیرەکە.

نازدار جوانە.

C. Awellnawî Piley Bala

Ew awellnawne degirêtewe ke berawird le nêwan kesêk legell komelle kesêk yan şitêk legell komelle şitêk deken. Destûrekanî bem şêweyey xwarewe ye:

1) Çespaw + tirîn = Awellnawî Piley Bala

baş + tirîn = baş**tirîn**

çak + tirîn = çak**tirîn**

2) Berawird + în = Awellnawî Piley Bala

baştir + în = baştir**în**

çaktir + în = çaktir**în**

3) Le hemû, Le gişt, Le têkra + Berawird = Awellnawî Piley Bala

Awaz **le hemû** kiçekan ciwan**tir** e.

4) Here + Çespaw = Awellnawî Piley Bala

Kameran qutabî **here** zîrekî pollekeyetî.

2.3.1.3. Awellnaw le Rrûy Pêkhatinewe

Awellnaw le rrûy pêkhatinewe pêk dêt le:

A. Awellnawî Sade

Bew awellnawane dewitrêt ke le yek wişey watadarî serbexo pêk dên; weku: ciwan, pak, zîrek sûr, lêj, xirap, baş, berz, qurs, hdt.

Rizgar **zîrek** e.

Nazdar **ciwan** e.

2- ئاوەڵناوی داڕژاو:

بەو ئاوەڵناوانە دەوترێت کە لە وشەیەکی سادە و پێشگرێك، یاخود پاشگرێك یاخود هەردووکیان پێك دێت.

یاساکانی سازکردنی ئاوەڵناوی داڕژاویش بەم شێوەیەی خوارەوەن:-

أ - پێشگر + ناو = ئاوەڵناوی داڕژاو

بێ + کار = بێکار

بێ + هۆش = بێهۆش

بێ + هێز = بێهێز

بە + هێز = بەهێز

بە + جەرگ = بەجەرگ

ب - ناو + پاشگر (ی، ین، ن، ۆلأ، ەوەر، دار، انە، انی، ەکی...هتد) = ئاوەڵناوی داڕژاو

جیهان + ی = جیهانی

زێڕ + ین = زێڕین

شەرم + ن = شەرمن

کرم + ۆلأ = کرمۆلأ

بەخت + ەوەر = بەختەوەر

پیاو + انە = پیاوانە

کوڕ + انی = کوڕانی

خێلأ + ەکی = خێڵەکی

ترس + ناك = ترسناك

هاوین + ە = هاوینە

فێلأ + باز = فێڵباز

سوود + مەند = سوودمەند

غەم + گین = غەمگین

درۆ + زن = درۆزن

B. Awellnawî Darijaw

Bew awellnawane dewitrêt ke le wişeyekî sade û pêşgirêk yaxud paşgirêk yaxud herdûkiyan pêk dêt. Yasakanî sazkirdinî awellnawî darijawîş bem şêweyey xwarewen:

1) Pêşgir + Naw = Awellnawî Darijaw

bê + kar = bêkar

bê + hoş = bêhoş

bê + hêz = bêhêz

be + hêz = behêz

be + cerg = becerg

2) Naw + Paşgir (-î, -în, -in, -ol, -ewer, -dar, -ane, -anî, -ekî, hdt.) = Awellnawî Darijaw

cîhan + î = cîhanî

zêr + în = zêrîn

şerm + in = şermin

kirim + ol = kirimol

bext + ewer = bextewer

piyaw + ane = piyawane

kurr + anî = kurranî

xêl + ekî = xêlekî

tirs + nak = tirsnak

hawîn + e = hawîne

fêl + baz = fêlbaz

sûd + mend = sûdmend

xem + gîn = xemgîn

diro + zin = dirozin

جـ - پێشگری (نە، نا) + ئاوەڵناوی سادە = ئاوەڵناوی دارِژاو

نە + خۆش = نەخۆش

نە + ساغ = نەساغ

نا + پاك = ناپاك

نا + خۆش = ناخۆش

د- ئاوەڵناوی سادە+پاشگر (انی، ا، ۆکە، ەڵە، ۆڵە، یل، کەڵە، کیلە، لکە، اك) = ئاوەڵناوی دارِژاو

تەخت + انی = تەختانی

رِەق + انی = رِەقانی

پیس + ۆکە = پیسۆکە

ترش + ۆکە = ترشۆکە

سەوز + ەڵە = سەوزەڵە

باریك + ەڵە = باریکەڵە

نەرم + ۆڵە = نەرمۆڵە

ورد + ۆڵە = نەرمۆڵە

ورد + یل = وردیل

جوان + کەڵە = جوانکەڵە

جوان + کیلە = جوانکیلە

بەرز + ۆڵکە = بەرزۆڵکە

سپی + لکە = سپیلکە

رِوون + اك = رِووناك

ە - پێشگر + رِەگی کار = ئاوەڵناوی دارِژاو

نە + مر = نەمر

بـ + وێر = بوێر

بـ + کوژ = بکوژ

3) Pêşgirî (ne, na) + Awellnawî Sade = Awellnawî Darijaw

ne + xoş = nexoş

ne + sax = nesax

na + pak = napak

na + xoş = naxoş

4) Awellnawî Sade + Paşgir (-anî, -a, -oke, -ele, -ole, -îl, -kele, -kîle, -lke, -ak) = Awellnawî Darijaw

text + anî = textanî

rreq + anî = rreqanî

pîs + oke = pîsoke

tirş + oke = tirşoke

sewz + ele = sewzele

barîk + ele = barîkele

nerm + olle = nermolle

wird + olle = wirdolle

wird + îl = wirdîl

ciwan + kele = ciwankele

ciwan + kîle = ciwankîle

berz + olike = berzolike

sipî + lke = sipîlke

rrûn + ak = rrûnak

5) Pêşgir + Rregî Kar = Awellnawî Darijaw

ne + mir = nemir

bi + wêr = biwêr

bi + kuj = bikuj

و- ڕەگی کار + پاشگر = ئاوەڵناوی داڕژاو

نووس + ەك = نووسەك

گەڕ + ۆك = گەڕۆك

زان + ا = زانا

ز - ئاوەڵکاری سادە + پاشگر = ئاوەڵناوی داڕژاو

سەر + ەکی = سەرەکی

3- ئاوەڵناوی لێکدراو:

بەو ئاوەڵناوانە دەوترێت، کە لە وشەیەك یان زیاتر پێك دێت. یاساکانی سازکردنی ئاوەڵناوی لێکدراویش بەم شێوەیەی خوارەوەن:

1- ناو + ناو = ئاوەڵناوی لێکدراو

گەردن + بلوور = گەردن بلوور

بەژن + چنار = بەژن چنار

2- ناو + ئاوەڵناوی سادە = ئاوەڵناوی لێکدراو

ڕوو + خۆش = ڕووخۆش

دڵ + تەنگ = دڵتەنگ

دەست + درێژ = دەستدرێژ

بەخت + ڕەش = بەخت ڕەش

3- ناو + ناوی بەرکار = ئاوەڵناوی لێکدراو

سەر + شکاو = سەرشکاو

دڵ + سووتاو = دڵسووتاو

4- ناو + بە + ناو = ئاوەڵناوی لێکدراو

قوڕ + بە + سەر = قوڕبەسەر

ڕوو + بە + خاڵ = ڕووبەخاڵ

6) Rregî Kar + Paşgir = Awellnawî Darijaw

nûs + ek = nûsek

gerr + ok = gerrok

zan + a = zana

7) Awellkarî Sade + Paşgir = Awellnawî Darijaw

ser + ekî = serekî

C. Awellnawî Lêkdiraw

Bew awellnawane dewitrêt ke le wişeyek yan ziyatir pêk dêt. Yasakanî sazkirdinî awellnawî lêkdirawîş bem şêweyey xwarewen:

1) Naw + Naw = Awellnawî Lêkdiraw

gerden + bilûr = gerdenbilûr

bejin + çinar = bejinçinar

2) Naw + Awellnawî Sade = Awellnawî Lêkdiraw

rrû + xoş = rrûxoş

dill + teng = dillteng

dest + dirêj = destdirêj

bext + reş = bextreş

3) Naw + Nawî Berkar = Awellnawî Lêkdiraw

ser + şikaw = serşikaw

dill + sûtaw = dillsûtaw

4) Naw + be + Naw = Awellnawî Lêkdiraw

qurr + be + ser = qurrbeser

rrû + be + xall = rrûbexall

5- ئاوەڵناوی سادە + ناو = ئاوەڵناوی لێکدراو

خۆش + باوەڕ = خۆش باوەڕ

پڕ + سوود = پڕسوود

6- ئاوەڵناوی سادە + ە + ناو = ئاوەڵناوی لێکدراو

کورت + ە + باڵێ = کورتەباڵێ

پیر + ە + مێرد = پیرەمێرد

7- ناو + ڕەگی کار = ئاوەڵناوی لێکدراو

ئاشتی + خواز = ئاشتیخواز

سەر + بەست = سەربەست

پیاو + کوژ = پیاوکوژ

8- ئاوەڵناوی سادە + ڕەگی کار = ئاوەڵناوی لێکدراو

دوور + بین = دووربین

ڕەش + پۆش = ڕەشپۆش

ڕاست + گۆ = ڕاستگۆ

9- ژمارە + ناو = ئاوەڵناوی لێکدراو

دوو + دڵ = دوودڵ

چوار + چاو = چوارچاو

10- ئاوەڵکاری سادە + ب + ڕەگی کار = ئاوەڵناوی لێکدراو

زۆر + بڵێ = زۆربڵێ

11- ئاوەڵکاری سادە + ڕەگی کار + پاشگری (ەر) = ئاوەڵناوی لێکدراو

کەم + خۆ + ر = کەمخۆر

5) Awellnawî Sade + Naw = Awellnawî Lêkdiraw

xoş + bawer = xoşbawer

pirr + sûd = pirrsûd

6) Awellnawî Sade + e + Naw = Awellnawî Lêkdiraw

kurt + e + bala = kurteballa

pîr + e + mêrd

7) Naw + Rregî Kar = Awellnawî Lêkdiraw

aştî + xwaz = aştîxwaz

ser + best = serbest

piyaw + kuj = piyawkuj

8) Awellnawî Sade + Rregî Kar = Awellnawî Lêkdiraw

dûr + bîn = dûrbîn

reş + poş = reşpoş

rrast + go = rrastgo

9) Jimare + Naw = Awellnawî Lêkdiraw

dû + dill = dûdill

çiwar + çaw = çiwarçaw

10) Awellkarî Sade + bi + Rregî Kar = Awellnawî Lêkdiraw

zor + bi + lê = zorbillê

11) Awellkarî Sade + Rregî Kar + Paşgirî (-er) = Awellnawî Lêkdiraw

kem + xo + er = kemxor

2.3.1.4. ئاوەڵناو لە ڕووی ئەرکەوە

ئاوەڵناو دەتوانێ لە ڕستەدا ئەرک ببینێت، بەڵێم ناتوانێ هەموو ئەرکێك لە ڕستەدا ببینێت، چونکە ئەرکەکانی دیاریکراوە، کە بەم شێوەیەی خوارەوەن:

1- ئاوەڵناو دەبێتە دیارخەری ناو، وەکو:

ئەم ....ە دیارخەر

ئەم گوڵە بکڕە.

ئەو ......ە دیارخەر

کوڕێکی زیرەك هات.

2- دەبێتە تەواوکەر و دیارخەری جێناو، وەکو:

ئێوەی تێکۆشەر سەردەکەون.

3- دەبێتە دیارخەر و تەواوکەری کاری ناتەواو، وەکو:

ڕزگار زیرەکە.

ژوورەکە پاکە.

4- دەبێتە دیارخەری ئاوەڵناوی تر، وەکو:

کچێکی باڵابەرزی چاوشین هات

2.3.1.4. Awellnaw le Rrûy Erkewe

Awellnaw detwanê le rriste da erk bibînêt, bellam natwanê hemû erkêk le rriste da bibînêt, çunke erkekanî diyarîkiraw e, ke bem şêweyey xwarewen:

1) awellnaw debête diyarxerî naw; weku:

em...e : diyarxer

Em gull**e** bikire.

ew...e : diyarxer

Kurrêkî **zîrek** hat.

2) debête tewawker û diyarxerî cênaw; weku:

Êwey **têkoşer** ser dekewin.

3) debête diyarxer û tewawkerî karî natewaw; weku:

Rizgar **zîrek** e.

Jûreke **pak** e.

4) debête diyarxerî awellnawî tir; weku:

Kiçêkî **ballaberzî çawşîn** hat.

2.4. چاوگ

2.4.1. چەمك و پێناسەی چاوگ
2.4.1.1. یەکەم: چاوگ لە ڕووی پێکهاتنەوە

أ - چاوگی سادە

ب - چاوگی داڕژاو

ج - چاوگی لێکدراو:

2.4.1.2. دووەم: نیشانەی چاوگ

2.4.1.3. ێیەم : قەدی چاوگ:

2.4.1.4. چوارەم : قەدی چاوگ و ڕەگی کار

پێناسەی ڕەگ

2.4.2. جۆرەکانی ڕەگ
2.4.2.1. ڕەگی ڕابوردوو (قەدی چاوگ)

2.4.2.2. ڕەگی ڕانەبوردوو

یەکەم: چاوگی (ئەلفی)

دووەم: چاوگی (یائی)

سێیەم: چاوگی (واوی)

چوارەم: چاوگی (تائی)

پێنجەم : چاوگی (دالی)

چاوگ

چەمك و پێناسەی چاوگ

لە زمانی کوردیدا جگە لە زاراوەی چاوگ، زاراوەکانی (ژێدەر، سەرچاوە، مەسدەر،... هتد) بەکاردێن. چاوگ وشەیەکە یا سەرچاوەیەکە بۆ دروستکردنی کاری ڕابوردوو و ناو، کە لە ڕستەدا کردەوەیەك پیشان دەدات، بەڵێم ئەم کردەوەیە ناخرێتەپاڵ کەسێك یان شتێك، ژمارە و کاتیشی تێدا نییە.

2.4. ÇAWG

2.4.1. Yekem: Çawg Le Rrûy Pêkhatinewe

Çawgî Sade

Çawgî Darijaw

Çawgî Lêkdiraw

2.4.2. Duwem: Nîşaney Çawg

2.4.3.Sêyem: Qedî Çawg

2.4.4. Çiwarem: Qedî Çawg û Rregî Kar

Pênasey Rreg

2.4.2. Corekanî Rreg

2.4.2.1. Rregî Rraburdû (Qedî Çawg)

2.4.2.2. Rregî Rraneburdû

Yekem: Çawgî (elifî)

2.Rregî Rraneburdû

Yekem: Çawgî (elifî)

Duwem: Çawgî (yaî)

Sêyem: Çawgî (wawî)

Çiwarem: Çawgî (taî)

Pêncem: Çawgî (dalî)

ÇAWG (Çemk û Pênasey Çawg)

Le zimanî Kurdî da cige le zarawey çawg zarawekanî (jêder, serçawe, mesder, hdt.) be kar dên. Çawg wişeyek e ya serçaweyek e bo dirustkirdinî karî rraburdû û naw, ke le rriste da kirdeweyek pîşan dedat, bellam em kirdeweye naxrête pall kesêk yan şitêk, jimare û katîşî tê da nîye.

2.4.1. پۆلێنکردنی چاوگ

2.4.1.1. یەکەم: چاوگ لە ڕووی پێکهاتنەوە

لە ڕووی پێکهاتنەوە چاوگ دەبێتە سێ جۆرەوە:

أ - چاوگی سادە:

لە وشەیەکی واتاداری سەربەخۆ پێکدێت و بە (ن) کۆتایی دێت، وەکو: (مردن، سووتان، ڕووخان، کەوتن، خەوتن......) .

ب - چاوگی داڕژاو:

لە چاوگێکی سادە لەگەڵ پێشگرێك یان پاشگرێك یان هەردووکیان پێکدێت، بەم شێوەیەی خوارەوە:

1- پێشگر + چاوگی سادە = چاوگی داڕژاو

ڕۆ + چوون = ڕۆچوون

دا + خستن = داخستن

بەر + دان = بەردان

تێ + کردن = تێکردن

2- چاوگی سادە + پاشگر = چاوگی داڕژاو

بردن + ەوە = بردنەوە

شکان + اندن = شکاندن

3- پێشگر + چاوگی سادە + پاشگر = چاوگی داڕژاو

تێ + کردن + ەوە = تێکردنەوە

بەر + دان + ەوە = بەردانەوە

ج - چاوگی لێکدراو:

بەو چاوگانە دەوترێت کە لە دوو وشە یان زیاتر پێك دێت، بەمەرجێ وشەیەکیان چاوگ بێ. یاساکانی سازکردنی چاوگی لێکدراویش بەمشێوەیەی خوارەوەن:

2.4.1. Pollênkirdinî Çawg

2.4.1.1. Yekem: Çawg le Rrûy Pêkhatinewe

Le rrûy pêkhatinewe çawg debête sê corewe:

Çawgî Sade

Le wişeyekî watadarî serbexo pêk dêt û be **"n"** kotayî dêt; weku: mirdin, sûtan, rrûxan, kewtin, xewtin…

Çawgî Darijaw

Le çawgêkî sade legell pêşgirêk yan paşgirêk yan herdûkiyan pêk dêt; bem şêweyey xwarewen:

1) Pêşgir + Çawgî Sade = Çawgî Darijaw

rro + çûn = rroçûn

da + xistin = daxistin

ber + dan = berdan

tê + kirdin = têkirdin

2) Çawgî Sade + Paşgir = Çawgî Darijaw

birdin + ewe = birdinewe

şikan + andin = şikandin

3) Pêşgir + Çawgî Sade + Paşgir = Çawgî Darijaw

tê + kirdin + ewe + = têkirdinewe

ber + dan + ewe = berdanewe

Çawgî Lêkdiraw

Bew çawgane dewitrêt ke le dû wişe yan ziyatir pêk dêt, be mercê wişeyekiyan çawg bê. Yasakanî sazkirdinî çawgî lêkdirawîş bem şêweyey xwarewen:

1- ناوی ساده + چاوگی ساده = چاوگی لێکدراو

دەست + کەوتن = دەستکەوتن

شەڕ + کردن = شەڕکردن

یارمەتی + دان = یارمەتیدان

2- ناوی داڕژراو + چاوگی ساده = چاوگی لێکدراو

گەرما + بوون = گەرمابوون

چلکاو + خواردن = چلکاو خواردن

ڕێگا + گرتن = ڕێگاگرتن

3- ناوی لێکدراو + چاوگی ساده = چاوگی لێکدراو

ماستاو + خواردن = ماستاوخواردن

ماڵئاوایی + کردن = ماڵئاوایی کردن

4- دووبارەکردنەوەی ناو + چاوگی ساده = چاوگی لێکدراو

کون کون + کردن = کون کون کردن

کون کون + بوون = کون کون بوون

5- ناوی داڕژاو + چاوگی داڕژاو = چاوگی لێکدراو

جێگە + کردنەوە = جێگەکردنەوە

چلکاو + خواردنەوە = چلکاو خواردنەوە

6- ناوی ساده + چاوگی داڕژاو = چاوگی لێکدراو

دەست + هەڵبڕین = دەست هەڵبڕین

چاو + پێ کەوتن = چاوپێکەوتن

7- فرێزی ناوی + چاوگی ساده = چاوگی لێکدراو

لەهۆش + چوون = لەهۆش چوون

لەبیر + کردن = لەبیرکردن

خۆش + کردن = خۆشکردن

1) Nawî Sade + Çawgî Sade = Çawgî Lêkdiraw

dest + kewtin = destkewtin

şer + kirdin = şerkirdin

yarmetî + dan = yarmetîdan

2) Nawî Darijaw + Çawgî Sade = Çawgî Lêkdiraw

germa + bûn = germabûn

çilkaw + xwardin = çilkawxwardin

rrêga + girtin = rrêgagirtin

3) Nawî Lêkdiraw + Çawgî Sade = Çawgî Lêkdiraw

mastaw + xwardin + mastawxwardin

mallawayî + kirdin = mallawayîkirdin

4) Dûbarekirdinewey Naw + Çawgî Sade = Çawgî Lêkdiraw

kun kun + kirdin = kunkunkirdin

kun kun + bûn = kunkunbûn

5) Nawî Darijaw + Çawgî Darijaw = Çawgî Lêkdiraw

cêge + kirdinewe = cêgekirdinewe

çilkaw + xwardinewe = çilkawxwardinewe

6) Nawî Sade + Çawgî Darijaw = Çawgî Lêkdiraw

dest + hellbirîn = desthelbirîn

çaw + pêkewtin = çawpêkewtin

7) Firêzî Nawî + Çawgî Sade = Çawgî Lêkdiraw

lehoş + çûn = lehoşçûn

lebîr + kirdin = lebîrkirdin

8- فرێزی ناوی + چاوگی داڕژاو = چاوگی لێکدراو

بەبیر + هاتنەوە = بەبیرهاتنەوە

لەبیر + کردنەوە = لەبیرکردنەوە

9- ئاوەڵناوی سادە + چاوگی سادە = چاوگی لێکدراو

بڵند + کردن = بڵندکردن

خۆش + کردن = خۆشکردن

10- ئاوەڵناوی داڕژاو + چاوگی سادە = چاوگی لێکدراو

بەهێز + کردن = بەهێزکردن

نەخۆش + کەوتن = نەخۆش کەوتن

11- ئاوەڵناوی لێکدراو + چاوگی سادە = چاوگی لێکدراو

دڵخۆش + کردن = دڵخۆشکردن

دڵشاد + بوون = دڵشادبوون

ڕوو ڕەش + کردن = ڕووڕەشکردن

12- دووبارەکردنەوەی ئاوەڵناو + چاوگی سادە = چاوگی لێکدراو

ورد ورد + کردن = وردوردکردن

ورد ورد + بوون = ورد وردبوون

13- ئاوەڵناوی سادە + چاوگی داڕژاو = چاوگی لێکدراو

نوێ + کردنەوە = نوێکردنەوە

تیژ + کردنەوە = تیژکردنەوە

14- ئاوەڵناوی داڕژاو + چاوگی داڕژاو = چاوگی لێکدراو

بەهێز + بوونەوە = بەهێزبوونەوە

8) Firêzî Nawî + Çawgî Darijaw = Çawgî Lêkdiraw

bebîr + hatinewe = bebîrhatinewe

lebîr + kirdinewe = lebîrkirdinewe

9) Awellnawî Sade + Çawgî Sade = Çawgî Lêkdiraw

billind + kirdin = billindkirdin

xoş + kirdin = xoşkirdin

10) Awellnawî Darijaw + Çawgî Sade = Çawgî Lêkdiraw

behêz + kirdin = behêzkirdin

nexoş + kewtin = nexoşkewtin

11) Awellnawî Lêkdiraw + Çawgî Sade = Çawgî Lêkdiraw

dillxoş + kirdin = dillxoşkirdin

dillşad + bûn = dillşadbûn

rrûreş + kirdin = rrûreşkirdin

12) Dûbarekirdinewey Awellnaw + Çawgî Sade = Çawgî Lêkdiraw

wird wird + kirdin = wirdwirdkirdin

wird wird + bûn = wirdwirdbûn

13) Awellnawî Sade + Çawgî Darijaw = Çawgî Lêkdiraw

niwê + kirdinewe = niwêkirdinewe

tîj + kirdinewe = tîjkirdinewe

14) Awellnawî Darijaw + Çawgî Darijaw = Çawgî Lêkdiraw

behêz + bûnewe = behêzbûnewe

15- ئاوەڵناوی لێکدراو + چاوگی داڕژاو = چاوگی لێکدراو

دڵسارد + کردنەوە = دڵساردکردنەوە

دڵخۆش + کردنەوە = دڵخۆشکردنەوە

16- ئاوەڵکاری سادە + چاوگی سادە = چاوگی لێکدراو

زۆر + کردن = زۆرکردن

کەم + کردن = کەمکردن

17- ئاوەڵکاری داڕژاو + چاوگی سادە = چاوگی لێکدراو

لەناو + چوون = لەناوچوون

لەناو + بردن = لەناوبردن

18- وشەیەك مانای سەربەخۆی نەبێت + چاوگی سادە = چاوگی لێکدراو

واز + هێنان = وازهێنان

نقووم + بوون = نقووم بوون

19- ئامرازی سەرسوڕمان + چاوگی سادە = چاوگی لێکدراو

داخ + خواردن = داخخواردن

ئاخ + خواردن = ئاخخواردن

20- ئامرازی سەرسوڕمان + چاوگی داڕژاو = چاوگی لێکدراو

ئاخ + هەڵکێشان = ئاخ هەڵکێشان

21- پارتیکل + چاوگی سادە = چاوگی لێکدراو

خۆزگە + خواردن = خۆزگە خواردن

15) Awellnawî Lêkdiraw + Çawgî Darijaw = Çawgî Lêkdiraw

dillsard + kirdinewe = dillsardkirdinewe

dillxoş + kirdinewe = dillxoşkirdinewe

16) Awellkarî Sade + Çawgî Sade = Çawgî Lêkdiraw

zor + kirdin = zorkirdin

kem + kirdin = kemkirdin

17) Awellkarî Darijaw + Çawgî Sade = Çawgî Lêkdiraw

lenaw + çûn = lenawçûn

lenaw + birdin = lenawbirdin

18) Wişeyek manay serbexoy nebêt + Çawgî Sade = Çawgî Lêkdiraw

waz + hênan = wazhênan

niqûm + bûn = niqûmbûn

19) Amrazî Sersurrman + Çawgî Sade = Çawgî Lêkdiraw

dax + xwardin = daxxwardin

ax + xwardin = axxwardin

20) Amrazî Sersurrman + Çawgî Darijaw = Çawgî Lêkdiraw

ax + hellkêşan = axhellkêşan

21) Partîkil + Çawgî Sade = Çawgî Lêkdiraw

2.4.1.2. دووەم: نیشانەی چاوگ

له زمانی کوردیدا چاوگ به (ن) کۆتایی دێت، ئەم نوونەش لەگەڵ ئەم پێنج پیتانە (وو، ی، د، ا، ت) دێت و به یەکەوه (نیشانەی چاوگ) پێکدەهێنن، کەواتە مۆرفیمی پێش (ن) و (ن) ی چاوگ بەیەکەوه دەبنە نیشانەی چاوگ، ناوی ئەم نیشانانەی چاوگیش به پیتەکەی پێش خۆیەوە بەندە، بەمشێوەی خوارەوە:

چاوگی واوی (وون) : چوون، بوون............

چاوگی یائی (ین) : کڕین، فڕین..............

چاوگی دالی (دن) : کردن، بردن.............

چاوگی ئەلفی (ان) : سووتان، شکان............

چاوگی تائی (تن) : کەوتن، خەوتن............

2.4.1.3. سێیەم : قەدی چاوگ:

به لابردنی (ن) ی چاوگ، قەد دروست دەبێت، جگە له قەدی چاوگ، زاراوه و حاڵەتی تریش دەگرێتەخۆ، وەکو (بناغەی چاوگ، ڕەگی ڕابوردوو، ڕابوردووی نزیك) ، کەواتە دەتوانرێ لەم هێلکارییەی خوارەوه زیاتر ڕوونی بکەینەوە:

قەدی چاوگ = بناغەی چاوگ = رابوردووی نزیك = ڕەگی ڕابوردوو

هەروەکو ئەم نموونانەی خوارەوە:

<u>چاوگ (قەدی چاوگ، بناغەی چاوگ، ڕابوردووی نزیك، ڕەگی ڕابوردوو)</u>

هێنان هێنا

شکان شکا

بردن برد

خواردن خوارد

سووتان سووتا

ڕژان ڕژا

دزین دزی

کڕین کڕی

شوشتن شوشت

کەوتن کەوت

2.4.1.2. Duwem: Nîşaney Çawg

Le zimanî Kurdî da çawg be **"n"** kotayî dêt. Em nûneş legell em pênc pîtane "û, î, d, a, t" dêt û be yekewe "nîşaney çawg" pêk dehênin, ke wate morfîmî pêş "n" û "n"î çawg be yekewe debine nîşaney çawg, nawî em nîşananey çawgîş be pîtekey xoyewe bend e, bem şêweyey xwarewe:

çawgî wawî "ûn وون" : چوونçûn, بوون bûn...

çawgî yaî "în ین" :کرین kirîn, فرین firîn...

çawgî dalî "din دن " : کردنkirdin, بردن birdin...

çawgî elifî "an ان " : سووتان sûtan, شکان şikan...

çawgî taî "tin تن " : کەوتن kewtin, خەوتن xewtin...

2.4.1.3. Sêyem: Qedî Çawg

Be labirdinî **"n"**î çawg, qed dirust debêt. Cige le qedî çawg, zarawe û halletî tirîş degirête xo; weku: "binaxey çawg, rregî rraburdû, rraburdûy nizîk" ke wate detwanrê lem hêllkarîyey xwarewe ziyatir rrûnî bikeynewe: Qedî Çawg=Binaxey Çawg=Rraburdûy nizîk=Rregî Rraburdû

Her weku em nimûnaney xwarewe:

Çawg	Qedî Çawg/Binaxey Çawg/Rraburdûy Nizîk/Rregî Rraburdû
hênan	**:** hêna
şikan	: şika
birdin	: bird
xwardin	: xward
sûtan	: sûta
rijan	: rija
dizîn	: dizî
kirîn	: kirî
şuştin	: şuşt
kewtin	: kewt

2.4.1.4. چوارەم : قەدی چاوگ و ڕەگی کار

لە زمانی کوردیدا زمانەوانان هەردوو زاراوەی قەد و ڕەگ بەکاردێنن، بەهۆیەوە (قەد) دەیبەستنەوە بە کاری ڕابوردوو، و (ڕەگ) یش دەیبەستنەوە بە کاری ڕانەبوردوو، بەڵێم لەهەمان کاتیشدا هەندێ زمانەوانانی تر (ڕەگ) بۆ ڕابوردوو و ڕانەبوردوو بەکاردێنن، واتە (ڕەگی ڕابوردوو) و (ڕەگی ڕانەبوردوو) بەکاردێنن.

پێناسەی ڕەگ

ئەو بەشەیە کە لە چاوگ وەردەگیرێت و، دەبێتە بەشێك لە پێکهاتەی چاوگ، لەهەمان کاتیشدا بەشی هەرە زۆری ڕەگی کار وەکو مۆرفیمێکی بەند سەیردەکرێ و بە تەنیا بەکارنایێت.

2.4.2. جۆرەکانی ڕەگ

2.4.2.1. ڕەگی ڕابوردوو (قەدی چاوگ) :

ئەو ڕەگەیە، کە بە لابردنی (ن) ی چاوگ دروست دەبێت. لە زمانی کوردیدا هەموو ڕەگەکانی ڕابوردوو بە یەکێ لەم پێنج مۆرفیمە (وو، ی، د، ا، ت) کۆتاییان دێت ((هەموو چاوگێ لە زمانی کوردییا بە (ن) کۆتایی دێت... بە لابردنی ئەم (ن) ە ڕەگی ڕابردووی فەرمان دەست دەکەوێ))[32].

__چاوگ__ __ڕەگی ڕابوردوو (قەدی چاوگ)__

چوون چوو

کڕین کڕی

بردن برد

سووتان سووتا

کەوتن کەوت

---

[32] وریا عومەر ئەمین، کات و ڕەگی فەرمان، گ. ڕۆژی کوردستان، کۆمەڵەی ڕۆشنبیری کورد، بەغدا، ژ (65) ، 1984، ل 78.

2.4.1.4. Çiwarem: Qedî Çawg û Rregî Kar

Le zimanî Kurdî da zimanewanan her dû zarawey qed û rreg be kar dênên, be hoyewe "qed" deybestinewe be karî rraburdû û "rreg"îş deybestinewe be karî rraneburdû, bellam le heman katîş da hendê zimanewananî tir "rreg" bo rraburdû û rraneburdû be kar dênên, wate "rregî rraburdû" û "rregî rraneburdû" be kar dênên.

Pênasey Rreg

Ew beşe ye ke le çawg werdegîrêt û debête beşêk pêkhatey çawg, le heman katîş da beşî here zorî rregî kar weku morfîmêkî bend seyr dekrê û be tenya be kar nayêt.

2.4.2. Corekanî Rreg

2.4.2.1. Rregî Rraburdû (Qedî Çawg)

Ew rrege ye ke be labirdinî **"n"**î çawg dirust debêt. Le zimanî Kurdî da hemû rregekanî rraburdû be yekê lem pênc morfîme: "û, î, d, a, t" kotayiyan dêt (hemû çawgê le zimanî Kurdî da be **"n"** kotayî dêt. Be labirdinî em **"n"**e rregî rraburdûy ferman dest dekewê) .[33]

Çawg	Rregî Rraburdû (Qedî Çawg)
çûn	: çû
kirîn	: kirî
birdin	: bird
sûtan	: sûta
kewtin	: kewt

[33] Wirya 'Umer Emîn, "Kat û Regî Ferman", *G. Rojî Kurdistan*, Komeley Roşinbîrî Kurd, Bexda, *j*. 65., 1984, l.78.

2.4.2.2. ڕەگی ڕانەبوردوو:

ئەو بەشەیە، کە لە چاوگ وەردەگیرێت، لە زۆربەی حاڵەتەکانیشدا بە لابردنی مۆرفیمەکانی ڕەگی ڕابوردوو، ڕەگی ڕانەبوردوو سازدەکرێ، کەواتە بە لابردنی مۆرفیمەکانی ڕابوردوو و بوونی هەندێ حاڵەتی فۆنۆلۆجی، ڕەگی ڕانەبوردوو ساز دەکرێ، بەم شێوەیەی خوارەوە:

یەکەم: چاوگی (ئەلفی)

ئەگەر چاوگەکە تێپەڕبوو، ئەوا (ن) ی چاوگ و مۆرفیمی (ا) ی ڕابوردوو لادەبەین، ڕەگی ڕانەبوردوو سازدەکرێت، وەکو:

<u>چاوگ</u> <u>ڕەگی ڕانەبردوو</u>

کێڵان کێڵ

هێنان هێن

شێلان شێل

بەڵێم ئەگەر چاوگەکە تێنەپەڕبوو، ئەوا بە لابردنی (ن) ی چاوگ و گۆڕینی مۆرفیمی (ا) بۆ (ێ) دروست دەکرێ، وەکو:

<u>چاوگ</u> <u>ڕەگی ڕانەبردوو</u>

شکان شکێ

برژان برژێ

خنکان خنکێ

دووەم: چاوگی (یائی)

دروستکردنی ڕەگی کاری ڕانەبوردوو لە چاوگی یائی تێپەڕ و تێنەپەڕ بەهۆی لابردنی (ن) ی چاوگ و (ی) ڕابوردوو دەبێت، وەکو:

<u>چاوگ</u> <u>ڕەگی کار</u>

کڕین کڕ

فڕین فڕ

بڕین بڕ

لەرزین لەرز

2.4.2.2. Rregî Rraneburdû

Ew beşe ye ke le çawg werdegîrêt. Le zorbey halletekanîş da be labirdinî morfîmekanî rregî rraburdû, rregî rraneburdû saz dekrê, ke wate be labirdinî morfîmekanî rraburdû û bûnî hendê halletî fonolocî, rregî rraneburdû saz dekrê, bem şêweyey xwarewe:

Yekem: Çawgî elifî

Eger çawgeke têperr bû, ewa "n"î çawg û morfîmî "a"y rraburdû ladebeyn, rregî rraneburdû saz dekrêt, weku:

Çawg	Rregî Rraneburdû
kêllan	: kêll
hênan	: hên
şêlan	: şêl

Bellam eger çawgeke têneperr bû, ewa be labirdinî "n"î çawg û gorînî morfîmî "a" bo "ê" dirust dekrê. Weku:

Çawg	Rregî Rraneburdû
şikan	: şikê
birjan	: birjê
xinkan	: xinkê

Duwem: Çawgî yaî

Dirustkirdinî rregî karî rraneburdû le çawgî yaî têperr û têneperr be hoy labirdinî "n"î çawg û "î" rraburdû debêt; weku:

Çawg	Rregî Kar
kirîn	: kir
firîn	: fir
birîn	: bir
lerzîn	: lerz

سێیەم: چاوگی (واوی)

ئەگەر چاوگەکە تێنەپەڕ بوو، ئەوە بە لابردنی (ن) ی چاوگ و مۆرفیمی (وو) ، ڕەگی کاری ڕانەبوردوو دروست دەکرێت، وەکو:

<u>چاوگ</u>	<u>ڕەگی ڕانەبوردوو</u>
چوون	چ
بوون	ب

بەڵێم ئەگەر چاوگەکە تێپەڕ بوو، ئەوە تەنیا (ن) ی چاوگ لادەدەین و ڕەگی کار سازدەکرێت، لێرەشدا ڕەگی ڕانەبوردوو و ڕەگی ڕابوردوو (قەدی چاوگ) وەك یەك دەبێت، بۆ نموونە:

<u>چاوگ</u>	<u>ڕەگی ڕانەبوردوو</u>	<u>ڕەگی ڕابوردوو (قەدی چاوگ)</u>
دروون	درو	دروو
گروون	گروو	گروو

چوارەم: چاوگی (تائی)

دروستکردنی ڕەگی کاری ڕانەبوردوو لە چاوگی (تائی) ، بەم شێوەیەی خوارەوە دەبێت:

1- بەشێك لە چاوگی (تائی) بەهۆی لابردنی (ن) ی چاوگ و (ت) ی ڕابوردوو، ڕەگی کار دروست دەبێ، وەکو:

<u>چاوگ</u>	<u>ڕەگی کاری ڕانەبوردوو</u>
فرۆشتن	فرۆش
گرتن	گر

2- بەشێك لە چاوگی (تائی) بەهۆی لابردنی (ن) ی چاوگ، ڕەگی کاریان لێدروست دەبێ، واتە هەروەکو (ڕەگی ڕابوردوو، قەدی چاوگی) ی لێ دێت، وەکو:

<u>چاوگ</u>	<u>ڕەگی کار</u>
بیستن	بیست
بەستن	بەست
پەرستن	پەرست

Sêyem: Çawgî wawî

Eger çawgeke "têneperr" bû, ewe be labirdinî "n"î çawg û morfîmî "û: وو ", rregî karî rraneburdû dirust dekrêt; weku:

Çawg	Rregî Rraneburdû
çûn	: ç
bûn	: b

Bellam eger çawgeke "têperr" bû, ewe tenya "n"î çawg ladedeyn û rregî kar saz dekrêt. Lêreş da rregî rraneburdû û rregî rraburdû (qedî çawg) wek yek debêt; bo nimûne:

Çawg	Rregî Rraneburdû	Rregî Rraburdû (Qedî Çawg)
dirrûn	dirrû	dirrû
girrûn	girrû	girrû

Çiwarem: Çawgî taî

Dirustkirdinî rregî karî rraneburdû la çawgî "taî", bem şêweyey xwarewe debêt:

1) Beşêk le çawgî "taî" be hoy labirdinî "n"î çawg û "t"î rraburdû, rregî kar dirust debê, weku:

Çawg	Rregî Karî Rraneburdû
firoştin	: firoş
girtin	: gir

2) Beşêk le çawgî "taî" be hoy labirdinî "n"î çawg, rregî karyan lê dirust debê, wate her weku (rregî rraburdû, qedî çawg) î lê dêt, weku:

Çawg	Rregî Kar
bîstin	: bîst
bestin	: best
peristin	: perist

3- هەندێ چاوگی (تائی) ، بەتایبەتی ئەو چاوگانەی کە پێش نیشانەی چاوگی (تن) ، پیتی نەبزوێن دێت، و لە پێش ئەم پیتە نەبزوێنەش، بزوێنی (ا، ە) دێت، لەم حاڵەتەشدا بەهۆی لابردنی (تن) و گۆڕینی پیتی بزوێنی (ا، ە) بۆ (ێ) ، ڕەگی کاریان لێدروست دەبێت، واتە لێرەدا دیاردەی فۆنۆلۆجی ڕوودەدات، وەکو:

چاوگ	**ڕەگی کاری ڕانەبوردوو**
پاڵاوتن	پاڵێو
ڤەشارتن	ڤەشێر

4- هەندێك چاوگی (تائی) ، بەتایبەتی ئەو چاوگانەی کە پیتی پێش نیشانەی چاوگ بریتین لە (س،ش) ، لەم حاڵەتەشدا بە هۆی لابردنی (تن) و گۆڕینی پیتی (س) بۆ پیتی (ز) ، و پیتی (ش) بۆ پیتی (ژ) ، ئینجا ڕەگی کاری ڕانەبوردوو دروست دەبێت، واتە لێرەدا دیاردەی فۆنۆلۆجی ڕوودەدات، وەکو:

چاوگ	**ڕەگی کاری ڕانەبوردوو**
خواستن	خواز
گەستن	گەز
کوشتن	کوژ
پاراستن	پارێز [34]
چێشتن	چێژ
ڕێشتن	ڕێژ

[34] لەم نموونەیەدا پیتی (ا) یش بۆ پیتی (ێ) گۆڕدراوە، ئینجا گۆڕانکارییەکانی تر ڕوویانداوە.

3) Hendê çawgî "taî", be taybetî ew çawganey ke pêş nîşaney çawgî "tin", pîtî nebizwên dêt û le pêş em pîte nebizwêneş, bizwênî "a, e" dêt, lem halleteş da be hoy labirdinî "tin" û gorînî pîtî bizwênî "a, e" bo "ê", rregî karyan lê dirust debêt, wate lêre da diyardey fonolocî rrû dedat; weku:

Çawg	Rregî Karî Rraneburdû
pallawtin	: pallêw
veşartin	: veşêr

4) Hendêk çawgî "taî", be taybetî ew çawganey ke pîtî pêş nîşaney çawg birîtîn le: "s", "ş". Lem halleteş da be hoy labirdinî "tin" û gorînî pîtî "s" bo pîtî "z" û pîtî "ş" bo pîtî "j", înca rregî karî rraneburdû dirust debêt, wate lêre da diyardey fonolocî rrû dedat; weku:

Çawg	Rregî Karî Rraneburdû
xwastin	: xwaz
gestin	: gez
kuştin	: kuj
parrastin	: parêz[35]
çêştin	: çêj
rêştin	: rêj

[35] Lem nimûneye da pîtî "a"yiş bo bo pîtî "ê" gordirawe, înca gorankarîyekanî tir rrûyandawe.

5- هەندێك چاوگی (تائی) هەن، كە لە سەر دەستوور نارِۆن، چونكە گۆرِانكارییەكانیان لەگەڵ دەستوورەكانی دروستكردنی (رِەگی كار) زۆر جیاوازترن، هەروەها گۆرِانكارییەكان لە نموونەیەكەوە بۆ نموونەیەكی تر زۆر جیاوازن، هەر بۆیە ئەم نموونانەی خوارەوە بە بێ دەستوور دەمێننەوە و بە ناوازە لەقەڵەم دەدرێن، وەكو:

<u>**چاوگ**</u> <u>**رەگی كاری رانەبوردوو**</u>

رِۆیشتن رِۆ

شوشتن شۆ

گوتن لێ / بێژ

نووستن نوو

پێنجەم : چاوگی (دالی)

دروستكردنی رِەگی كاری رِانەبوردوو لە چاوگی (دالی) ، بەم شێوەیەی خوارەوە دەبێت:

1- بەشێك لە چاوگی (دالی) بەهۆی لابردنی (ن) ی چاوگ و (د) ی رِابوردوو، رِەگی كار دروست دەبێت، وەكو:

<u>**چاوگ**</u> <u>**رەگی كاری رانەبوردوو**</u>

خوێندن خوێن

مردن مر

3- هەندێ چاوگی (دالی) ، بەتایبەتی ئەو چاوگانەی كە پێش نیشانەی چاوگی (دن) ، پیتی نەبزوێن دێت، و لە پێش ئەم پیتە نەبزوێنەش، بزوێنی (ا، ە) دێت، لەم حاڵەتەشدا بە هۆی لابردنی (دن) و گۆرِینی پیتی بزوێنی (ا، ە) بۆ (ێ) ، رِەگی كاریان لێدروست دەبێت، واتە لێرەدا دیاردەی فۆنۆلۆجی رِوودەدات، وەكو:

<u>**چاوگ**</u> <u>**رەگی كاری رانەبوردوو**</u>

سپاردن سپێر

چاندن چێن

ناردن نێر

سەندن سێن

برژاندن برژێن

5) Hendêk çawgî “taî” hen ke le ser destûr naron, çunke gorrankarîyekanyan legell destûrekanî dirustkirdinî “rregî kar” zor ciyawaztir in. Herweha gorrankarîyekan le nimûneyekewe bo nimûneyekî tir zor ciyawaz e, her boye em nimûnaney xwarewe be bê destûr demêninewe û be nawaze le qellem dedrên; weku:

Çawg	Rregî Karî Rraneburdû
royiştin	: ro
şuştin	: şo
gutin	: lê/bêj
nûstin	: nû

Pêncem: Çawgî dalî

Dirustkirdinî rregî karî rraneburdû le çawgî “dalî”, bem şêweyey xwarewe debêt:

1) Beşêk le çawgî “dalî”, be hoy labirdinî “n”î çawg û “d”î rraburdû, rregî kar dirust debê; weku:

Çawg	Rregî Karî Rraneburdû
xwêndin	: xwên
mirdin	: mir

2) Hendê çawgî “dalî”, be taybetî ew çawganey ke pêş nîşaney çawgî “din”, pîtî nebizwên dêt û le pêş em pîte nebizwêneş, bizwênî “a, e” dêt, lem halleteş da be hoy labirdinî “din” û gorînî pîtî bizwênî “a, e” bo “ê”, rregî karyan dirust debêt, wate lêre da diyardey fonolocî rrû dedat; weku:

Çawg	Rregî Karî Rraneburdû
sipardin	: sipêr
çandin	: çên
nardin	: nêr
sendin	: sên
birjandin	: birjên

4 - هەندێك چاوگی (دالی) هەن، كە لە سەر دەستوور نارۆن، چونكە گۆڕانكارییەكانیان لەگەڵ دەستوورەكانی دروستكردنی (ڕەگی كار) زۆر جیاوازترن، هەروەها گۆڕانكارییەكان لە نموونەیەكەوە بۆ نموونەیەكی تر زۆر جیاوازن، هەر بۆیە ئەم نموونانەی خوارەوە بە بێ دەستوور دەمێننەوە و بە ناوازە لەقەڵەم دەدرێن، وەكو:

چاوگ **ڕەگی كاری ڕانەبوردوو**

خواردن خۆ

بردن بە

كردن كە

3) Hendêk çawgî “dalî” hen ke le ser destur naron, çunke gorrankarîyekanyan legell destûrekanî dirustkirdinî “rregî kar” zor ciyawaztir in. Herweha gorrankarîyekan le nimûneyekewe bo nimûneyekî tir zor ciyawaz in. Her boye em nimûnaney xwarewe be bê destûr demêninewe û be nawaze le qellem dedrên; weku:

<u>Çawg</u>	<u>Rregî Karî Rraneburdû</u>
xwardin	: xo
birdin	: be
kirdin	: ke

2.5.کار

2.5.1. کار لە ڕووی کاتەوە:

- ✓ ڕابوردوو
- ✓ ڕانەبوردوو

2.5.2. کار لە ڕووی هێزەوە:

- ✓ تێپەڕ : بنجی
  نابنجي
- ✓ تێنەپەڕ : خوازەکی
  ڕوودان

2.5.3. کار لە ڕووی پێکهاتنەوە:

- ✓ سادە
- ✓ داڕژاو
- ✓ لێکدراو

2.5.4. کار لە ڕووی تەواوییەوە

- ✓ کاری تەواو : ڕابوردوو، ڕانەبوردوو
- ✓ کاری ناتەواو: ڕابوردوو، ئێستا، داهاتوو

2.5.5. کار لە ڕووی ڕێژەوە:

- ✓ ڕاگەیاندن
- ✓ دانانی
- ✓ فەرماندان

2.5.6. کار لە ڕووی ئەرێنییەوە: ئەرێ، نەرێ

چەمك و پێناسەی کار

کار بەشێکە لە بەشەکانی ئاخاوتن، کە ڕوودان و کاتی تێدایە، مەبەست لە ڕوودانەکە، ئەوەیە کە شتێك ڕوویدابێ یان ئەنجام درابێ، مەبەستیش لە کات، ئەوا کاتی ڕانەبوردوو و ڕابوردوو دەگرێتەوە [36].

---

[36] بۆ شارەزا بوون لەم بابەتە، بگەڕێوە بۆ: ئەوڕەحمانی حاجی مارف (د) ، ڕێزمانی کوردی، بەرگی یەکەم (وشەسازی) ، بەشی پێنجەم (کردار) ، دەزگای چاپ و پەخشی سەردەم، سلێمانی، 2000.

2.5. KAR

2.5.1.Kar le Rrûy Katewe

Karî Rraburdû

Karî Rraneburdû

2.5.2.Kar le Rrûy Hêzewe

Karî Têperr

Têperrî Resen (Bincî)

Têperrî Naresen (Nabincî)

Karî Têneperr

Têneperrî Xwazekî

Têneperrî Rrûdan

2.5.3.Kar le Rrûy Pêkhatinewe

Karî Sade

Karî Darijaw

Karî Lêkdiraw

2.5.4. Kar Le Rrûy Tewawîyewe

Karî Tewaw: Rraburdû, Rraneburdû

Karî Natewaw: Rraburdû, Êsta, Dahatû

2.5.5. Kar Le Rrûy Rêjewe

Rêjey Rageyandin

Rêjey Dananî

Rêjey Fermandan

2.5.6. Kar le Rrûy Erênîyewe: Erê, Nerê

KAR (Çemk û Pênasey Kar)

Kar beşêk e le beşekanî axawtin ke rrûdan û katî têda ye. Mebest le rrûdaneke, ewe ye ke şitêk rrûydabê yan encam dirabê. Mebestîş le kat ewa katî rraneburdû û rraburdû degirêtewe.[37]

[37] Bo şarezabûn lem babete, bigerêwe bo: Ewrehmanî Hacî Marif (d), *Rêzimanî Kurdî, Bergî Yekem, (Wişesazî), Beşî Pêncem (Kirdar),* Dezgay Çap û Pexşî Serdem, Silêmanî, 2000.

پۆلێنکردنەکانی کار

2.5.1. کار لە ڕووی کاتەوە:

کار لە ڕووی کاتەوە بەسەر ڕابوردوو و ڕانەبوردوو دابەش دەکرێت:

أ - **کاری ڕابوردوو**: ئەو کارەیە، کە ڕوودانەکەی دەکەوێتە پێش ئاخاوتنەوە، واتا ڕوودانی کارەکە بەسەر چووە و ڕوویداوە ((کرداری ڕابوردوو ئەو کردارەیە، کە پرۆتسێسی ڕوودانەکەی پێش ئاخاوتن بکەوێ)) [38]. لە زمانی کوردیدا بۆ سازکردنی کاری ڕابوردوو، پەنادەبرێتە بەر چاوگ، ئەمیش بەلابردنی (ن) ی چاوگ ساز دەبێت ((لە زمانی کوردیدا فرمانی ڕابوردوو بە لابردنی (ن) ی چاوگ دروست دەکرێت)) [39]، لەم حاڵەتەشدا کاری ڕابوردووی نزیك دروست دەبێت، کە بە یەکێك لەم پێنج مۆرفیمانە (وو، ی، د، ا، ت) کۆتاییان دێت:

مۆرفێمی (وو) :

چاوگ	لابردنی (ن)	کاری ڕابوردوو	مۆرفێمی ڕابوردوو
چوون	ـ ن	چوو	وو
بوون	ـ ن	بوو	وو
دروون	ـ ن	دڕوو	وو
چوون	ـ ن	چوو	وو

مۆرفێمی (ی) :

چاوگ	لابردنی (ن)	کاری ڕابوردوو	مۆرفێمی ڕابوردوو
کڕین	ـ ن	کڕی	ی
فڕین	ـ ن	فڕی	ی
بڕین	ـ ن	بڕی	ی
سڕین	ـ ن	سڕی	ی

(38) د.ئەوڕەحمانی حاجی مارف، کردار, ل200 .

(39) عبداللە شالی، ڕابەری قوتابیان بۆ چاوگ و بۆ فرمان، چاپی یەکەم، چاپخانەی (دار الجاحظ) ، 1976، بەغدا، ل4.

Pollênkirdinekanî Kar

2.5.1. Kar le Rrûy Katewe

Le rrûy katewe kar be ser rraburdû û rraneburdû dabeş dekrêt:

Karî Rraburdû

Ew kare ye ke rrûdanekey dekewête pêş axawtinewe, wata rrûdanî kareke be ser çuwe û rrûydawe (kirdarî rraburdû ew kirdare ye ke pirotisêsî rrûdanekey pêş axawtin bikewê.[40] Le zimanî Kurdî da bo sazkirdinî karî rraburdû, penadebirête ber çawg, emîş be labirdinî **"n"**î çawg saz debêt.[41] Le zimanî Kurdî da fermanî rraburdû be labirdinî "**n**"î çawg dirust dekrêt) . Lem halleteş da karî rraburdûy nizîk durust debêt ke be yekêk lem pênc morfêmane **"û, î, d, a, t"** kotayiyan dêt:

Morfêmî "**û**" :

Çawg	Labirdinî "n"	Karî Rraburdû	Morfêmî Rraburdû
çûn	-n	çû	û
bûn	-n	bû	û
dirrûn	-n	dirrû	û

Morfêmî **"î"**:

Çawg	Labirdinî "n"	Karî Rraburdû	Morfêmî Rraburdû
kirîn	-n	kirî	î
firîn	-n	firî	î
birîn	-n	birî	î
sirîn	-n	sirî	î

[40] D.Ewrehmanî Hacî Marif, *Kirdar*, l. 200.

[41] 'Ebdullah Şalî, Raberî Qutabiyan bo Çawg û bo Firman, Çapî Yekem, Çapxaney (Daru'l Cahez), 1976, Bexda, l.4.

مۆرفێمی (ی) :

چاوگ	لابردنی (ن)	کاری ڕابوردوو	مۆرفێمی ڕابوردوو
کڕین	ـن	کڕی	ی
فڕین	ـن	فڕی	ی
بڕین	ـن	بڕی	ی
سڕین	ـن	سڕی	ی

مۆرفێمی (د) : -

چاوگ	لابردنی (ن)	کاری ڕابوردوو	مۆرفێمی ڕابوردوو
مردن	ـن	مرد	د
کردن	ـن	کرد	د
بردن	ـن	برد	د
خواردن	ـن	خوارد	د

مۆرفێمی (ا) :

چاوگ	لابردنی (ن)	کاری ڕابوردوو	مۆرفێمی ڕابوردوو
سووتان	ـن	سووتا	ا
ڕووخان	ـن	ڕووخا	ا
شکان	ـن	شکا	ا
ڕژان	ـن	ڕژا	ا

مۆرفێمی (ت) :

چاوگ	لابردنی (ن)	کاری ڕابوردوو	مۆرفێمی ڕابوردوو
کەوتن	ـن	کەوت	ت
خەوتن	ـن	خەوت	ت
شوشتن	ـن	شوشت	ت
نوستن	ـن	نوست	ت

Morfêmî "**d**":

Çawg	Labirdinî "n"	Karî Rraburdû	Morfêmî Rraburdû
mirdin	-n	mird	d
kirdin	-n	kird	d
birdin	-n	bird	d
xwardin	-n	xward	d

Morfêmî "**a**":

Çawg	Labirdinî "n"	Karî Rraburdû	Morfêmî Rraburdû
sûtan	-n	sûta	a
rrûxan	-n	rrûxa	a
şikan	-n	şika	a
rijan	-n	rija	a

Morfêmî "**t**":

Çawg	Labirdinî "n"	Karî Rraburdû	Morfêmî Rraburdû
kewtin	-n	kewt	t
xewtin	-n	xewt	t
şuştin	-n	şuşt	t
nustin	-n	nust	t

جۆرەکانی کاری ڕابوردوو

1. ڕابوردووی نزیك:

ئەو کارەیە، کە دەلالەت لەسەر ڕوودانی کارێك لە ڕابوردووی نزیکدا دەکات [42].

چاوگ – ن = ڕابوردووی نزیك

چوون – ن = چوو

بردن – ن = برد

سووتان – ن – سووتا

کەوتن – ن = کەوت

مردن – ن = مرد

2. ڕابوردووی بەردەوام:

ئەو کارەیە، کە دەلالەت لەسەر ڕوودان و بەردەوامی کارێك لەکاتی ڕابوردوودا دەکات [43].

دە + ڕابوردووی نزیك = ڕابوردووی بەردەوام

دە + چوو = دەچوو

دە + برد = دەبرد

دە + کەوت = دەکەوت

دە + خەوت = دەخەوت

3. ڕابوردووی دوور:

ئەو کارەیە، کە دەلالەت لەسەر ڕوودانی کارێك لە ڕابوردووی دووردا دەکات [44].

ڕابوردووی نزیك + بوو = ڕابوردووی دوور

کەوت + بوو = کەوتبوو

خەوت + بوو = خەوتبوو

سووتا + بوو = سووتابوو

شکا + بوو = شکابوو

---

(42) نووری عەلی ئەمین، ڕێزمانی کوردی، چاپخانەی کامەران، سلێمانی، 1960، ل202.

(43) هەمان سەرچاوە، ل 223.

(44) هەمان سەرچاوە، ل 116.

Corekanî Karî Rraburdû

Rraburdûy Nizîk

Ew kare ye ke delalet le ser rrûdanî karêk le rraburdûy nizîk da dekat.[45]

Çawg	n	Rraburdûy Nizîk
çûn	n	: çû
birdin	n	: bird
sûtan	n	: sûta
kewtin	n	: kewt
mirdin	n	: mird

Rraburdûy Berdewam

Ew kare ye ke delalet le ser rrûdan û berdewamî karêk le katî rraburdû da dekat.[46]

de + Rraburdûy Nizîk = Rraburdûy Berdewam

de + çû = deçû

de + bird = debird

de + kewt = dekewt

de + xewt = dexewt

Rraburdûy Dûr

Ew kare ye ke delalet le ser rrûdanî karêk ke le rraburdûy dûr da dekat.[47]

Rraburdûy Nizîk + bû = Rraburdûy Dûr

kewt + bû = kewtibû

xewt + bû = xewtibû

sûta + bû = sûtabû

şika + bû = şikabû

---

[45] Nurî ‘Elî Emîn, *Rêzimanî Kurdî*, Çapxaney Kameran, Silêmanî, 1960, l. 202.

[46] heman serçawe, l. 223.

[47] heman serçawe, l. 116.

4- ڕابوردووی تەواو:

ئەو کارەیە، کە دەلالەت لەسەر ڕوودانی کارێك لە ڕابوردوویەکی نەزۆر دوور و نەزۆر نزیکدا دەکات [48].

ڕابوردووی نزیك + (وه / یه) = ڕابوردووی تەواو

(ووه / ییه)

کەوت + ووه / ییه = کەوتووه، کەوتییه

سووتا + وه / یه = سووتاوه، سووتایه

ئەگەر کاری ڕابوردووی نزیك، کۆتایی بە مۆرفیمەکانی (ت، د) هاتبێ، ئەوا بۆ کاری ڕابوردووی تەواو، مۆرفیمەکانی (ووه / ییه) وەردەگرێت، بەڵێم جۆرەکانی تر مۆرفیمي (وه / یه) وەردەگرن.

بۆ نەرێ کردنی کاری ڕابوردوو، نیشانەی (نە) وەردەگرێ، کە دەخرێتە سەر بەشی پێشەوەی کارەکە.

ئەرێ	نەرێ
کەوت	نەکەوت
برد	نەبرد
شکابوو	نەشکابوو

ب - کاری ڕانەبوردوو:

ئەو کارەیە، کە ڕوودانەکەی دەکەوێتە دوای ئاخاوتن، واتا کارەکە ڕووی نەداوە، یان ئێستا ڕوودەدات یان لە داهاتوودا . لە زمانی کوردیدا بۆ سازکردنی کاری ڕانەبوردوو، پەنا دەبرێتە بەر (ڕەگی ڕانەبوردوو) و، مۆرفیمی ئەرێی ڕانەبوردووش دەکەوێتە پێش ڕەگەکە و جێناوی لکاویش بە کارەکەوە دەنووسێت، واتا یاساکەی بەم شێوەیە :

---

[48] نووری عەلی ئەمین، قەواعیدی زمانی کوردی لە (صرف و نەحو) دا، بەرگی یەکەم، 1956، چاپخانەی مەعارف، بەغدا، ل 17.

Rraburdûy Tewaw

Ew kare ye ke delalet le ser rrûdanî karêk le rraburdûyekî nezor dûr û nezor nizîk da dekat.[49]

Rraburdûy Nizîk + (we / ye) (uwe / îye) = Rraburdûy Tewaw

kewt + uwe / îye = kewtuwe, kewtîye

sûta + we / ye = sûtawe, sûtaye

Eger karî rraburdûy nizîk, kotayî be morfîmekanî "t, d" hatibê, ewa bo karî rraburdûy tewaw, morfîmekanî "uwe / îye" werdegirêt, bellam corekanî tir morfîmî "we / ye" werdegirin.

Bo nerêkirdinî karî rraburdû, nîşaney "ne" werdegirê, ke dexrête ser beşî pêşewe kareke.

Erê	**Nerê**
kewt	nekewt
bird	nebird
şikabû	neşikabû

Karî Rraneburdû

Ew kare ye ke rrûdanekey dekewête diway axawtin, wata kareke rrûy nedawe, yan êsta rrû dedat yan le dahatû da. Le zimanî Kurdî da bo sazkirdinî karî rraneburdû, pena debirête ber "rregî rraneburdû" û morfêmî erêy rraneburdûş dekewête pêş rregeke û cênawî likawîş be karekewe denûsêt. Wata yasakey bem şêweye:

[49] Nurî 'Elî Emîn, *Qewa'îdî Zimanî Kurdî le Serf û Nehw da, Bergî Yekem,* 1956, Çapxaney Me'arif, Bexda, l. 17.

مۆرفیمی ئەرێ (دە) + ڕەگی ڕانەبوردوو + جێناوی لکاوی بێ هێز [50]

خواردن ← دە + خۆ + م =دەخۆم

شوشتن ← دە + شۆ + ات = دەشوات

شکان ← دە +شکێ + م =دەشکێم

یاسای بنەڕەتی کاری ڕانەبوردوو لە سێ مۆرفیمی ڕەگی کار و کاتی ڕانەبوردوو و جێناوی لکاو پێك دێت و بە گۆڕینی هەر یەکێکیان فۆرم و واتاکەی دەگۆڕێت، و کارەکە تێپەڕ بێت یان تێنەپەڕ، هەمیشە جێناوی لکاوی کۆمەڵەی (م - ین) وەردەگرێ [51] .

بۆ جیاکردنەوەی کاری ڕانەبوردووی (ئێستا و داهاتوو) لە دیالێکتی ناوەڕاستدا، ئەوە بە هۆی ئاوەڵکارە کاتییەکان جودا دەکرێنەوە ((لە کرمانجیي خوارووداا بۆ جیاکردنەوەی کاتی ئێستا و ئاینده هیچ نیشانەیێکی وشەسازی نییە، جیاکردنەوەیان بە ڕێگەی لێکسیکی واتا بە یاریدەی هەندێك وشە بە تایبەتی ئاوەڵکردارەوە مەبەست دەردەبڕن)) [52]، بە جۆرێك بۆ کاتی ئێستا (وا، ئەوا، ئێستا) بەکاردێت و، بۆ کاتی داهاتووش (بەیانی، هەفتەی داهاتوو، مانگێکی تر، هەفتەیەکی .....هتد) بەکاردێت، وەکو:

وا
ئێستا ⎬ دەڕۆم بۆ کۆلێژ .
ئەوا

↓

کاری ڕانەبوردووی ئێستا

---

[50] جێناوی بێهێز ئەوانەن، کە لەگەڵا ڕابوردووی تێنەپەڕدا دەردەکەون و بە دوای ڕانەبوردووی تێپەڕ و تێنەپەڕدا دێن : بڕوانە: د. ئەوڕەحمانی حاجی مارف، ڕێزمانی کوردی، بەرگی یەکەم (وشەسازی) ، بەشی دووەم (جێناو) ،ل 106.

[51] محەمەد عومەر عەول، دابەشبوونی کرداری لێکدراو لەڕووی دارشتن و ئەرکەوە (لەکرمانجی خواروو) دا، نامەی ماجستێر، زانکۆی سلێمانی، 2001، ل 28.

[52] د. ئەوڕەحمانی حاجی مارف، کردار، ل 197.

(Morfêmî Erê “De + Rregî Rraneburdû + Cênawî Likawî Bêhêz”) [53]

xwardin → de + xo + m = dexom

şuştin → de + şo + at = deşiwat

şikan → de + şikê + m = deşikêm

Yasay binerretî karî rraneburdû le sê morfîmî rregî kar û katî rraneburdû û cênawî likaw pêk dêt û be gorînî her yekêkiyan form û watakey degorêt û kareke têperr bêt yan têneperr, hemîşe cênawî likawî komelley **“m, în”** werdegirê.[54]

Bo ciyakirdinewey karî rraneburdûy “êsta û dahatû” le diyalêktî nawerrast da, ewe be hoy awellkare katîyekan cuda dekrênewe (le Kirmancîy xwarrû da bo ciyakirdinewey katî êsta û ayinde hîç nîşaneyêkî wişesazî nîye. Ciyakirdineweyan be rrêgey lêksîkî wata be yarîdey hendêk wişe be taybetî awellkirdarewe mebest derdebirin) [55] be corêk bo katî êsta “wa, ewa, êsta” be kar dêt û bo katî dahatûş (beyanî, heftey dahatû, mangêkî tir, hefteyekî, hdt.) be kar dêt; weku:

Wa } **derom** bo kolêj.
Êsta } ↓
Ewa: } karî rraneburdûy êsta

[53] Cênawî bêhêz ewanen ke legel raburdûy têneper da derdekewin û be diway raneburdûy têper û têneper da dên; birwa: D. Ewrehmanî Hacî Marif, *Rêzimanî Kurdî, Bergî Yekem (Wişesazî), Beşî Duwem (Cênaw)*, l. 106.

[54] Mihemed ‘Umer ‘Ewil, *Dabeşbûnî Kirdarî Lêkdiraw le Rrûy Dariştin û Erkewe le Kirmancî Xwarrû da*, Namey Macistêr, Zankoy Silêmanî, 2001, l. 28.

[55] D. Ewrehmanî Hacî Marif, *Kirdar*, l. 197.

بەیانی ⎫ دەڕۆم بۆ کۆلێژ .
دواتر ⎬ ↓
هەفتەیەکی تر ⎭ کاری ڕانەبوردووی داهاتوو

بۆ نەرێ کردنی کاری ڕانەبوردووش، ئەوا مۆرفیمی (نا) دەچێتە شوێنی (دە) و دەیکات بە نەرێ، وەك :

دەڕۆم نارۆم .

بەیانی دەچم بۆ بازاڕ .

بەیانی ناچم بۆ بازاڕ .

2.5.2. **کار لە ڕووی هێزەوە:**

کار لە ڕووی هێزەوە دەکرێتە دووبەش:

أ- کاری تێپەڕ:

لە زمانی کوردیدا زمانەوانان و نووسەران چەندین پێناسەیان بۆ کاری تێپەڕ کردوو [56]، دەتوانین هەموو پێناسەکانیش لە چواردەوری یەك چەمکدا کۆ بکەینەوە، بەو واتایەی بڵێین کاری تێپەڕ ئەو کارەیە، کە کاریگەریی هێزەکەی لە بکەرەوە تێدەپەڕێت بۆ سەر کەرەستەیەکی تر، ئەویش بەرکاری ڕاستەوخۆیە، واتە کاری تێپەڕ بەرکاری ڕاستەوخۆ وەردەگرێت. بۆ زیاتر ڕوونکردنەوە با سەیری ئەم نموونەیە بکەین :

- **گۆران سێوەکەی خوارد .**

↓ ↓ ↓

بکەر بەرکاری کاری ڕابوردووی

ڕاستەوخۆ تێپەڕ

---

(56) ـ سەعید صدقی دەڵێت : ((متعدی فعلیکه له فاعلەکەی جوی ببیتەوە واحتیاجی ببی به مفعول به)) بڕوانە: مختصر صرف ونحوی کوردی، 1928، ل44 .

ـ تەوفیق وەهبی دەڵێت : ((فیعلی موتەعەددی کارآ بەیان ئەکا کەلە باسلێکراوەو تەجاوەزی کەسآ یان شتێکیتر بکا)) بڕوانە: دەستووری زمانی کوردی،1929، ل 42.

ـ نوری عەلی ئەمین دەڵێت : ((چاوگی تێپەڕ ئەو چاوگەیە هەر کاتآ فرمانێکی لێ دروست کرا، فرمانەکە لە (مسندالیه) یەکەی جوآ ئەبێتەوە بۆ کەسێ یا شتێکی تر)) بڕوانە : ڕێزمانی کوردی، 1960، ل61.

ـ د.ئەورەحمانی حاجی مارف دەڵێت: ((واتای چالاکی کاراو ڕێچکەی بەرەوبەرکار نیشان دەدات)) بڕوانە: ڕێزمانی کوردی، بەرگی یەکەم (وشەسازی) ، بەشی پێنجەم (کردا) ، 2000، ل46 .

Beyanî ⎤ **derom** bo kolêj.

Diwatir ⎬ ↓

Hefteyekî tir ⎦ karî rraneburdûy dahatû

Bo nerêkirdinî karî rraneburdûş, ewa morfêmî "na" deçête şiwênî "de" û deykat be nerê; wek: **de**rom → **na**rom.

Beyanî **de**çim bo bazar. → Beyanî **na**çim bo bazar.

2.5.2. Kar le Rrûy Hêzewe

Kar le rrûy "hêze"we dekrête dû beş:

Karî Têperr

Le zimanî Kurdî da zimanewanan û nûseran çendîn pênaseyan bo karî têperr kirduwe,[57] detwanîn hemû pênasekanîş le çiwardewrî yek çemk da ko bikeynewe, bew watayey billêyn karî têperr ew kare ye ke karîgerîy hêzekey le bikerewe tê deperêt bo ser keresteyekî tir, ewîş berkarî rrastewxo ye, wate karî têperr berkarî rrastewxo werdegirêt. Bo ziyatir rrûnkirdinewe ba seyrî em nimûneye bikeyn:

Gorran sêwekey xward.

Gorran: biker

sêwekey: berkarî rrastewxo

xward: karî rraburdûy têperr

[57] Se'îd Sidqî dellêt: "Mute'eddî fî'lîk e le fa'ilekey ciwê bibêtewe wahtîyacî bibî be mef'ul be" Birwane: *Muxteserî Serf û Nehwî Kurdî,* 1928, l. 44.

-Tewfîq Wehbî dellêt: "Fî'lî mute'eddî karê beyan eka ke le baslêkirawe û tecawezî kesê yan şitêkî tir bika", Birwane: *Destûrî Zimanî Kurdî,* 1929, l. 42.

- Nurî Emîn 'Elî dellêt: "Çawgî têper ew çawge ye her katê firmanêkî lê dirust kira, firmaneke le (misindaliye) yekey ciwê ebêtewe bo kesê ya şitêkî tir", Birwane: *Rêzimanî Kurdî,* 1960, l. 61.

- D. Ewrihmanî Hacî Marif dellêt: "Watay çalakî kara û rêçikey berew berkar nîşan dedat" Birwane: *Rêzimanî Kurdî, Bergî Yekem (Wişesazî), Beşî Pêncem (Kirdar),* 2000, l. 46.

لەم ڕستەیەدا وشەی (گۆران) بکەری ناو ڕستەکەیە و، بە خواردنی شتێك هەستاوە، کە ئەویش (سێو) ە، هێزەکەش لێرەدا کەوتۆتە سەر بەرکاری ڕاستەوخۆ، کارەکەش کە (خوارد) ە، کارێکی تێپەڕە. دەبێت ئەوەش بوترێت کە لە زمانی کوردیدا هەموو کارێکی تێپەڕ لەناو ڕستەدا، یەك بەرکاری ڕاستەوخۆ وەردەگرێت، بەڵێم بۆ بەرکاری ناڕاستەوخۆ، ئەوا دەشێت لە ڕستەی کاری تێپەڕدا بەرکارێکی ناڕاستەوخۆ یان زیاتر ببینرێت . لەم وێنەیەی خوارەوەدا فراوانترین سنووری کاری تێپەڕ بەپێی کەرەستە سەرەکییەکان لەناو ڕستەدا دەخەینە ڕوو: [58]

ئازاد شەوێ لە ماڵەوە پارە بۆ نەوزاد لە باوکم وەردەگرێ .

لەگەڵ ئەوەشدا زۆرجار لە ڕستەی کاری تێپەڕدا، وا دەبێت بەرکارەکەی لە ڕووی سیما (ڕوخسار) ەوە بە دیارناکەوێت، کە ئەمەش وای لە زۆر کەس کردووە بە هەڵەدا بچن و بڵێن ئەم ڕستەیە بەرکاری تێدا نییە، بەڵێم لە ڕووی واتاوە بەرکارێك لەناو ڕستەکەدا دەبینرێت، وەك (ئازاد دەتوانێ بنووسێ) [59] ،لێرەدا لە ڕووی ڕووخسارەوە بەرکار دەرنەکەوتووە، بەڵێم لە ڕووی واتاوە بەرکار دەرکەوتووە، چونکە ئازاد دەتوانێ شتێ بنووسێ، جا ئەم شتە نامەیە .. وتارە .. شیعرە.. یا هەر شتێکی تر کاری تێپەڕ لە ڕووی هەبوونەوە، بە سەر دوو جۆر دابەش دەبێت :

1- **تێپەڕی ڕەسەن (بنجی)** ، ئەو کارە تێپەڕانە دەگرێتەوە،کە لە بناغە و بنجدا تێپەڕن، وەك (برد، کرد، شوشت، خوارد،....) .
2- **تێپەڕی ناڕەسەن (نابنجی)** ، ئەو کارە تێپەڕانە دەگرێتەوە، کە لە بناغەدا تێنەپەڕن، بەڵێم بەهۆی پاشگری (-اندن) بوونەتە کارێکی تێپەڕ، [60] وەك:
خەوتن ← خەو + اندن = خەواندن .

هەروەها کاری تێپەڕ لە زمانی کوردیدا، هەروەك زمانی عەرەبی دەشێت یەك بەرکار وەرگرێ و، دەشێت زیاتر بێت، بەم شێوەیەی خوارەوە [61] :

یەکەم/ ئەو کارە تێپەڕانەی کە یەك بەرکار لەناو ڕستەدا وەردەگرن، وەك :

- <u>مەریوان</u> <u>سێو</u> <u>دەخـــوات</u>.

↓ ↓ ↓

بکەر بەرکاری کاری ڕانەبوردووی تێپەڕ

ڕاستەوخۆ

---

(58) عومەر مەحموود کەریم، کاری تێپەڕ و تێنەپەڕ لە زمانی کوردیدا، نامەی ماجستێر، بەشی کوردی کۆلێژی پەروەردە (ئبن روشد) ی زانکۆی بەغدا، 2004، ل41.

(59) د. ئەوڕەحمانی حاجی مارف، ڕێزمانی کوردی، کردار، ل 316 .

(60) مصگفی محمد زەنگنە، کار و ئەرکی لە سینتاکسدا، ل24.

(61) عومەر مەحموود کەریم، هەمان سەرچاوە، ل 41 .

Lem rristeye da wişey “Gorran” bikerî naw rristeke ye û be xwardinî şitêk hestawe ke ewîş “sêw”e, hêzekeş lêre da kewtote ser berkarî rrastewxo, karekeş ke “xward”e, karêkî têperr e. Debêt eweş butrêt ke le zimanî Kurdî da hemû karêkî têperr le naw rriste da, yek berkarî rrastewxo werdegirêt; bellam bo berkarî narrastewxo, ewa deşêt le rristey karî têperr da berkarêkî narrastewxo yan ziyatir bibînrêt. Lem wêneyey xwarewe da firawantirîn sinûrî karî têperr be pêy kereste serekîyekan le naw rriste da dexeyne rrû:[62]

Azad şewê le mallewe pare bo Newzad le bawkim werdegirê.

Legel eweş da zor car le rristey karî têperr da, wa debêt berkarekey le rrûy sîma “rrûxsar”ewe be diyar nakewêt ke emeş way le zor kes kirduwe be hele da biçin û billên em rristeye berkarî têda nîye; bellam le rrûy watawe berkarêk le naw rristeke da debînrêt; wek: Azad detwanê binûsê.[63] Lêre da le rrûy rrûxsarewe berkar dernekewtuwe; bellam le rrûy watawe berkar derkewtuwe, çunke Azad detwanê şitê binûsê, ca em şite name ye, witar e, şî're ya her şitêkî tir…

Karî têperr le rrûy hebûnewe, be ser dû cor dabeş debêt:

Têperrî Resen (Bincî)

Ew kare têperrane degirêtewe ke le binaxe û bincî da têperr in; wek: bird, kird, şuşt, xward…

Têperrî Naresen (Nabincî)

Ew kare têperrane degirêtewe ke le binaxe da têneperr in; bellam be hoy paşgirî “-andin” bûnete karêkî têperr;[64] wek:

xewtin → xew + andin = xewandin.

Herweha karî têperr le zimanî Kurdî da, her wek zimanî Erebî deşêt yek berkar wergirê û deşêt ziyatir bêt; bem şêweyey xwarewe:[65]

a) Yekem: Ew kare têperraney ke yek berkar le naw rriste da werdegirin; wek:

Merîwan sêw dexwat.

Merîwan	: Biker
sêw	: Berkarî Rrastewxo
dexwat	: Karî Rraneburdûy Têperr

[62] 'Umer Mehmud Kerîm, *Karî Têper û Têneper le Zimanî Kurdî da,* Namey Macistêr, Beşî Kurdî, Kolîjî Perwerde (Îbni Ruşdî), Zankoy Bexda, 2004, l. 41.

[63] D. Ewrehmanê Hacî Marif, *Rêzimanî Kurdî, Kirdar,* l. 316.

[64] Mustafa Mihemmed Zengine, *Kar û Erkî le Sîntaks da,* l. 24.

[65] 'Umer Mehmud Kerîm, heman serçawe, l. 41.

دووەم/ ئەو کارە تێپەڕانەی کە دوو بەرکار (بەرکارێکی ڕاستەوخۆ لەگەڵ بەرکارێکی ناڕاستەوخۆ) لە ڕستەدا وەردەگرن،وەك :

من پارە دەدەمە تۆ.

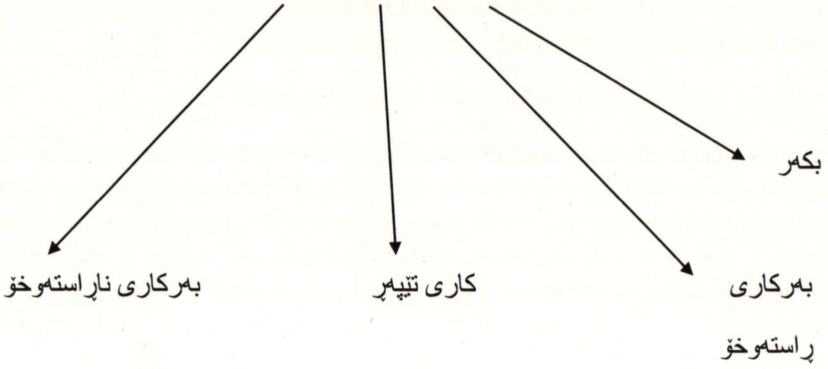

سێیەم/ ئەو کارە تێپەڕانەی، کە سێ بەرکار وەردەگرن، وەك کارەکانی (وەرگرتن، دان، بردن سەندن، کڕین) [66]، وەك :

من پارە لە تۆ وەردەگرم بۆ ئازاد .

لە زمانی کوردیدا ڕێگاچارە دانراوە بۆ گۆڕینی کاری تێنەپەڕ بۆ کاری تێپەڕ، ئەویش بە زیادکردنی پاشگری (-اندن) و خستنە سەر ڕەگی کارەکە، کە بە هۆیەوە دەیکاتە تێپەڕ، وەك :

خەوتن ← خەو + اندن = خەواندن

فڕین ← فڕ + اندن = فڕاندن

شکان ← شکا + اندن = شکاندن

ڕووخان ← ڕووخا + اندن = ڕووخاندن

لەم کارانەی سەرەوەدا، کارەکانی (شکا، ڕووخا) بە (ا) کۆتاییان هاتووە، ئەمە لەلایەك و لەلایەکی تریشەوە لە ڕەگی ڕابوردووەوە وەرگیراون بۆ کردنی بە تێپەڕ، دیارە لە نێوان ئەم دوو (ا) ە، یەکەکیان لەناو دەچێت، چونکە لە زمانی کوردیدا هەرگیز دوو بزوێن بە دوای یەکتردا نایێن.

---

[66] نەریمان عەبدوڵلآ خۆشناو، کاری تێپەڕ - لێکۆڵینەوەیەکی بەرانبەرییە لە نێوان زمانی کوردی و زمانی عەرەبیدا، گ . کاروان، ژ. (198) ، 2005، ل 158-159.

b) Duwem: Ew kare têperraney ke dû berkar "berkarêkî rrastewxo legell berkarêkî narrastewxo" le rriste da werdegirin; wek:

Min pare dedeme to.

min	: Biker
pare	: Berkarî Rrastewxo
dedeme	: Karî Têperr
to	: Berkarî Narrastewxo

c) Sêyem: Ew kare têperraney ke sê berkar werdegirin, wek karekanî "wergirtin, dan, birdin, sendin, kirîn"[67], wek:

Min pare le to werdegirim bo Azad.

Le zimanî Kurdî da rrêgaçare danrawe bo gorînî karî têneperr bo karî têperr, ewîş be ziyadkirdinî paşgirî "-andin" û xistine ser rregî kareke ke be hoyewe deykate têperr; wek:

xewtin → xew + andin	= xewandin
firîn → fir + andin	= firandin
şikan → şika + andin	= şikandin
rrûxan → rrûxa + andin	= rrûxandin

Lem karaney serewe da, karekanî "şika, rrûxa" be "a" kotayiyan hatuwe. Eme le layek û le layekî tirîşewe le rregî rraburduwewe wergîrawin bo kirdinî be têperr. Diyar e le nêwan em dû "a", yekekiyan le naw deçêt, çunke le zimanî Kurdî da hergîz dû bizwên be diway yektir da nayên.

[67] Nerîman Ebdulla Xoşnaw, Karî Têper "Lêkolîneweyekî Beranberîye le Nêwan Zimanî Kurdî û Zimanî Erebî da", g. *Karwan*, j., 198, 2005, l.158-159.

هەروەها هەندێك كارى تێنەپەڕمان هەیە، كە بەرانبەرەكەیان كارى تێپەڕى هەیە، لەوانە[68]:

تێنەپەڕ		تێپەڕ
كەوتن	←	خستن
هاتن	←	هێنان، هانین
چوون	←	بردن
ڕۆیشتن	←	ناردن
ڕژان	←	ڕشتن
گۆڕان	←	گۆڕین
سڕانەوە	←	سڕینەوە
پچڕان	←	پچڕین
بزووتن	←	بزاوتن
سوان	←	سوین (سوون)
قەلشتن	←	قەلێشتن
قلێشان	←	قەلێشتن
مانەوە	←	هێشتنەوە، هێلانەوە
مان	←	هێشتن، هێلان
كشانەوە	←	كێشانەوە
هەڵستان	←	هەڵگرتن

هەروەها هەندێك كارى تێنەپەڕمان هەیە، دەشێت بەهۆى (-اندن) ەوە بكرێنە تێپەڕ، سەرەڕاى ئەوەش كارى تێپەڕى بەرانبەریان هەیە، وەك :

تێنەپەڕ تێپەڕ

كەوتن ← كەواندن، خستن

مردن ← مراندن، كوشتن

چوون ← چواندن، بردن

لێرەدا لە زۆر حاڵەتدا ماناى تێپەڕى بەرانبەر و بە تێپەڕكراوەكە وەك یەك نابن، وەك (مردن) تێپەڕى بەرانبەرى (كوشتن) ە و، دەكرێت بە (مراندن) ، بەڵێم لە ڕووى واتاوە (مراندن) و (كوشتن) جوودان [69]، وەك :

- **پیاوەكە خۆى كوشت ـ لێرە مردووە .**
- **پیاوەكە خۆى مراند ـ لێرە نەمردووە**

(68) لیژنەى زمان و زانستەكانى، ڕێزمانى ئاخاوتنى كوردى، ل123.

(69) پرۆفیسۆر وریا عومەر ئەمین، ئاسۆیەكى ترى زمانەوانى، ل188.

Herweha hendêk karî têneperrman heye ke beranberekeyan karî têperrî heye; lewane:[70]

<u>Têneperr</u>	<u>Têperr</u>
kewtin	: xistin
hatin	: hênan, hanîn
çûn	: birdin
royiştin	: nardin
rijan	: riştin
gorran	: gorîn
siranewe	: sirînewe
piçiran	: piçirîn
bizûtin	: bizawtin
siwan	: siwîn (sûn)
qeliştin	: qellaştin
qilîşan	: qellaştin
manewe	: hêştinewe, hêlanewe
man	: hêştin, hêlan
kişanewe	: kêşanewe
helistan	: helgirtin

Herweha hendêk karî têneperrman heye, deşêt be hoy "-andin"ewe bikrêne têperr, sereray eweş karî têperrî beranberyan heye; wek:

<u>Têneperr</u>	<u>Têperr</u>
kewtin	: kewandin, xistin
mirdin	: mirandin, kuştin
çûn	: çiwandin, birdin

Lêre da le zor hallet da manay têperrî beranber û be têperrkiraweke wek yek nabin. Wek: "mirdin" têperrî beranberî "kuştin"e û dekrête be "mirandin" bellam le rrûy manawe "mirandin" û "kuştin" cûdan.[71] Wek:

Piyaweke xoy kuşt. → lêre mirduwe.

Piyaweke xoy mirand. → lêre ne mirduwe.

---

[70] Lîjney Ziman û Zanistekanî, *Rêzimanî Axawtinî Kurdî*, l. 123.

[71] Profîsor Wirya 'Umer Emîn, *Asoyekî Tirî Zimanewanî*, l. 188.

هەروەها هەندێك كاری تێنەپەڕمان هەیە، كە بەرانبەریان كاری تێپەڕی نییە و پاشگری (ـ اندن) یش وەرناگرن، وەك[72]:

(سرەوتن، نیشتن، زان، گەنین)

دیارە لێرەدا ئەم وشانە ڕوودانیان لە ژوور ئارەزوو و دەسەڵاتی مرۆڤدا نییە، چونكە ((تۆ دەتوانی یەكێكی تر (بخەوێنی و یا بشێوێنی) بەهۆی ئەو ئامرازانەوە، كە خەوتن و شێوان پەیدا دەكەن، بەڵێم ناتوانی لە دەروونی هەمان كەسدا (سرەوتن) پەیداكەیت، چونكە سرەوتنەكە لەلاوە نایەت بۆی ....))[73]

هەروەها هەندێك كاری تێنەپەڕ، بە یارمەتی كاری یارمەتیدەری (هێنان) و (خستن) ەوە دەكرێنە تێپەڕ، وەك:

منداڵەكەی هێنایە پێكەنین .

منداڵەكەی خستە گریان .[74]

ئەگەرچی لە پێشەوە ئاماژەمان بۆ ئەوە كرد، كە پاشگری (-اندن) كاری تێنەپەڕ دەكاتە تێپەڕ، هەروەها دەوری ڕۆنانی كاری تێنەپەڕیش دەبینێت، بەتایبەتی كاتێك كە دەچێتە سەر ناوی دەنگە سروشتییەكان و دەیانكات بە كاری تێنەپەڕ، وەك :

قیژە + اندن = قیژاندن

گرمە + اندن = گرماندن

باعە + اندن = باعاندن

زیرە + اندن = زیراندن

باڕە + اندن = باڕاندن[75]

هەروەها (-اندن) چەندین ئەركی تری جودا جودا دەبینێت، لەوانە چاوگی لێكدراو دەكات بە چاوگی داڕژاو، وەك :

نەخش كـردن ← نەخشاندن[76]

هەروەها كار و چاوگی بێگانەی تێپەڕ، بەتایبەتی لە زمانی عەرەبی دەكاتە كوردی و هەر بە تێپەڕیش دەمێنێتەوە و، هەموو تایبەتمەندییەكانی زمانی كوردی وەردەگرێت، وەك:

---

[72] د. ئەورەحمانی حاجی مارف، كردار، ل 58.

[73] لیژنەی زمان و زانستەكانی، ڕێزمانی ئاخاوتنی كوردی، ل123.

[74] عومەر مەحموود كەریم، هەمان سەرچاوە، ل 59.

[75] لیژنەی زمان و زانستەكانی، ڕێزمانی ئاخاوتنی كوردی، ل123.

[76] د.نەسرین فەخری، پاشگری (اندن) لە زمانی كوردیدا، گۆڤاری كۆڕی زانیاری كورد، بەرگی سێیەم، بەشی یەكەم، بەغدا،1974، ل 227 .

Herweha hendêk karî têneperrman heye ke beranberyan karî têperrî nîye û paşgirî "-andin"îş wernagirin;[77] wek: sirewtin, nîştin, zan, genîn.

Diyar e lêre da em wişaney rrûdanyan le jûr arezû û desellatî mirov da nîye, çunke to detwanî yekêkî tir (bixewênî û ya bişêwênî) be hoy ew amrazanewe ke xewtin û şêwan peyda deken, bellam natwanî le derrûnî heman kes da (sirewtin) peyda keyt, çunke sirewtineke le lawe nayet boy...[78]

Herweha hendêk karî têneperr, be yarmetî karî yarmetîderî "hênan" û "xistin"ewe dekrêne têperr; wek: Mindallekey hênaye pêkenîn → mindallekey xiste giryan.[79]

Egerçî le pêşewe amajeman bo ewe kird ke paşgirî "-andin" karî têneperr dekate têperr, herweha dewrî ronanî karî têneperrîş debînêt, be taybetî katêk ke deçête ser nawî denge siruştîyekan û deyankat be karî têneperr; wek:

qîje + andin	= qîjandin.
girme + andin	= girmandin.
ba'e + andin	= ba'andin.
zîre + andin	= zîrandin.
bare + andin	= barandin.

Herweha "-andin" çendîn erkî tirî cuda cuda debînêt. Lewane çawgî lêkdiraw dekat be çawgî darijaw; wek: nexişkirdin → nexişandin[80]

Herweha kar û çawgî bêganey têperr, be taybetî le zimanî Erebî dekate Kurdî û her be têperrîş demênêtewe û hemû taybetmendîyekanî zimanî Kurdî werdegirêt; wek:

[77] D. Ewrehmanî Hacî Marif, *Kirdar,* l. 58.

[78] Lîjney Ziman û Zanistekanî, *Rêzimanî Axawtinî Kurdî,* l. 123.

[79] Umer Mehmud Kerîm, heman serçawe, l. 59.

[80] D. Nesrîn Fexrî, "Paşgirî "-andin" le Zimanî Kurdî da", *Govarî Korî Zanyarî Kurd*, Bergî Sêyem, Beşî Yekem, Bexda, 1974, l.227.

((شبه)) + اندن = شوبهاندن

خلق + اندن = خولقاندن [81]

دیارە ئەم حاڵەتانەی، کە لەوەپێش ئاماژەمان بۆی کرد، هەموو وەك خۆی سەداسەد بەبێ گۆڕانکاری بەکارنایێت، بەڵکو حاڵەتی تریش هەن و هەندێك گۆڕانکاریش دەبینیرێت لە کاتی خستنە سەری پاشگری (-اندن) بۆ سەر کارەکان و، ئەرکی (-اندن) گەلێك زۆرە، بەڵێم لێرەدا هەر ئەوەندە ئاماژەی بۆ دەکەین، لەگەڵ ئەمانەشدا دەبێت ڕێکخستن و شێوازی پاشگری (-اندن) ڕوون بکەینەوە، کە چۆن سازبووە، چونکە وەك زانراوە، کە پاشگری (-اندن) هەر هەمووی مۆرفیمی تێپەڕاندنی کار نییە، بەڵکو بە تەنیا (ن) ی یەکەم مۆرفیمی تێپەڕاندنە، کەواتە دەبێت (ن) ەکە، مۆرفیمی تێپەڕاندن بێت، چونکە (ا) نیشانەی کاتە بۆ ڕابوردوو و، (ێ) ش نیشانەی کاتە بۆ ڕانەبوردوو [82].

ب- کاری تێنەپەڕ:

لە زمانی کوردیدا نووسەران و زمانەوانانمان چەندین پێناسەیان بۆ کاری تێنەپەڕ کردووە [83]، دەتوانین هەموو پێناسەکان لە چواردەوری یەك چەمکدا کۆبکەینەوە، بەو واتایەی بڵێین کاری تێنەپەڕ ئەو کارەیە، کە کاریگەری هێزەکەی لە بکەرەوە تێناپەڕێت بۆ سەر بەشێکی تر، بەو واتایەی ناچێتە سەر بەرکاری ڕاستەوخۆ، واتا خاڵی جیاکردنەوەی تێنەپەڕ لە تێپەڕ، بەرکاری ڕاستەوخۆیە، بۆ ڕوونکردنەوەی زیاتر، با سەیری ئەم نموونەیە بکەین :

- رزگار ڕۆیشت .

↓ ↓

بکەر کاری ڕابوردووی تێنەپەڕ

---

[81] هەمان سەرچاوە، ل223.

[82] سەرچاوەی پێشوو، ل 57.

[83] - سەعید صدقی دەڵێت: ((لازم فعلیکە دەبی لازم فاعلەکەی لێی جوێ نەبیتەوە و محتاج بە مفعول بە نەبی وکو حسن هات)) بڕوانە: مختصر صرف ونحوی کوردی، 1928، ل 44 .

- تەوفیق وەهبی دەڵێت: ((فیعلی لازیم کارآ یان حاڵآ بەیان ئەکا کە لە باسلێکراوەوە ڕاستەوخۆ تەجاوەزی کەسآ یان شتێکیتر نەکا، وەکو قەل ئەفڕآ)) بڕوانە : دەستووری زمانی کوردی، 1929، ل 42 .

- نوری عەلی ئەمین دەڵێت: ((چاوگی تێنەپەڕ ئەو چاوگەیە هەر کاتآ فرمانێکی لێ دروست کرا لە (مسندالیە) یەکەی جوآ نەبێتەوە بۆ کەسێ یان شتێکی تر، وەکو دۆیەکە ڕژا)) بڕوانە : ڕێزمانی کوردی، 1960،ل60.

- د. ئەوڕەحمانی حاجی مارف دەڵێت: ((کرداری تآنەپەڕ پێوەندیی ڕوودان بە کاراوە ڕادەگەیەنن، و ئەم جۆرە کردارانە پێویستیان بە بەرکار نی یە)) بڕوانە: ڕێزمانی کوردی، کردار،2000، ل 46 .

şibe + andin = şubhandin.

xilq + andin = xulqandin.[84]

Diyar e em halletaney ke lewew pêş amajeman boy kird, hemû wek xoy seda sed be bê gorrankarî be kar nayêt; bellku halletî tirîş hen û hendêk gorrankarîş debînrêt le katî xistine serî paşgirî "-andin" bo ser karekan û erkî "-andin" gelêk zor e. Bellam lêre da her ewende amajey bo dekeyn, legell emaneş da debêt rêkxistin û şêwazî paşgirî "-andin" rrûn bikeynewe ke çon saz buwe. Çunke wek zanrawe ke paşgirî "-andin" her hemûy morfêmî têperrandinî kar nîye; bellku be tenya "n"î yekem morfêmî têperrandin e, kewate debêt "n"eke morfêmî têperrandin bêt, çunke "a" nîşaney kat e bo rraburdû û "ê"ş nîşaney kat e bo rraneburdû.[85]

B. Karî Têneperr

Le zimanî Kurdî da nûseran û zimanewanman çendîn pênaseyan bo karî têneperr kirduwe,[86] detwanîn hemû pênasekan le çiwardewrî yek çemk da ko bikeynewe; bew watayey billêyn karî têneperr ew kare ye ke karîgerî hêzekey le bikerewe tê naperêt bo ser beşêkî tir, bew watayey naçête ser berkarî rrastewxo, wata xalî ciyakirdinewey têneperr le têperr, berkarî rrastewxo ye. Bo rrûnkirdinewey ziyatir, ba seyrî em nimûneye bikeyn:

Rizgar royşt.

Rizgar : Biker

royşt : Karî Rraburdûy Têneperr

---

[84] heman serçawe, l. 223.

[85] serçawey pêşû, l. 57.

[86] Seîd Sidqî dellêt: Lazim fi'lîk e debî lazim fa'ilekey lêy ciwê nebîtewe û mihtac be mef'ul be nebî; weku: Hesen hat. Birwane: *Muxteseri Serf û Nehwî Kurdî*, 1928, l.44

-Tewfîq Wehbî dellêt: Fî'lî lazîm karê yan halê beyan eka ke le baslêkirawewe rastewxo tecawezî kesê şitêkîtir neka; weku: Qel efrê. Birwane: *Destûrî Zimanî Kurdî*, 1929, l.42.

-Nurî Elî Emîn dellêt: Çawgî têneper ew çawge ye her katê firmanêkî lê dirust kira le "misindali"yekey ciwê nebîtewe bo kesê yan şitêkî tir; weku: doyeke rija. Birwane: *Rêzimanî Kurdî*, 1960, l.60.

-D. Ewrihmanî Hacî Marif dellêt: Kirdarî têneper pêwendîy rûdan be karawe radegeyenin û em core kirdarane pêwistiyan be berkar nîye. Birwane: *Rêzimanî Kurdî, Kirdar*, 2000, l.46.

لەم ڕستەیەدا وشەی (ڕزگار) بکەری ناو ڕستەکەیە و، کارێکی ئەنجامداوە، ئەویش (ڕۆیشتن) ە، هێزەکەی لەناو ڕستەدا تەنیا لە دەوری بکەر جێگیر بووە و نەچۆتە سەر کەرستەیەکی تر و، کاری (ڕۆیشت) یش کارێکی ڕابوردووی تێنەپەڕە، ئەم ڕستەیەی سەرەوەش بە تەسکترین ڕستەی کاری تێنەپەڕ دەژمێردرێت، کە تەنیا (بکەر) ی لەناو ڕستەدا وەرگرتووە، بەڵێم دەشێت لە شوێنی تردا کاری تێنەپەڕ، جگە لە (بکەر) لەگەڵ چەندین کەرستەی تردا دەرکەوێت، لەوانە (بەرکاری ناڕاستەوخۆ) ، هەروەکو لەم وێنەیەی خوارەوەدا فراوانترین سنووری کاری تێنەپەڕ لەناو ڕستەدا دەخەینە ڕوو [87]:

منداڵەکە دوێنێ لەماڵەوە زۆر لە پیاوەکە ترسا .

لە زمانی کوردیدا کاری تێنەپەڕ لە ڕووی هێزەوە دوو جۆرە [88]:

1- تێنەپەڕی خوازەکی: لەم جۆرە کارانەدا دەوری (بکەر) شتێکی ئاشکرا و ئیرادییە، وەك :

ئازاد هات .

کوڕەکە ڕۆیشت.

لێرەدا کارە تێنەپەڕەکانی (هات، ڕۆیشت) ،پێویستییان بە بکەری ڕاستەقینەی ناو ڕستەکە هەیە بۆ هەڵسوڕانی کارەکە ...

2- تێنەپەڕی ڕوودان : لەم جۆرەدا، بکەر دەورێکی تایبەتی خۆی نییە، بەو واتایەی کە ئیشەکە بەبێ ویستی بکەر دێتە دی، وەك :

ئاوەکە ڕژا .

شوشەکە شکا .

لەم ڕستانەدا کارە تێنەپەڕەکانی (ڕژا، شکا) پێویستییان بە دەرکەوتنی بکەرەکە نییە، هەروەها ڕۆڵی بکەر بەدەرناکەوێت.

دەبێت لێرەدا ئاماژە بۆ ئەوەش بکەین، کە لە زمانی کوردیدا ناشێت کارێکی تێپەڕ بۆ کاری تێنەپەڕ بگۆڕدرێت، واتە کارە تێنەپەڕەکان تەنیا ئەو کارانە دەگەڕێتەوە، کە لە بنجدا تێنەپەڕن .

کەریم، هەمان سەرچاوە، ل43 .

(88) د.ئەوڕەحمانی حاجی مارف، کر... ... 50.

Lem rristeye da wişey "Rizgar" bikerî naw rristeke ye û karêkî encam dawe, ewîş "royiştin"e. Hêzekey le naw rriste da tenya le dewrî biker cêgîr buwe û neçote ser keresteyekî tir û karî "royişt"îş karêkî rraburdûy têneperr e. Em rristeyey sereweş be tesktirîn rristey karî têneperr dejmêrdirêt ke tenya bikerî le naw rriste da wergirtuwe; bellam deşêt le şiwênî tir da karî têneperr cige le biker legell çendîn kerestey tir da derkewêt, lewane: berkarî narrastewxo. Her weku lem wêneyey xwarewe da firawantirîn sinûrî karî têneperr le naw rriste da dexeyne rrû:[89]

Mindalleke diwênê le mallewe zor le piyaweke tirsa.

Le zimanî Kurdî da karî têneperr le rrûy hêzewe dû cor e:[90]

Têneperrî Xwazekî

Lem core karane da dewrî "biker" şitêkî aşkira û îradî ye; wek:

Azad hat.

Kurreke royişt

Lêre da kare têneperrekanî "hat, royşt", pêwîstîyan be bikerî rrasteqîney naw rristeke heye bo hellsuranî kareke.

Têneperrî Rrûdan

Lem core da biker dewrêkî taybetî xoy nîye, bew watayey ke îşeke be bê wîstî biker dête dî; wek:

Aweke rija.

Şuşeke şika.

Lem ristane da kare têneperrekanî "rija, şika" pêwîstiyan be derkewtinî bikereke nîye, herweha rollî biker be dernakewêt.

Debêt lêre da amaje bo eweş bikeyn ke le zimanî Kurdî da naşêt karêkî têperr bo karî têneperr bigorrdirêt, wate kare têneperrekan tenya ew karane degerêtewe ke le binc da têneperr in.

---

[89] Umer Mehmud Kerîm, heman serçawe, l.43.

[90] D. Ewrihmanî Hacî Marif, *Kirdar*, l.50.

2.5.3. کار لە ڕووی پێکهاتنەوە

سەبارەت بە پۆلێنکردنی کار لە ڕووی پێکهاتنەوە، ئەوە زمانەوانان و نووسەران بیروبۆچوونی جیاجیایان خستۆتە ڕوو، هەندێکیان لەو باوەڕەدان کە (کاری سادە) نەك هەر لە زمانی کوردی، بەڵکو لە هیچ زمانێکی جیهاندا نییە، لەم بارەوە (د.محەمەد مەعروف فەتاح) دەڵێت ((کاری سادە لە زمانی کوردیدا نییە)) .[91] هەروەها (د.وریا عومەر ئەمین) یش هەمان بۆچوون و ڕای هەیە کە دەڵێت ((بەپێی پێوەرە تازەکانی زمانەوانی و مەنتیقی پەیوەندی نێوان کەرەسەکانی زمان، کاری سادە نەك هەر لە کوردیدا نییە، بەڵکو لە هیچ زمانێکدا نابێ هەبێ)) [92]. دیارە هەردوو زمانەوانەکە لەسەر بنەمای مۆرفیم سەیری کاریان کردووە، هەر بۆیەشە ئەم بیروبۆچوونەیان هەیە. لەهەمان کاتیشدا (د. ئەورەحمانی حاجی مارف) ئەمە بە ڕاست نازانێت کە کاری سادە لە زمانی کوردیدا نەبێت، هەر بۆیە لە وتارێکی ڕەخنەییدا بەپێی بۆچوونەکانی خۆی و بەنموونەی پراکتیکی ڕاستی بوونی کاری سادە لە زمانی کوردیدا دەردەخات[93].

بۆیە ئێمە وەکو لە دەستپێکی کتێبەکەدا ئاماژەمان بۆ کرد، کە لەسەر بنەمای وشەوە سەیری کار دەکەین، هەر بۆیە کار لە ڕووی پێکهاتنەوە بە لای ئێمەوە بەسەر (کاری سادە، کاری داڕژاو، کاری لێکدراو) دابەش دەکرێت.

1. کاری سادە: بەو کارانە دەوترێت کە لە یەك وشەی واتاداری سەربەخۆ پێکدێت، وەکو :

برد، ڕۆیشت، شکا ....هتد.

2. کاری داڕژاو: کارێکی ناسادەیە، لەکارێکی سادەی واتادار و پاشگرێك یان پێشگرێکی بێ واتا پێکدێت، یاخود لەگەڵ هەردووکیان پێکدێت، بەم شێوەیە:

أ- پێشگر + کاری سادە = کاری داڕژاو

هەڵا + واسی = هەڵواسی

هەڵا + بڕی = هەڵبڕی

ڕا + کرد = ڕاکرد

ڕا + گرت = ڕاگرت

دا + خست = داخست

دا + گرت = داگرت

ڕۆ + چوو= ڕۆچوو

---

[91] محەمەد مەعروف فەتاح (د) ، کارو پۆلێن کردنەکانی بەپێی ڕۆنان، گۆظاری رۆشنبیری نوآ، ژمارە (121) ، 1989، ل 40 - 59.

[92] وریا عومەر ئەمین (د) ، ڕەخنەی نارەخنە، گۆظاری ڕۆشنبیری نوآ، ژمارە (140) ، 1997، ل 22 - 24.

[93] ئەورەحمانی حاجی مارف (د) ، وتاری کار بەپێی ڕۆنان و چەند سەرنجێك، گۆظاری ڕۆشنبیری نوآ، ژمارە (139) ، 1997، ل 8 - 19.

2.5.3. Kar le Rrûy Pêkhatinewe

Sebaret be pollênkirdinî kar le rrûy pêkhatinewe, ewe zimanewanan û nûseran bîr û boçûnî ciya ciyayan xistote rrû. Hendêkiyan lew baweredan ke "karî sade" nek le zimanî Kurdî, bellku le hîç zimanêkî cîhan da nîye. Lem barewe D. Mihemed Me'ruf Fetah dellêt: Karî sade le zimanî Kurdî da nîye.[94] Herweha D. Wirya Umer Emînîş heman boçûn û ray heye ke dellêt: Be pêy pêwere tazekanî zimanewanî û mentîqî peywendî nêwan keresekanî ziman; karî sade nek her le Kurdî da nîye, bellku le hîç zimanêka nabê hebê.[95] Diyar e her dû zimanewaneke le ser binemay morfîm seyrî karyan kirduwe. Her boyeşe em bîr û boçûneyan heye. Le heman katîş da D. Ewrihmanî Hacî Marif eme be rrast nazanêt ke karî sade le zimanî Kurdî da nebêt. Her boye le witarêkî rexneyî da be pêy boçûnekanî xoy û be nimûney praktîkî rrastîbûnî karî sade le zimanî Kurdî da derdexat.[96]

Boye ême weku le destpêkî kitêbeke da amajeman bo kird ke le ser binemay wişewe seyrî kar dekeyn. Her boye kar le rrûy pêkhatinewe be lay êmewe be ser, "karî sade, karî darijaw, karî lêkdiraw" dabeş dekrêt.

Karî Sade

Bew karane dewitrêt ke le yek wişey watedarî serbexo pêk dêt; weku: bird, royişt, şika, htd.

Karî Darijaw

Karêkî nasade ye. Le karêkî sadey watadar û paşgirêk yan pêşgirêkî bêwata pêk dêt; yaxud legell herdûkiyan pêk dêt, bem şêweye:

1) Pêşgir + Karî Sade = Karî Darijaw

hell + wasî = hellwasî

hell + birî = hellbirî

ra + kird = rakird

ra + girt = ragirt

da + xist = daxist

da + girt = dagirt

rro + çû = rroçû

---

[94] Mihemed Meruf Fetah, (d), "Kar û Polênkirdinekanî be Pêy Ronan", *Govarî Roşinbîrî Niwê*, jimare.121, 1989, l.40-59.

[95] Wirya Umer Emîn (d), Rexney Narexne, *Govarî Roşinbîrî Niwê*, jimare.140, 1997, l.22-24.

[96] Ewrehmanî Hacî Marif (d), "Witarî Kar be Pêy Ronan û Çend Serincêk", *Govarî Roşinbîrî Niwê*, jimare.139, 1997, l. 8-19.

ب ـ پێشگر + کاری سادە + پاشگر = کاری داڕژاو

هەڵ + کر + ەوە = هەڵکردەوە

هەڵ + دا + وە = هەڵداوە

دا + خست + ەوە = داخستەوە

جـ ـ کاری سادە + پاشگری (ەوە) = کاری داڕژاو

خوارد + ەوە = خواردەوە

چوو + ەوە = چووەوە

هات + ەوە = هاتەوە

د ـ کاری سادە + پاشگر (اندن) = کاری داڕژاو

ڕژا + اندن = ڕژاندن

سووتا + اندن = سووتاندن

ەـ ڕەگی کار + اندن = کاری داڕژاو

مر + اندن = مراندن

کەو + اندن = کەواندن

تێبینی: هەندێك جار پاشگر کە دەچێتە سەر کاری سادە، واتای کارەکە تەواو دەبێت، چونکە کاری سادەی ئەوتۆمان هەیە، کە بە سادەیی واتایان نییە، تاکو نەکرێنە کاری داڕژاو، وەکو:

حەسا + ی + ەوە = حەسایەوە

دۆزی + ي + ەوە = دۆزییەوە

کوڵی + ی + ەوە = کوڵییەوە

لەرا + ی + ەوە = لەرایەوە

3ـ کاری لێکدراو: ئەو کارەیە کە لە دوو وشەی سادە یان زیاتر پێکدێت و، لەناو ڕستەشدا وەکو وشەیەکی سەربەخۆ ئەرکی خۆیان دەبینن، ئەم وشە لێکدراوانەش لە کارێك لەگەڵ بەشێکی تری ئاخاوتن پێك دێن، وەکو:

2) Pêşgir + Karî Sade + Paşgir = Karî Darijaw

hell + kir + ewe = hellkirewe

hell + da + we = helldawe

da + xist + ewe = daxistewe

3) Karî Sade + Paşgirî “ewe” = Karî Darijaw

xward + ewe = xwardewe

çuw + ewe = çuwewe

hat + ewe = hatewe

4) Karî Sade + Paşgir “andin” = Karî Darijaw

rija + andin = rijandin

sûta + andin = sûtandin

5) Rregî Kar + “andin” = Karî Darijaw

mir + andin = mirandin

kew + andin = kewandin

Têbînî: Hendêk car paşgir ke deçête ser karî sade, watay kareke tewaw debêt. Çunke karî sadey ewtoman heye ke be sadeyî watayan nîye, taku nekrêne karî darijaw; weku:

hesa + y + ewe = hesayewe

dozî + y + = dozîyewe

kulla + y + ewe = kullayewe

lera + y + ewe = lerayewe

1- ناوی ساده + کاری ساده = کاری لێکدراو

دەست + کەوت = دەستکەوت

شەڕ + کرد = شەڕکرد

یارمەتی + دا = یارمەتیدا

سوار + بوو= سواربوو

2- ناوی داڕژاو + کاری ساده = کاری لێکدراو

ڕێگا + گرت = ڕێگاگرت

گەرما + بوو = گەرمابوو

+ کاری ساده = کاری لێکدراو

چلکاو + خواردن = چلکاوخواردن

ماستاو + خواردن = ماستاوخواردن

ماڵئاوایی + کرد = ماڵئاواییکرد

4- ناوی ساده + کاری داڕژاو = کاری لێکدراو

دەست + هەڵبڕی = دەست هەڵبڕی

چاو + پێ کەوت = چاوپێکەوت

5- دووبارەکردنەوەی ناو+ کاری ساده+= کاری لێکدراو

کون کون + کرد=کون کون کرد

کون کون + بوو=کون کون بوو

6- ناوی داڕژاو + کاری داڕژاو = کاری لێکدراو

جێگە + کردەوە = جێگەکردەوە

7- فرێزی ناوی + کاری ساده = کاری لێکدراو

لەهۆش + چوو = لەهۆش چوو

لەبیر + کرد = لەبیرکرد

Karî Lêkdiraw

Ew kare ye ke le dû wişey sade yan ziyatir pêk dêt û le naw rristeş da weku wişeyekî serbexo erkî xoyan debînin. Em wişe lêkdirawaneş le karêk legell beşêkî tirî axawtin pêk dên; weku:

1) Nawî Sade + Karî Sade = Karî Lêkdiraw

dest + kewt	= destkewt
şer + kird	= şer kird
yarmetî + da	= yarmetî da
siwar + bû	= siwar bû

2) Nawî Darijaw + Karî Sade = Karî Lêkdiraw

rrêga + girt	= rrêga girt
germa + bû	= germa bû

3) Nawî Lêkdiraw + Karî Sade = Karî Lêkdiraw

çilkaw + xwardin	= çilkaw xwardin
mastaw + xwardin	= mastaw xwardin
mallawayî + kird	= mallawayî kird

4) Nawî Sade + Karî Darijaw = Karî Lêkdiraw

dest + hellbirî	= desthellbirî
çaw + pêkewt	= çaw pêkewt

5) Dûbarekirdinewey Naw + Karî Sade = Karî Lêkdiraw

kun kun + kird	= kun kun kird
kun kun + bû	= kun kun bû

6) Nawî Darijaw + Karî Darijaw = Karî Lêkdiraw

cêge + kirdewe	= cêge kirdewe

7) Firêzî Nawî + Karî Sade = Karî Lêkdiraw

le hoş + çû	= le hoş çû
le bîr + kird	= le bîr kird

8- فرێزی ناوی + کاری داڕژاو = کاری لێکدراو

بەبیر + هاتەوە = بەبیر هاتەوە

9- ئاوەڵناوی سادە + کاری سادە = کاری لێکدراو

بڵند + کرد = بڵندکرد

خۆش + کرد = خۆشکرد

10- دووبارەکردنەوەی ئاوەڵناو + کاری سادە = کاری لێکدراو

ورد ورد + کرد = وردوردکرد

ورد ورد + بوو = ورد ورد بوو

11- ڕەگی کار + کاری سادە = کاری لێکدراو

پرس + کردن = پرسکردن

خەو + هاتن = خەوهاتن

12- ئاوەڵناوی داڕژاو + کاری سادە = کاری لێکدراو

بەهێز + کرد = بەهێزکرد

نەخۆش + کەوت = نەخۆشکەوت

13- ئاوەڵناوی لێکدراو + کاری سادە = کاری لێکدراو

دڵخۆش + کرد = دڵخۆشکرد

دڵشاد + بوو = دڵشادبوو

14- ئاوەڵناوی سادە + کاری داڕژاو = کاری لێکدراو

نوێ + کردەوە = نوێکردەوە

تیژ + کردەوە = تیژکردەوە

15- ئاوەڵناوی داڕژاو + کاری داڕژاو = کاری لێکدراو

بەئاگا + هاتەوە = بەئاگاهاتەوە

بەهێز + بووەوە = بەهێزبووەوە

8) Firêzî Nawî + Karî Darijaw = Karî Lêkdiraw

be bîr + hatewe = bebîr hatewe

9) Awellnawî Sade + Karî Sade = Karî Lêkdiraw

billind + kird = billind kird

xoş + kird = xoş kird

10) Dûbarekirdinewey Awellnaw + Karî Sade = Karî Lêkdiraw

wird wird + kird = wird wird kird

wird wird + bû = wird wird bû

11) Rregî Kar + Karî Sade = Karî Lêkdiraw

pirs + kirdin = pirs kirdin

xew + hatin = xew hatin

12) Awellnawî Darijaw + karî sade = karî lêkdiraw

behêz + kird = behêz kird

nexoş + kewt = karî lêkdiraw

13) Awellnawî Lêkdiraw + Karî Sade = Karî Lêkdiraw

dillxoş + kird = dillxoş kird

dillşad bû = dillşad bû

14) Awellnawî Sade + Karî Darijaw = Karî Lêkdiraw

niwê + kirdewe = niwê kirdewe

tîj + kirdewe = tîj kirdewe

15) Awellnawî Darijaw + Karî Darijaw = Karî Lêkdiraw

beaga + hatewe = beaga hatewe

behêz + buwewe = behêzbuwewe

16- ئاوەڵناوی لێکدراو + کاری داڕژاو = کاری لێکدراو

دڵسارد + کردەوە = دڵساردکردەوە

دڵخۆش + کردەوە = دڵخۆشکردەوە

17- ئاوەڵکاری سادە + کاری سادە = کاری لێکدراو

زۆر + کرد = زۆر کرد

کەم + کرد = کەمکرد

کەم + بوو = کەمبوو

18- ئاوەڵکاری سادە + کاری داڕژاو = کاری لێکدراو

کەم + کردەوە = کەمکردەوە

زۆر + کردەوە = زۆر کردەوە

19- ئاوەڵکاری داڕژاو + کاری سادە = کاری لێکدراو

لەناو + چوو = لەناچوو

لەناو + برد = لەناوبرد

20- وشەیەك مانای سەربەخۆی نەبێت + کاری سادە = کاری لێکدراو

واز + هێنا = وازهێنا

نقووم + بوو = نقوومبوو

فرێ + دا = فرێدا [97]

21- ئامرازی سەرسوڕمان + کاری سادە = کاری لێکدراو

ئاخ + خواردن = ئاخخواردن

داخ + خواردن = داخخواردن

22- **ئامرازی سەرسوڕمان + کاری داڕژاو = کاری لێکدراو**

ئاخ + هەڵکێشان = ئاخ هەڵکێشان

---

[97] بۆ ئەم بابەتە بگەڕێوە بۆ: 1- ئەوڕەحمانی حاجی مارف (د) ، کردار. 2- لیژنەیەك لەوەزارەتی پەروەردە، کتێبی زمان و ئەدەبی کوردی، پۆلی سێیەم، چاپی 2007.

16) Awellnawî Lêkdiraw + Karî Darijaw = Karî Lêkdiraw

dillsard + kirdewe = dillsard kirdewe

dillxoş + kirdewe = dillxoş kirdewe

17) Awellkarî Sade + Karî Sade = Karî Lêkdiraw

zor + kird = zor kird

kem + kird = kem kird

kem + bû = kem bû

18) Awellkarî Sade + Karî Darijaw = Karî Lêkdiraw

kem + kirdewe = kem kirdewe

zor + kirdewe = zor kirdewe

19) Awellkarî Darijaw + Karî Sade = Karî Lêkdiraw

le naw + çû = le naw çû

le naw + bird = le naw bird

20) Wişeyek Manay Serbexoy Nebêt + Karî Sade = Karî Lêkdiraw

waz + hêna = waz hêna

niqûm + bû = niqûm bû

firê + da = firê da[98]

21) Amrazî Sersûrman + Karî Sade = Karî Lêkdiraw

ax + xwardin = ax xwardin

dax + xwardin = dax xwardin

22) Amrazî Sersûrman + Karî Darijaw = Karî Lêkdiraw

ax + hellkêşan = ax hellkêşan

[98] Bo em babete bigerêwe bo: 1. Ewrehmanî Hacî Marif (d), *Kirdar*. 2. Lîjneyek le Wezaretî Perwerde, *Kitêbî Ziman û Edebî Kurdî, Polî Sêyem,* çapî 2007.

2.5.4. کار لە ڕووی تەواوییەوە

کـار لە ڕووی تەواویـیەوە بەسـەر کـاری تەواو و کـاری نـاتەواو دابەش دەکرێـت، کە دەتـوانین بەم شێوەیەی خوارەوە بەراوردیان بکەین :

کاری تەواو	**کاری ناتەواو**
1- کات و ڕوودانی تێدایە .	1- تەنیا کاتی تێدایە.
2- کـارە تەواوەکـان لە زمـانی کـوردی بـریتین لە ڕابـوردوو، ڕانەبوردوو و فەرماندان	2- کـارە ناتەواوەکان ڕابوردوو و ئێستا و داهاتوو دەگرنەخۆ.
3- کارە تەواوەکان ژمارەیان زۆرە.	3ـ کـارە ناتەوەکـان ژمارەیـان دیـاریکراوە، چـونکە لە چـاوگی (بوون) وەرگیراون،بەم شێوەیە: بوو: بۆ کاتی ڕابوردوو ە : بۆ کاتی ئێستا بـ : بۆ داهاتوو دەبم - دەبین دەبیت – دەبن دەبێت - دەبن
4ـ ئەگەر کـاری تەواو لە ڕستەدا هەبێـت، ئەوا چەمکـی بـکەر و بەرکـاری ڕاستەوخۆ یـاخود تەنیا بکەر لە ڕستەکەدا بوونی دەبێت.	4ـ ئەگەر کاری ناتەواو لە ڕستەدا هەبێـت، ئەوا چەمکـی نیهـاد و گوزارە لە ڕستەکەدا بوونی دەبێت.
5ــ لە ڕووی هێـزەوە تێـپەڕ و تێنەپەڕن.	5- لە ڕووی هێزەوە تەنیا تێنەپەڕن.

کاری ناتەواو لە زمانی کوردیدا

بەو کـارانە دەوترێت کە بە تەنیا بەکارنـایەن، بەڵکو دەچـنە پـاڵ وشـەیەکی تـر، کە پێیـان دەوترێـت تەواوکەری کاری ناتەواو، ئینجا واتا دەبەخشن.

وەك پێشتر ئاماژەمان بۆ کرد کە کارە ناتەواوەکان لە زمانی کوردیدا لە چاوگی (بوون) ەوە وەرگیراون، بۆ ڕابوردوو و ئێستا و داهاتوو بەکاردێن.

2.5.4. Kar le Rrûy Tewawîyewe

Kar le rrûy tewawîyewe be ser karî tewaw û karî natewaw dabeş dekrêt ke detwanîn bem şêweyey xwarewe berawirdyan bikeyn:

Karî Tewaw	Karî Natewaw
1. Kat û rrûdanî tê da ye. 2. Kare tewawekan le zimanî Kurdî birîtîn le rraburdû, rraneburdû û fermandan. 3. Kare tewawekan jimareyan zor e. 4. Eger karî tewaw le rriste da hebêt, ewa çemkî biker û berkarî rrastewxo yaxud tenya biker le rristeke da bûnî debêt. 5. Le rrûy hêzewe têperr û têneperr in.	1. Tenya katî tê da ye. 2. Kare natewawekan rraburdû û êsta û dahatû degirine xo. 3.Kare natewawekan jimareyan diyarîkiraw e, çunke le çawgî "bûn" wergîrawin; bem şêwe ye: bû : bo katî rraburdû e : bo katî êsta b : bo dahatû: debim-debîn debît-debin debêt-debin 4. Eger karî natewaw le rriste da hebêt, ewa çemkî nîhad û guzare le rristeke da bûnî debêt. 5. Le rrûy hêzewe tenya têneperr in.

Karî Natewaw le Zimanî Kurdî da

Bew karane dewitrêt ke be tenya be kar nayen, bellku deçine pall wişeyekî tir ke pêyan dewitrêt tewawkerî karî natewaw, înca wata debexşin.

Wek pêştir amajeman bo kird ke kare natewawekan le zimanî Kurdî da le çawgî "bûn"ewe wergîrawin, bo rraburdû û êsta û dahatû be kar dên.

بوون	بوو............... ڕابوردوو
	ه............... ئێستا
	ب .... داهاتوو دەبم - دەبین دەبیت – دەبن دەبێت - دەبن

شێرزاد زیرەکە.

نیهاد گوزارە کاری ناتەواوە بۆ کاتی ئێستا

ئازاد مامۆستا بوو.

نیهاد گوزارە کاری ناتەواو بۆ کاتی ڕابوردوو

تریفە دەبێت بە ئەندازیار.

نیهاد کاری ناتەواوە بۆ کاتی داهاتوو پێشبەند بەرکاری ناڕاستەوخۆ

کارە ناتەواوەکان لە ڕووی هێزەوە تێنەپەڕن، واتە پێویستییان بە بەرکاری ڕاستەوخۆ نییە، بەڵێم لەگەڵ ئەوەشدا لە دوو حاڵەتدا کارە ناتەواوەکان دەبن بە کاری تەواو، ئەگەر بە واتای لەدایکبوون بێت یاخود بەواتای هەبوون یا خاوەنداریەتی بێت، لەم حاڵەتانەشدا کارەکان لەڕووی هێزەوە دەبنە تێپەڕ یان تێنەپەڕ، هەروەك ئەم نموونانەی خوارەوەدا دەردەکەون:

ژنەکە منداڵـی بوو.

بکەر بەرکاری ڕاستەوخۆ کاری ڕابوردووی تێپەڕ

محەمەد کراسێکی هەیە.

بکەر بەرکاری ڕاستەوخۆ

دارەکە شین بوو

بکەر کاری لێکدراوی تێنەپەڕە

نیهاد: ئەو بەشەی ڕستەیە، کە شتێکی خراوەتە پاڵ و هیچ شتێ ئەنجام نادات.

گوزارە: ئەو شتەیە کە دەخرێتە پاڵ نیهادەکە و هەمیشە کارێکی ناتەواوی لەگەڵدایە.

bûn	bû : rraburdû e : êsta
	b : dahatû debim-debîn debît-debin debêt-debin

Şêrzad zîrek e.

Şêrzad: nîhad

zîrek: guzare

e: karî natewawe bo katî êsta

Azad mamosta bû.

Azad: nîhad

mamosta: guzare

bû:karî natewaw bo katî rraburdû

Tirîfe debêt be endazyar.

Tirîfe: nîhad

debêt: karî natewawe bo katî dahatû

be: pêşbend

endazyar: berkarî narrastewxo

Kare natewawekan le rrûy hêzewe têneperr in, wate pêwîstîyan be berkarî rrastewxo nîye, bellam legell eweş da le dû hallet da kare natewawekan debin be karî tewaw. Eger be watay ledayikbûn bêt yaxud be watay hebûn ya xawendaryetî bêt, lem halleteş da karekan le rrûy hêzewe debine têperr û têneperr; herwek em nimûnaney xwarewe da derdekewin:

Jineke mindallê bû.

jineke: biker

mindallê: berkarî rrastewxo

bû: karî rraburdûy têperr

Mihemed kirasêkî heye.

Mihemed: biker

kirasêkî: berkarî rrastewxo

Dareke şîn bû.

dareke: biker

şîn bû: karî lêkdirawî têneperre

Nîhad: Ew beşey rriste ye ke şitêkî xirawete pall û hîç şitê encam nadat.

Guzare: Ew şite ye ke dexrête pall nîhadeke û hemîşe karêkî natewawî legell da ye.

2.5.5. کار لە ڕووی ڕێژەوە

1. ڕێژەی ڕاگەیاندن: بەو ڕێژەیە دەوترێت کە ڕاستەوخۆ ڕوودانی کارەکە پیشان دەدات و ڕوودانی کارەکەش دەخاتە پاڵ کەسێك یان شتێك. ئەو جۆرانەی کە لە بابەتی کار لە ڕووی کاتەوە ئاماژەمان بۆی کرد، ئەوە دەچنە ناو چوارچێوەی ڕێژەی ڕاگەیاندنەوە.

2. ڕێژەی دانانی: ئەو ڕێژەیەی کارە، کە ڕاستەوخۆ ئەنجامی ئەو هەواڵەی کە دەیداتە پاڵ کەسێك یان شتێك نایدات بەدەستەوە، بەڵکو لە شێوەی (گومان، ئارەزوو، ئاوات،...هتد) مەبەستەکەی دەردەکەوێت، واتە لەم ڕێژەیەدا وشەکانی (خۆزگە، بریا، دەبوایە، دەبوو، دەبێت،...هتد) لە ڕستەکەدا بەکاردەهێنرێن. ڕێژەی دانانیش هەردوو حاڵەتی ڕابوردوو و ڕانەبوردوو دەگرێتەوە، بەم شێوەیەی خوارەوە :

1. کاری ڕابوردووی دانانی:

أ. ڕابوردووی نزیکي دانانی

ڕابوردوونی نزیکي ڕاگەیاندن + با + جێناوەکان

کرد + با + م = کردبام

کەوت + با + م = کەوتبام

گرت + با + م = گرتبام

ب. ڕابوردووی تەواوی دانانی

ڕابوردووی نزیکی ڕاگەیاندن + ب + جێناوەکان

کەوت + ب + م = کەوتبم

کرد + ب + م = کردبم

گرت + ب + م = گرتبم

ج. ڕابوردووی بەردەوامی دانانی

ب + ڕابوردووی نزیکی ڕاگەیاندن + ایە

ب + کەوت + ایە = بکەوتایە

ب + گرت + ایە = بگرتایە

کردبوو + ایە = کردبووایە

2.5.5. Kar le Rrûy Rêjewe
Rêjey Rageyandin

Bew rêjeye dewitrêt ke rrastewxo rrûdanî kareke pîşan dedat û rrûdanî karekeş dexate pall kesêk yan şitêk. Ew coraney ke le babetî kar le rrûy katewe amajeman boy kird, ewe deçine naw çiwarçêwey rêjey rageyandinewe.

Rêjey Dananî

Ew rêjeyey kar e ke rrastewxo encamî ew hewaley ke deydate pall kesêk yan şitêk naydat be destewe, bellku le şêwey "guman, arezû, awat, hdt." mebestekey derdekewêt, wate lem rêjeye da wişekanî "xozge, birya, debwaye, debû, debêt, htd." le rristeke da be kar dehênrên. Rêjey dananîş her dû halletî rraburdû û rraneburdû degirêtewe; bemşêweyey xwarewe:

Karî Rraburdûy Dananî

Rraburdûy Nizîkî Dananî

<u>Rraburdûy Nizîkî Rageyandin + ba + Cênawekan</u>

kird + ba + m	= kirdbam
kewt + ba + m	= kewtbam
girt + ba + m	= girtbam

Rraburdûy Tewawî Dananî

<u>Rraburdûy Nizîkî Rageyandin + bi + Cênawekan</u>

kewt + b + im	= kewtibim
kird + b + im	= kirdibim
girt + b + im	= girtibim

Rraburdûy Berdewamî Dananî

<u>Bi + Rraburdûy Nizîkî Rageyandin + aye</u>

bi + kewt + aye	= bikewtaye
bi + girt + aye	= bigirtaye

د. ڕابوردووی دووری دانانی

ڕابوردووی دووری ڕاگەیاندن + ایە

کەوتبوو + ایە = کەوتبووایە

گرتبوو + ایە = گرتبووایە

کردبوو + ایە = کردبووایە

2. کاری ڕانەبوردووی دانانی

نیشانەی (ب) دەچێتە شوێنی (دە) ی ڕانەبوردووی ڕاگەیاندن، واتە (ب + ڕەگی کار + جێناوەکان) .

دەڕوات ....بڕوات

دەچێت .... بچێت

دەشوات........... بشوات

دەکێڵێت .... بکێڵێت

3. ڕێژەی فەرماندان

مەبەست لە فەرماندان ئەوەیە، کە کەسي یەکەم (قسەکەر) داوا لە کەسی دووەم (تاك، کۆ) ، واتە (گوێگر) دەکات، بۆ ئەنجامدانی کارێك. دەستووری کاری فەرماندان لە زمانی کوردیدا بەم شێوەیە:

بۆ ئەرێ

ب + ڕەگی کار + جێناوی کەسي دووەم (ە، ن)

خوێندن .... بخوێنە، بخوێنن

شووشتن .... بشۆ، بشۆن

کردن .... بکە، بکەن

خواردن .... بخۆ، بخۆن

هەندێ جار جێناوی (ە) ی کەسي دووەمی تاك دەرناکەوێت، لەبەرئەوەی ڕەگی کارەکە کۆتایي بە بزوێنی (ە، ۆ) دێت.

Rraburdûy Dûrî Dananî

Rraburdûy Dûrî Rageyandin + aye

kewtibû + aye = kewtibûwaye

girtibû + aye = girtibûwaye

kirdibû + aye = kirdibûwaye

Karî Rraneburdûy Dananî

Nîşaney "bi" deçête şiwênî "de"y rraneburdûy rageyandin, wate:

Bi + Rregî Kar + Cênawekan

derwat	birwat
deçêt	biçêt
deşwat	bişwat
dekêlêt	bikêlêt

Rêjey Fermandan

1) Mebest le fermandan ewe ye ke kesî yekem (qiseker) dawa le kesî duwem (tak, ko) wate (giwêgir) dekat bo encamdanî karêk. Destûrî karî fermandan le zimanî Kurdî da bem şêwe ye:

Bo erê:

Bi + Rregî Kar + Cênawî Kesî Duwem (-e, -in)

xwêndin	bixwêne, bixwênin
şûştin	bişo, bişon
kirdin	bike, biken
xwardin	bixo, bixon

2) Hendê car cênawî "e"y kesî duwemî tak dernakewêt. Le ber ewey rregî kareke kotayî be bizwênî (e, o) dêt.

لە کارەکانی داڕژاو و لێکدراودا،دەشێت مۆرفیمی (ب) ی فەرماندان نەنووسرێت، وەکو:-

دانیشتن .... دابنیشە، دانیشە

سەرکەوتن .... سەربکەوە، سەرکەوە

هەندێ جار کاری فەرماندان لە دەستوور لادەدات، بۆ نموونە :-

کاری (هاتن) ئەگەر لەسەر دەستوور بڕوات، دەبێ بوترێ (بێ، بێن) ، بەڵێم فەرماندانی ئەو کارە لە دەستوور لادەدات و دەبێت بە (وەرە) ، کەچی لە حاڵەتی نەرێدا دەگەڕێتەوە سەر دەستوور (مەیێ، مەیێن) .

لە ئاخاوتنی زمانی کوردیدا هەندێ ڕستە و دەستەواژەمان هەیە بۆ مەبەستی فەرماندان بەکاردێن، بەبێ ئەوەی مۆرفیمی فەرماندانی تێدا بێت، بۆ نموونە :

جگەرە کێشان قەدەغەیە.

وەستانی ئۆتۆمبێل قەدەغەیە.

2.5.6. کار لە ڕووی ئەرێییەوە

ئەرێ: کردەیەکی ڕێزمانییە، ئەرکی سەرەکی جێ بەجێ کردنی کاری ڕستەکە دەگرێتەخۆ.

نەرێ: کردەیەکی ڕێزمانییە، کە جگە لە ئەرکی سەرەکی کە جێبەجێ نەکردن و بەرپەرچدانەوەی بەشێکی ڕستە یان هەموو ڕستەکەیە، کەچی لە هەندێ زماندا (بۆ نموونە زمانی کوردی) ئەرکی پێچەوانەیی، بەراوردی، یەکسەری، سووربوون، پێداگرتن و دوودڵی بەجێ دەهێنێ. ئەم کردەیە لە زمانی کوردیدا بەدانانی نیشانەکانی نەرێی پێش کارێك یان ناوێك یان ئاوەڵناوێك ئەنجام دەدرێت[99] .

نیشانەکانی نەرێ لە زمانی کوردیدا

1. بۆ کاری ڕابوردوو

نیشانەی (نە) بەکاردێ، کە دەکەوێتە بەشی پێشەوەی کارەکە، وەکو:-

کرد............. نەکرد

برد............. نەبرد

خوارد........... نەخوارد

ڕۆچوو........... ڕۆنەچوو

بەخێوکرد....... بەخێونەکرد

(99) عەبدوڵڵا حوسێن ڕەسول، ناکردن لەکوردیدا، نامەی ماجستێر، زانکۆی سەلاحەدین، 1991، ل 5.

3) Le karekanî darijaw û lêkdiraw da deşêt morfîmî “bi”y fermandan nenûsrêt; weku:

danîştin dabinîşe, danîşe

serkewtin serbikewe, serkewe

4) Hendê car karî fermandan le destur la dedat. Bo nimûne:

Karî “hatin” eger le ser destur birwat debê butrê “bê, bên”, bellam fermandanî ew kare le destur la dedat debêt be “were”, keçî le halletî nerê da degerêtewe ser destur “**me**yê, **me**yên”.

5) Le axawtinî zimanî Kurdî da hendê rriste û destewajeman heye bo mebestî fermandan be kar dên, be bê ewey morfîmî fermandanî tê da bêt. Bo nimûne:

Cigere kêşan qedexe ye.

Westanî otombêl qedexe ye.

2.5.6. Kar le Rrûy Erêyiyewe

Erê

Kirdeyekî rêzimanî ye. Erkî serekî cêbecêkirdinî karî rristeke degirêtewe xo.

Nerê

Kirdeyekî rêzimanî ye ke cige le erkî serekî ke cêbecênekirdin û berperçdanewey beşêkî rriste yan hemû rristeke ye. Geçî le hendê ziman da (bo nimûne zimanî Kurdî) erkî pêçewaneyî, berawirdî, yekserî, sûrbûn, pêdagirtin û dûdillî be cê dehênê. Em kirdeye le zimanî Kurdî da be dananî nîşanekanî nerêy pêş karêk yan nawêk yan awellnawêk encam dedrêt.[100]

Nîşanekanî Nerê le Zimanî Kurdî da

Bo Karî Rraburdû

Nîşaney “ne” be kar dê ke dekewête beşî pêşewey kareke; weku:

kird	**ne**kird
bird	**ne**bird
xward	**ne**xward
roçû	ro**ne**çû
bexêw kird	bexêw **ne**kird

[100] Ebdulla Husên Resul, *Nakirdin le Kurdî da*, Namey Macistêr, Zankoy Selahedîn, 1991, l.5.

ب ـ نیشانەی (نە) بەکاردێت، کە دەچێتە شوێنی (بـ) ی ڕانەبوردووی دانانی، وەکو:

بخوات .... نەخوات

بڕوات .... نەڕوات

3. بۆ کاری فەرماندان

نیشانەی (مە) بەکاردێت، جگە لەوەش هەندێ جار (نا، نە) بەکاردێ، کە دەچێتە شوێنی مۆرفیمی (ب) فەرماندان، وەکو:-

بڕۆ .... مەڕۆ، نەڕۆی، ناڕۆی

بخۆ ...... مەخۆ، نەخۆی، ناخۆی

بکێڵن ... مەکێڵن، نەکێڵن، ناکێڵن

Bo Karî Rraneburdû

1) Nîşaney "na" be kar dêt ke deçête şiwênî "de"y rraneburdûy rageyandin; weku:

dekem	**na**kem
derwat	**na**rwat
dexwat	**na**xwat
debat	**na**bat

2) Nîşaney "ne" be kar dêt ke deçête şiwênî "bi"y rraneburdûy dananî; weku:

bixwat	**ne**xwat
birwat	**ne**rwat

3. Bo Karî Fermandan

Nîşaney "me" be kar dêt. Cige leweş hendê car "na, ne" be kar dê ke deçête şiwênî morfîmî "bi" fermandan; weku:

biro	**me**ro, **ne**roy, **na**roy
bixo	**me**xo, **ne**xoy, **na**xoy
bikêllin	**me**kêllin, **ne**kêllin, **na**kêllin

.2.6 ئاوەڵکار

.2.6.1 یەکەم: ئاوەڵکار لە ڕووی واتاوە

1- ئاوەڵکاری کاتی

2- ئاوەڵکاری شوێنی

3- ئاوەڵکاری چۆنیەتی

4. ئاوەڵکاری چەندێتی

5- ئاوەڵکاری نەرێنی (نەفي)

6. ئاوەڵکاری جەختکردن (دڵنیایي)

7. ئاوەڵکاری دووبارەکردنەوە

8. ئاوەڵکاری هۆ و مەبەست

9. ئاوەڵکاری ڕێکخستن

.2.6.2 دووەم: ئاوەڵکار لە ڕووی پێکهاتنەوە

1- ئاوەڵکاری سادە
2- ئاوەڵکاری داڕژاو
3. ئاوەڵکاری لێکدراو

.2.6.3 سێیەم : ئاوەڵکار لە ڕووی ئەرکەوە

(نیهاد، گوزارە، تەواوکەری کاری ڕابوردوو، تەواوکەری کاری ڕانەبوردوو، تەواوکەری کاری فەرماندان) .

ئاوەڵکار

لە زمانی کوردیدا جگە لە زاراوەی (ئاوەڵکار) ، ئەوە زاراوەکانی (ئاوەڵفرمان، هەڤلکار، ئادڤێرب، هاوەڵکار) بەکاردێن . ئاوەڵکاریش بەشێکە لە بەشەکانی ئاخاوتن، کە وەسفی کارێك لە ڕستەکەدا دەکات، چونکە کات و شوێن و چۆنیەتی و چەندیەتی .....هتد کارەکە لە ڕستەدا دەستنیشان دەکات. ئاوەڵکار دۆست و هاوڕێی کارە، چونکە هەمیشە لەگەڵ کاردا دێت، واتە پەیوەستە بە کارەکەوە، ئەمەش پێچەوانەی ئاوەڵناوە، چونکە ئاوەڵناو دۆست و هاوڕێی ناو و جێناوە، کە بەهۆیەوە وەسفیان دەکات.

2.6. AWELLKAR

2.6.1. Yekem: Awellkar le Rrûy Watawe

1.Awellkarî Katî

2. Awellkarî Şiwênî

3. Awellkarî Çonyetî

4. Awellkarî Çendêtî

5. Awellkarî Nerênî (Nefî)

6. Awellkarî Çextkirdin (Dillniyayî)

7. Awellkarî Dûbarekirdinewe

8. Awellkarî Ho û Mebest

9. Awellkarî Rêkxistin

2.6.2. Duwem: Awellkar le Rrûy Pêkhatinewe

1. Awellkarî Sade

2. Awellkarî Darijaw

3. Awellkarî Lêkdiraw

2.6.3. Sêyem: Awellkar le Rrûy Erkewe: nîhad, guzare, tewawkerî karî rraburdû, tewawkerî karî rraneburdû, tewawkerî karî fermandan.

2.6. AWELLKAR

Le zimanî Kurdî da cige le zarawey "awellkar", ewe zarawekanî (awelfirman, hevilkar, advêrb, hawellkar) be kar dên. Awellkarîş beşêk e le beşekanî axawtin ke wesfî karêk le rristeke da dekat. Çunke kat şiwên û çonyetî û çendêtî, htd. kareke le rriste da destnîşan dekat. Awellkar dost û hawrêyî kar e; çunke hemîşe legell kar dêt, wate peyweste be karekewe. Emeş pêçewaney awellnaw e; çunke awellnaw dost û hawrêy naw û cênaw e ke be hoyewe wesfiyan dekat.

پۆلێنکردنەکانی ئاوەڵکار لە زمانی کوردیدا

2.6.1. یەکەم: ئاوەڵکار لە ڕووی واتاوە

ئاوەڵکار لە ڕووی واتاوە **دەکرێت بەم بەشانەی خوارەوە**[101] :

2.6.1.1. ئاوەڵکاری کاتی:

بەو ئاوەڵکارانە دەوترێ، کە کاتی ڕوودانی کارەکە دەستنیشان دەکات. ئاوەڵکارە کاتییەکانیش لە زمانی کوردیدا بریتین لە (وا، ئێستا، بەیانی، سبەینێ، هەفتەیەکی تر، ساڵێکی تر، دوایی، دواتر، لەپاشان، مانگێکی تر .... هتد) ،وەك:

دوایی دەچم بۆ ئاهەنگەکە.

ئێستا دەچم بۆ زانکۆ.

2.6.1.2. ئاوەڵکاری شوێنی:

بەو ئاوەڵکارانە دەوترێت کە شوێنی ڕوودانی کارەکە دەست نیشان دەکەن. ئاوەڵکارە شوێنییەکانیش لە زمانی کوردیدا بریتین لە (سەر، ژێر، ڕاست، چەپ، لەسەرەوە، لەخوارەوە، لەژێرەوە، لا، ...... هتد) .

شیلان لەژێر دارەکە خەوتووە.

شێرزاد لەسەرەوە دانیشتووە.

هەندێجار پێشبەند لەگەڵ ناوەکەی دوای خۆی کە ئەرکی بەرکاری ناڕاستەخۆیە، بە یەکەوە دەبنە ئاوەڵکاری شوێنی، چونکە ئاڕاستەی شوێنی دەگەیەنن، وەکو:

فڕۆکەکە بە ئاسماندا دەسوڕێتەوە .

پێشبەند بەرکاری ناڕاستەخۆ

(بە ئاسماندا) ئاوەڵکاری شوێنی

ئازاد بۆ زانکۆ ڕۆیشت .

پێشبەند بەرکاری ناڕاستەخۆ

(بۆ زانکۆ) ئاوەڵکاری شوێنی

---

[101] بۆ شارەزابوون لەم بابەتە، بگەڕێوە بۆ: ئەوڕەحمانی حاجی مارف (د) ، ڕێزمانی کوردی، بەرگی یەکەم (وشەسازی) ، بەشی چوارەم (ژمارە و ناوەڵکردار) ، دەزگای ڕۆشنبیری و بلاّوکردنەوەی کوردی، بەغدا، 1998.

Pollênkirdinekanî Awellkar le Zimanî Kurdî da

2.6.1. Yekem: Awelakar le Rrûy Watawe
Awelakar le rrûy watawe dekrêt bem beşaney xwarewe:[102]

2.6.1.1. Awellkarî Katî
Bew awellkarane dewitrê ke katî rrûdanî kareke destnîşan dekat. Awellkare katîyekanîş le zimanî Kurdî da birîtîn le "wa, êsta, beyanî, sibeynê, hefteyekî tir, sallêkî tir, diwayî, diwatir, le paşan, mangêkî tir, hdt." Wek:

Diwayî deçim bo ahengeke.

Êsta deçim bo zanko.

2.6.1.2. Awellkarî Şiwênî
Bew awellkarane dewitrêt ke şiwênî rrûdanî kareke destnîşan deken. Awellkare şiwênîyekanîş le zimanî Kurdî da birîtîn le "ser, jêr, rrast, çep, le serewe, le xwarewe, le jêrewe, la, htd."

Şîlan **le jêr** dareke xewtuwe.

Şêrzad **le serewe** danîştuwe.

Hendê car pêşbend legell nawekey diway xoy ke erkî berkarî narrastewxo ye, be yekewe debine awellkarî şiwênî, çunke arrastey şiwênî degeyenin; weku:

Firokeke **be asman da** desurêtewe.

be : pêşbend

asman da : berkarî narrastexo

be asman da : awellkarî şiwênî

Azad **bo zanko** royişt.

bo : pêşbend

zanko : berkarî narrastexo

bo zanko : awellkarî şiwênî

[102] Bo şarezabûn lem babete, bigerêwe bo: Ewrehmanî Hacî Marif (d), *Rêzimanî Kurdî, Bergî Yekem (Wişesazî), Beşî Çiwarem (Jimare û Awelkirdar),* Dezgay Roşinbîrî û Bilawkirdinewey Kurdî, Bexda, 1998.

2.6.1.3. ئاوەڵکاری چۆنیەتی:

بەو ئاوەڵکارانە دەوترێت کە چۆنیەتی ڕوودانی کارەکە دەستنیشان دەکەن، ئاوەڵکاری چۆنیەتیش لە زمانی کوردیدا بریتین لە (جوان، خراپ، خێرا، چاك، باش ....هتد) .

ئاوەڵکارە چۆنیەتییەکان لە بنەچەدا ئاوەڵناوی چۆنیەتین، لە حاڵەتێکدا دەبنە ئاوەڵکاری چۆنیەتی، ئەگەر لە ڕستەدا وەسفی کار بکەن، هەروەك لەم نموونانەی خوارەوە دەردەکەون:-

جوان کچێکی قەشەنگە. .... (ناو)

ڕێزان جوانە. .. (ئاوەڵناوی چۆنیەتی)

سۆزان جوان دەڕوات. .... (ئاوەڵکاری چۆنیەتی)

2.6.1.4. ئاوەڵکاری چەندێتی:

بەو ئاوەڵکارانە دەوترێت کە چەندێتی ڕوودانی کاری ناو ڕستە دەستنیشان دەکەن. ئەو وشانەی بۆ مەبەستی ئاوەڵکاری چەندێتی بەکاردێن بریتین لە: (زۆر، کەم، کەمێك، تۆزێك، فرە، گەلێك، گەلێ...) وەکو :.

سۆلاف زۆر خێرا هات.

نانەکەم کەمێك خوارد.

زۆرجار وشەکانی (زۆر، کەمێك.......) لەگەڵ ئاوەڵکاری تر دێن، لەم حاڵەتەشدا جگە لەوەی وشەکە دەبێتە ئاوەڵکاری چەندێتی، لەهەمان کاتیشدا پێی دەوترێ ڕادەی ئاوەڵکاری،وەکو:

بەناز زۆر جوان دەڕوات .

ڕادەی ئاوەڵکاری ئاوەڵکاری چۆنیەتی

هەمان وشە کاتێ لەگەڵ ئاوەڵناودا دێت، دەبێتە ڕادەی ئاوەڵناوی، وەکو:

بەناز زۆر جوانە.

ڕادەی ئاوەڵناوی ئاوەڵناوی چۆنیەتی

2.6.1.3. Awellkarî Çonyetî

Bew awellkarane dewitrêt ke çonyetî rrûdanî kareke destnîşan deken. Awellkarî çonyetîş le zimanî Kurdî da birîtîn le "ciwan, xirap, xêra, çak, baş, hdt."

Awellkare çonyetîyekan le bineçe da awellnawî çonyet în. Le halletêk da debine awellkarî çonyetî, eger le rriste da wesfî kar biken; her wek lem nimûnaney xwarewe derdekewin:

Ciwan kiçêkî qeşeng e.	: naw
Rêzan **ciwan** e.	: awellnawî çonyetî
Sozan **ciwan** derwat.	: awellkarî çonyetî

2.6.1.4. Awellkarî Çendêtî

Bew awellkarane dewitrêt ke çendêtî rrûdanî karî naw rriste destnîşan deken. Ew wişaney bo mebestî awellkarî çendêtî be kar dên, birîtîn le "zor, kem, kemêk, tozêk, fire, gelêk, gelê..." Weku:

Solav **zor** xêra hat.

Nanekem **kemêk** xward.

Zor car wişekanî "zor, kemêk..." legell awellkarî tir dên. Lem halleteş da cige lewey wişeke debête awellkarî çendêtî, le heman katîş da pêy dewitrê radey awellkarî; weku:

Benaz **zor ciwan** derwat.

zor	: radey awellkarî
ciwan	: awellkarî çonyetî

Heman wişe katê legell awellnaw dêt, debête radey awellnaw; weku:

Benaz **zor ciwan e.**

zor	: radey awellnawî
ciwan e	: awellnawî çonyetî

2.6.1.5. ئاوەڵکاری نەرێنی (نەفي) :

ئەو ئاوەڵکارەیە کە نەرێنی کارەکە دەستنیشان دەکات. ئەو وشانەی بۆ مەبەستی ئاوەڵکاری نەرێنی بەکاردێن بریتین لە (هەرگیز، هەرگیزاوهەرگیز، بەهیچ شێوەیەك، بەهیچ ڕەنگێك، بەهیچ کلۆجێك ...) .

هەرگیز ناچمە ئاهەنگەکە.

هەرگیزاوهەرگیز وانەکە ناخوێنم.

بەهیچ شێوەیەك کارناکەین.

2.6.1.6. ئاوەڵکاری جەختکردن (دڵنیایی)

بەو ئاوەڵکارانە دەوترێت،کە جەخت لەسەر ئەنجامدان و جێبەجێ کردنی کارەکە دەکات. ئەو ئاوەڵکارانەی، کە بۆ مەبەست جەختکردن بەکاردێن، بریتین لە (هەر، هەڵبەت، بێگومان، بێشك، بێ سێ و دوو....) .

هەردەچم بۆ ئەو ماڵە.

هەڵبەت کارەکە ناکەین.

بێگومان لە شەڕەکە سەردەکەوین.

2.6.1.7. ئاوەڵکاری دووبارەکردنەوە

بەو ئاوەڵکارانە دەوترێت کە دووبارەکردنەوە و دووپاتکردنەوەی کارێك ڕادەگەیەنن. ئەو وشانەی کە بۆ مەبەستی ئاوەڵکاری دووپاتکردنەوە بەکاردێن، بریتین لە (دووبارە، دیسان، سەرلەنوێ، جارێکی دی، جارێکی تر ....) .

دیسان وانەکە دەستی پێکرد.

دووبارە دەچینەوە گەشتەکە.

سەرلەنوێ بەهار هاتەوە.

2.6.1.8. ئاوەڵکاری هۆ و مەبەست

بەو ئاوەڵکارانە دەوترێت کە هۆی ڕوودانی کارێك لەگەڵ مەبەست لە جێبەجێ کردنی کارێك دەخەنە ڕوو.ئەو وشانەی کە بۆ مەبەستی ئاوەڵکاری هۆ و مەبەست بەکاردێن، بریتین لە (لەبەرئەوە، لەبەرئەوەی، چونکە، لەبرسا، لەترسا، بەخۆڕایي، بەئەنقەست.....) .

پیرەمێردەکە لەداخا مرد.

منداڵەکە لەبرسا مرد.

2.6.1.5. Awellkarî Nerênî (Nefî)
Ew awellkare ye ke nerênî kareke destnîşan dekat. Ew wişaney bo mebestî awellkarî nerênî be kar dên birîtîn le "hergîz, hergîza û hergîz, be hîç şêweyek, be hîç rengêk, be hîç kilocêk..."

Hergîz naçime ahengeke.

Hergîza û hergîz waneke naxwênim.

Be hîç şêweyek kar nakeyn.

2.6.1.6. Awellkarî Cextkirdin (Dillniyayî)
Bew awellkarane dewitrêt ke cext le ser encamdan û cêbecêkirdinî kareke dekat. Ew awellkaraney ke bo mebest cextkirdin be kar dên, birîtîn le "her, helbet, bêguman, bêşik, bê sê û dû..."

Her deçim bo ew malle.

Helbet kareke nakeyn.

Bêguman le şereke serdekewîn.

2.6.1.7. Awellkarî Dûbarekirdinewe
Bew awellkarane dewitrêt ke dûbarekirdinewe û dûpatkirdinewey karêk radegeyenin. Ew wişaney ke bo mebestî awellkarî dûpatkirdinewe be kar dên, birîtîn le "dûbare, dîsan, serleniwê, carêkî dî, carêkî tir..."

Dîsan waneke destî pê kird.

Dûbare deçînewe geşteke.

Serleniwê behar hatewe.

2.6.1.8. Awellkarî Ho û Mebest
Bew awellkarane dewitrêt ke hoy rrûdanî karêk legell mebest le cêbecêkirdinî karêk dexene rrû. Ew wişaney ke bo mebestî awellkarî ho û mebest be kar dên, birîtîn le "le ber ewe, le ber ewey, çunke, le birsa, le tirsa, be xorayî, be enqest..."

Pîremêrdeke **le daxa** mird.

Mindalleke **le birsa** mird.

.2.6.1.9 ئاوەڵکاری ڕێکخستن

بەو ئاوەڵکارانە دەوترێت کە شێوە و جۆری جێبەجێ کردنی کارەکە دەخاتەڕوو. ئەو وشانەی کە بۆ مەبەستی ئاوەڵکاری ڕێکخستن بەکاردێن، بریتین لە (ژنانە، پیاوانە، مەردانە، مندالێنە، گورگ ئاسا، تاقم تاقم، کەم کەم، دەستە دەستە،.....) .

ئێمە لە ماڵەوە بەگشتی کاردەکەین.

نیوەڕۆ بە دووقۆڵی نان دەخۆین.

قوتابییەکان پۆل پۆل هاتنە ژوورەوە.

.2.6.2دووەم: ئاوەڵکار لە ڕووی پێکهاتنەوە

ئاوەڵکار لە ڕووی پێکهاتنەوە بەسەر (سادە و داڕژاو و لێکدراو) دابەش دەبێ:

.2.6.2.1. ئاوەڵکاری سادە: بەو ئاوەڵکارانە دەوترێت کە لە یەك وشەی واتاداری سەربەخۆ پێکدێت، وەك (خێرا، هێندێ، هێمن، باش، خراپ، زۆر، فرە، ئێستا، پار، سەر، ژێر.....) .

.2.6.2.2 ئاوەڵکاری داڕژاو: بەو ئاوەڵکارانە دەوترێت،کە لە ئاوەڵکارێکی سادە لەگەڵ پێشگرێك یاخود پاشگرێك یاخود هەردووکیان پێکدێت، وەك (بێگومان، بێ شك، بێ ناز، بێ وچان، بەتەنیا، بەکولأ، بەپەلە .....) . یاساکانی سازکردنی ئاوەڵکاری داڕژاو بەم شێوەیەی خوارەوەن:-

1- پێشگر + ناو = ئاوەڵکاری داڕژاو

بە + ناز = بەناز

بە + شەو = بەشەو

بێ + گومان = بێگومان

2- ناو + پاشگر = ئاوەڵکاری داڕژاو

ڕۆژ + ێ = ڕۆژێ

پیاو + انە = پیاوانە

3- پێشگر + ناو + پاشگر = ئاوەڵکاری داڕژاو

بە + پیاو + ەتی = بەپیاوەتی

بێ + باك + انە = بێ باکانە

بە + برا + تی = بەبرایەتی

مەرد + انە = مەردانە

2.6.1.9. Awellkarî Rêkxistin

Bew awellkarane dewitrêt ke şêwe û corî cêbecêkirdinî kareke dexate rrû. Ew wişaney ke bo mebestî awellkarî rêkxistin be kar dên, birîtîn le "jinane, piyawane, merdane, mindallane, gurgasa, taqim taqim, kem kem, deste deste…"

Ême le mallewe **be giştî** kar dekeyn.

Nîwero **be dûqolî** nan dexoyn.

Qutabîyekan **pol pol** hatine jûrewe.

2.6.2. Duwem: Awellkar le Rrûy Pêkhatinewe

Awellkar le rrûy pêkhatinewe be ser "sade û darijaw û lêkdiraw" dabeş debê:

2.6.2.1. Awellkarî Sade

Bew awellkarane dewitrêt ke le yek wişey watadarî serbexo pêk dêt; wek: xêra, hêndê, hêmin, baş, xirap, zor, fire, êsta, par, ser, jêr…

2.6.2.2. Awellkarî Darijaw

Bew awellkarane dewitrêt ke le awellkarêkî sade legell pêşgirêk yaxud paşgirêk yaxud her dûkiyan pêk dêt; wek: bêguman, bêşik, bênaz, bêwiçan, betenya, bekul, bepele…

Yasakanî sazkirdinî awellkarî darijaw bem şêweyey xwarewen:

1) Pêşgir + Naw	= Awellkarî Darijaw
be + naz	= benaz
be + şew	= beşew
bê + guman	= bêguman
2) Naw + Paşgir	= Awellkarî Darijaw
roj + ê	= rojê
piyaw + ane	= piyawane
3) Pêşgir + Naw + Paşgir	= Awellkarî Darijaw
be + piyaw + etî	= bepiyawetîdill
bê + bak + ane	= bêbakane
be + bira + yetî	= bebirayetî

4- پێشگر + ئاوەڵناو = ئاوەڵکاری داڕژاو

بە + پەلە = بەپەلە

بە + خێرا = بەخێرا

5- ئاوەڵناو + پاشگر = ئاوەڵکاری داڕژاو

دلێر + انە = دلێرانە

مەرد + انە = مەردانە

6- پێشگر + ئاوەڵناو + پاشگر = ئاوەڵکاری داڕژاو

بە + جوان + ی = بەجوانی

بە + سارد + ی = بەساردی

7- پێشگر + ئاوەڵکاری سادە = ئاوەڵکاری داڕژاو

لە + ژێر = لەژێر

لە + ناو = لەناو

2.6.2.3. ئاوەڵکاری لێکدراو: بەو ئاوەڵکارانە دەوترێت کە لە دوو وشە یاخود زیاتر پێکدێن. یاساکانی سازکردنی ئاوەڵکاری لێکدراو بەم شێوەیەی خوارەوەن:-

1. دووبارەکردنەوەی ناو، ژمارە، ئاوەڵناو، ئاوەڵکار. وەکو:

پۆل پۆل، دەستە دەستە، تاقم تاقم .... (ناو)

دوو دوو، سێ سێ، چوار چوار .... (ژمارە)

جوان جوان، ورد ورد............................ (ئاوەڵناو)

کەم کەم، خێرا خێرا .... (ئاوەڵکار)

2. دووبارەکردنەوەی وشەیەک لەگەڵ کەرەسەکانی (او، ەو، بە، لە) .وەکو:

پشتاوپشت، دۆلێودۆڵا، بانەوبان، پاشەوپاش، شاخەوشاخ، ڕۆژبەڕۆژ، ساڵا بە ساڵا، یەک بە یەک،.....

3. ئاوەڵناو + بە + ناو = ئاوەڵکاری لێکدراو

پڕبەدەم، پڕبەدڵا...........

4) Pêşgir + Awellnaw = Awellkarî Darijaw

be + pele = bepele

be + xêra = bexêra

5) Awellnaw + Paşgir = Awellkarî Darijaw

dillêr + ane = dillêrane

merd + ane = merdane

6) Pêşgir + Awellnaw + Paşgir = Awellkarî Darijaw

be + ciwan + î = beciwanî

be + sard + î = besardî

7) Pêşgir + Awellkarî Sade = Awellkarî Darijaw

le + jêr = lejêr

le + naw = lenaw

2.6.2.3. Awellkarî Lêkdiraw

Bew awellkarane dewitrêt ke le dû wişe yaxud ziyatir pêk dên. Yasakanî sazkirdinî awellkarî lêkdiraw bem şêweyey xwarewen:

1) Dûbarekirdinewey Naw, Jimare, Awellnaw, Awellkar; weku:

pol pol, deste deste, taqim taqim	: naw
dû dû, sê sê, çiwar çiwar	: jimare
ciwan ciwan, wird wird	: awellnaw
kem kem, xêra xêra	: awellkar

2) Dûbarekirdinewey Wişeyek legell Keresekanî (aû, eû, be, le) Weku: pişt**aû**pişt, dol**aû**dol, ban**eû**ban, paş**eû**paş, şax**eû**şax, roj **be** roj, sal **be** sall, yek **be** yek…

3) Awellnaw + be + Naw = Awellkarî Lêkdiraw

pir **be** dem, pir **be** dill...

4. ژمارە + ناو یاخود ئاوەڵکار = ئاوەڵکاری لێکدراو

یەکجار، یەکسەر، یەکشەممە، نیوەڕۆ ......

5. وشەی (هەر) + ناو، ژمارە، ئاوەڵکار = ئاوەڵکاری لێکدراو

هەردەم، هەردوو، هەرلا ....

6. وشەی (ئەم، ئەو) + ناو = ئاوەڵکاری لێکدراو

ئەمشەو، ئەمسالأ، ئەمڕۆ ....

7- پێشگری (لە) + سەر + ئاوەڵکاری سادە = ئاوەڵکاری لێکدراو

لەسەرلا، لەسەر پشت...

8- ناو + ەو + ئاوەڵکاری سادە = ئاوەڵکاری لێکدراو

سەر + ەو + خوار = سەرەوخوار..........

9- وشە + و + وشە = ئاوەڵکاری لێکدراو

تێروپڕ، جاروبار، گورجوگۆلأ..........

10- پێشگر + ئاوەڵناوی لێکدراو + پاشگر = ئاوەڵکاری لێکدراو

بە + دڵشکاو + ی = بەدڵشکاوی

11- ئاوەڵکار + ناوبەند + ئاوەڵکار = ئاوەڵکاری لێکدراو

سەر + ان + سەر = سەرانسەر

12- ئاوەڵکار + نا + ئاوەڵکار = ئاوەڵکاری لێکدراو

پار + نا + پێرار = پارنا پێرار

دوێنێ + نا + پێرێ = دوێنێ ناپێرێ

2.6.3. سێیەم : ئاوەڵکار لە ڕووی ئەرکەوە

لە ڕستەدا ئاوەڵکار دەتوانێ ئەرك ببینێ، بەڵێم ئەرکەکانی دیاریکراوە، کە بەم شێوەیەی خوارەوەیە:

1. ئاوەڵکار دەبێتە تەواوکەری کار، جا کارەکە ڕابوردوو بێ یا ڕانەبوردوو یا فەرماندان [1] ...

4) Jimare + Naw yaxud Awellkar = Awellkarî Lêkdiraw

yekcar, yekser, yekşemme, nîwero…

5) Wişey "Her" + Naw + Jimare, Awellkar = Awellkarî Lêkdiraw

her dem, her dû, her la…

6) Wişey "Em, Ew" + Naw = Awellkarî Lêkdiraw

emşew, emsall, emrro…

7) Pêşgirî (le) + ser + Awellkarî Sade = Awellkarî Lêkdiraw

le ser la, le ser pişt…

8) Naw + ew + Awellkarî Sade = Awellkarî Lêkdiraw

ser + ew + xwar = serewxwar

9) Wişe + û + Wişe = Awellkarî Lêkdiraw

têrrûpir, carrûbar, gurcûgol...

10) Pêşgir + Awellnawî Lêkdiraw + Paşgir = Awellkarî Lêkdiraw

be + dillşikaw + î = bedillşikawî

11) Awellkar + Nawbend + Awellkar = Awellkarî Lêkdiraw

ser + an + ser = seranser

12) Awellkar + na + Awellkar = Awellkarî Lêkdiraw

par + na + pêrar = par na pêrar

diwênê + na + pêrê = diwênê na pêrê

2.6.3. Sêyem: Awellkar le Rrûy Erkewe

Le rriste da awellkar detwanê erk bibînê, bellam erkekanî diyarîkiraw e ke bem şêweyey xwarewe ye:

1) Awellkar debête tewawkerî kar, ca kareke rraburdû bê ya rraneburdû ya fermandan.

- ڕێباز خێرا ڕۆیشت.

↓ ↓

ئاوەڵکاری چۆنیەتی کاری رابوردوو

تەواوکەری کاری ڕابوردوو

- ڕێباز خێرا دەڕوات.

↓ ↓ ↓

ئاوەڵکاری چۆنیەتی کاری ڕانەبوردوو تەواوکەری کاری ڕانەبوردوو

- ڕێباز خێرا بڕۆ.

↓ ↓ ↓

ئاوەڵکاری چۆنیەتی کاری فەرماندان تەواوکەری کاری فەرماندان

2.ئاوەڵکار دەبێتە تەواوکەری ئاوەڵکارێکی تر یا چەند ئاوەڵکارێکی تر...و بەیەکەوە فرێزی ئاوەڵکاری سازدەکەن.وەکو:

- سۆران <u>زۆر</u> <u>خێرا</u> ڕۆیشت.

↓ ↓

ئاوەڵکاری چەندێتی ئاوەڵکاری چۆنێتی

↑ ↑

↓

فرێزی ئاوەڵکاری

Rêbaz xêra royişt.

xêra	: awellkarî çonyetî û tewawkerî karî rraburdû
royişt	: karî rraburdû

Rêbaz xêra derwat.

xêra	: awellkarî çonyetî û tewawkerî karî rraneburdû
derwat	: karî rraneburdû

Rêbaz xêra biro.

xêra	: awellkarî çonyetî û tewawkerî karî fermandan
biro	: karî fermandan

2) Awellkar debête tewawkerî awellkarêkî tir ya çend awellkarêkî tir û be yekewe firêzî awellkarî saz deken; weku:

Soran **zor xêra** royşt.

zor	: awellkarî çendêtî
xêra	: awellkarî çonyetî
zor xêra	: firêzî awellkarî

- ڕێباز گەلێک درەنگ هاتەوە .

ئاوەڵکاری چەندێتی ئاوەڵکاری کاتی

فرێزی ئاوەڵکاری

- محەمەد بەیانی زوو زۆر خێرا بڕۆ بۆ بازاڕ.

ئاوەڵکاری کاتی — ئاوەڵکاری کاتی — ئاوەڵکاری چەندێتی — ئاوەڵکاری چۆنیەتی

فرێزی ئاوەڵکاری — فرێزی ئاوەڵکاری

3. ئاوەڵکار دەبێتە نیهاد، ئەگەر هاتوو کاری (ڕابوردوو، ڕانەبوردوو، فەرماندان) لە نێو ڕستەدا نەبوو، واتە کاری ناتەواو لە ڕستەدا هەبێت. کارە ناتەواوەکانیش لە زمانی کوردیدا لە بناغەدا لە چاوگی (بوون) وەرگیراون، کە بەهۆیەوە بۆ کاتی ڕابوردوو (بوو) بەکاردێت، و بۆ کاتی ئێستا (ە) بەکاردێت و بۆ داهاتوو، ڕەگی (ب) بەکاردێت.

- دوێنێ هەینی بوو.

ئاوەڵکاری کاتی (نیهاد) — کاری ناتەواوە بۆ کاتی ڕابوردوو

- سبەینێ درەنگ بوو.

ئاوەڵکاری کاتی (نیهاد) — کاری ناتەواوە بۆ کاتی ڕابوردوو

- ئەمڕۆ شەممە یە.

ئاوەڵکاری کاتی (نیهاد) — کاری ناتەواوە بۆ کاتی ئێستا

Rêbaz **gelêk direng** hatewe.

gelek : awellkarî çendêtî

direng : awellkarî katî

gelek direng : firêzî awellkarî

Mihemed **beyanî zû zor xêra** biro bo bazar.

beyanî : awellkarî katî

zû : awellkarî katî

beyanî zû : firêzî awellkarî

zor : awellkarî çendêtî

xêra : awellkarî çonyetî

zor xêra : firêzî awellkarî

3) Awellkar debête nîhad, eger hatû karî "rraburdû, rraneburdû, fermandan" le nêw rriste da nebû, wate karî natewaw le rriste da habêt. Kare natewawekanîş le zimanî Kurdî da le binaxe da le çawgî "bûn" wergîrawin ke be hoyewe bo katî rraburdû "bû" be kar dêt û bo katî êsta "e" be kar dêt û bo dahatû rregî "bi" be kar dêt.

Diwênê heynî **bû**.

diwênê : awellkarî katî (nîhad)

bû : karî natewaw e bo katî rraburdû

Sibeynê direng **bû.**

sibeynê : awellkarî katî (nîhad)

bû : karî natewaw e bo katî rraburdû

Emrro şemme **ye.**

emrro : awellkarî katî (nîhad)

ye : karî natewaw e bo katî êsta

. ئاوەڵکار دەبێتە گوزارە، دیسانەکە گەر هاتوو کاری ناتەواو لە ڕستەدا هەبوو.....

- ئازاد گەلێك درەنگە. ـــ (ە) کاری ناتەواوە بۆ کاتی ئێستا

ئاوەڵکاری کاتی

تەواوکەری کاری ناتەواو، گوزارەیە

- سبەینێ درەنگ بوو.

ئاوەڵکاری کاتی (بوو) کاری ناتەواوە بۆ کاتی ڕابوردوو

تەواوکەری کاری ناتەواوە، گوزارەیە

4) Awellkar debête guzare, dîsaneke ger hatû karî natewaw le rriste da hebû.

Azad gelêk **direng e.**

direng	: awellkarî katî, tewawkerî karî natewaw, guzare ye
e	: karî natewaw e bo katî êsta

Sibeynê **direng bû.**

direng	: awellkarî katî, tewawkerî karî natewaw e, guzare ye
bû	: karî natewaw e bo katî rraburdû

2.7.1. پێشبەند (پریپۆزیشن)

بەشێکە لە بەشەکانی ئاخاوتن، کە بەتەنیا بەکارنایەت، بەڵکو پێویستی بە کەرەسەی تر هەیە بۆ ئەوەی واتا ببەخشێت، ئەگەرچی پێشبەند لە بنچینەدا واتای شوێنی و ئاڕاستەکردن دەگەیەنێت، بەڵێم هەر واتا ناگەیەنێت. پێشبەند لە ڕستەدا لە پێش ناوێك یان جێناوێك دێت، بۆ پیشاندانی پەیوەندی نێوان ئەو ناوە یان ئەو جێناوە لەگەڵ ناوێکی تری نێو ڕستەکە .

پێشبەندەکان لە زمانی کوردیدا ژمارەیان چوارە (بە، لە، بۆ، ە) ، ئەم پێشبەندانە بە زۆری لەگەڵ (ناو، جێناو، ئاوەڵناو، ژمارە) دێن، هەر کاتێکیش پێشبەند لە ڕستەدا هەبێت، ئەوە کەرەسەکانی ناو و جێناو دەکەونە دوای پێشبەندەکانەوە و ئەرکی (بەرکاری ناڕاستەوخۆ) دەبینن، بەڵێم کاتێك (ژمارە و ئاوەڵناو) لە دوای پێشبەندەوە دێن، ئەوا ناتوانن ئەرکی (بەرکاری ناڕاستەوخۆ) ببینن، بەڵکو وشەکەی دوای ژمارە و ئاوەڵناو ئەرکی (بەرکاری ناڕاستەوخۆ) دەبینێت، وەکو:

ئازاد دەچێت بۆ زانکۆ.

بۆ : پێشبەند

زانکۆ : ناو، بەرکاری ناڕاستەوخۆ

فڕۆکەکان بە ئاسماندا دەسوڕێنەوە.

بە : پێشبەند

ئاسمان : ناو، بەرکاری ناڕاستەوخۆ

شێرزاد لە تۆ دەچێت.

لە: پێشبەند

تۆ : جێناو، بەرکاری ناڕاستەوخۆ

ئاواز لە یەکەم ژوور دانیشتووە.

لە: پێشبەند

یەکەم : ژمارەی بنجی

ژوور : ناو، بەرکاری ناڕاستەوخۆ

2.7.1 PÊŞBEND (PRIPOZÎŞIN)

Beşêk e le beşekanî axawtin ke be tenya be kar nayet, bellku pêwîstî be keresey tir heye bo ewey wata bibexşêt. Egerçî pêşbend le binçîne da watay şiwênî û arrastekirdin degeyenêt, bellam her wata nageyenêt. Pêşbend le rriste da le pêş nawêk yan cênawêk dêt, bo pîşandanî peywendî nêwan ew nawe yan ew cênawe legell nawêkî tirî nêw rristeke.

Pêşbendekan le zimanî Kurdî da jimareyan çiwar e: **be, le, bo, e**. Em pêşbendane be zorî legel, "naw, cênaw, awellnaw, jimare" dên. Her katêkîş pêşbend le rriste da hebêt, ewe keresekanî naw û cênaw dekewine diway pêşbendekanewe û erkî "berkarî narrastewxo" debînin. Bellam katêk "jimare û awellnaw" le diway pêşbendewe dên, ewa natwanin erkî "berkarî narrastewxo" bibînin, bellku wişekey diway jimare û awellnaw erkî "berkarî narrastewxo" debînin; weku:

Azad deçêt **bo zanko**.

bo : pêşbend

zanko : naw, berkarî narrastewxo

Firokekan **be asman** da desurênewe.

be : pêşbend

asman : naw, berkarî narrastewxo

Şêrzad **le to** deçêt.

le : pêşbend

to : cênaw, berkarî narrastewxo

Awaz **le yekem jûr** danîştuwe.

le : pêşbend

yekem : jimarey bincî

jûr : naw, berkarî narrastewxo

ئاواز لە جوانترین ژوور دانیشتووە.

لە : پێشبەند

جوانترین: ئاوەڵناوی چۆنیەتی

ژوور : ناو، بەرکاری ناڕاستەوخۆ

ئەم پێشبەندانە لە ڕووی ڕوخسارەوە سەربەخۆن، بەڵێم لە ئاستی ڕستەسازیدا زۆرجار لە شێوەی بەنددا دەردەکەون، هەروەکو ئەمانەی خوارەوە :

بە تۆ دەڵێم. ← پێت دەڵێم . (پێ)

لە تۆ دەپرسم. ← لێت دەپرسم . (لێ)

زۆرجار پێشبەندی (ە) لەبری پێشبەندەکانی تر بەکاردێت، بەبێ ئەوەی واتای سەرەکی ڕستەکە بگۆڕێ، هەروەکو ئەم نموونانەی خوارەوە :

ئازاد دەچێت بۆ زانکۆ .

ئازاد دەچێتە زانکۆ.

شیلان چوو بۆ کەرکووک .

شیلان چووە کەرکووک .

پێشبەندەکانی (بە، لە، بۆ، ە) لە ڕووی پێکهاتنەوە سادەن، بەڵێم کاتێ دەبن داڕژاو، ئەگەر لەگەڵ پاشبەنەکانەوە بێن (لە....دا، لە .....ڕا، لە.....ەوە، بە.....دا،.....) ، وەکو:

کاروان لە هەولێرەوە هاتووە.

فڕۆکەکە بە ئاسماندا دەسوڕێتەوە .

مۆرفیمی (ە) لە زمانی کوردیدا نزیکەی سێزدە ئەرك و شێوەی هەیە، بۆیە دەبێت زۆر وردبین بین لە دۆزینەوەی ئەم مۆرفیمە کاتێك لە شێوەی پێشبەند دەردەکەون، بە جۆرێك لەگەڵ کاری ڕابوردوو و ڕانەبوردوو بێت، وەکو بەشە ئاخاوتنی پێشبەند سەیر دەکرێت.

Awaz **le ciwantirîn jûr** danîştuwe.

le : pêşbend

ciwantirîn : awellnawî çonyetî

jûr : naw, berkarî narrastewxo

Em pêşbendane le rrûy rruxsarewe serbexon, bellam le astî rristesazî da zor caran le şêwey bend da derdekewin; her weku emaney xwarewe:

Be **to** dellêm. → Pêt dellêm. (Pê)

Le **to** depirsim. → Lêt depirsim. (Lê)

Zor caran pêşbendî "e" le birî pêşbendekanî tir be kar dêt, be bê ewey watay serekî rristeke bigorê; her weku em nimûnaney xwarewe:

Azad deçêt **bo** zanko : Azad deçêt**e** zanko.

Şîlan çû **bo** Kerkuk. : Şîlan çuw**e** Kerkuk.

Pêşbendekanî "be, le, bo, e" le rrûy pêkhatinewe saden, bellam katê debin darijaw, eger legell paşbenekanewe dên: le… da, le… ra, le… ewe, be… da. Weku:

Karwan **le** Hewlêr**ewe** hatuwe.

Firokeke **be** asman **da** desurêtewe.

Morfîmî "e" le zimanî Kurdî da nizîkey sêzde erk û şêwey heye. Boye debêt zor wirdbîn bîn le dozînewey em morfîme katêk le şêwey pêşbend derdekewin, be corêk legell karî rraburdû û rraneburdû bêt, weku beşe axawtinî pêşbend seyr dekrêt.

2.7.1.1. شێوە و ئەرکەکانی (ە) لە زمانی کوردیدا

مۆرفیمی (ە) یەکێکە لە مۆرفیمە چالاکەکانی زمانی کوردی، کە ئەم شێوە و ئەرکانەی خوارەوە دەبینێ:

1- دەبێتە کاری ناتەواو بۆ کاتی ئێستا، لەو حاڵەتەی کە کاری تەواو لە ڕستەدا نەبێت، وەکو :

- شیلان زیرەکە.

-بەناز جوانە.

2- دەبێتە ناوبەند و بەشداری دەکات لە دروستکردنی وشەی لێکدراودا، واتە ((ئەم مۆرفیمە ئەتوانێ دوو وشە لە یەك نزیك بکاتەوە و بە یەکیان ببەستێتەوە))[103] . بەم شێوەیە:

ا-دروستکردنی وشەی لێکدراو لە دوو ناو[104] ،وەکو:

گوڵ + ە +هێرۆ = گوڵەهێرۆ

گوڵ + ە + گونم = گوڵەگەنم[105]

ب- دروستکردنی وشەی لێکدراو لە ناو و ئاوەڵناو، وەکو[106] :

مێرگ + ە + سوور = مێرگەسوور

کێلە + ە + سپی = کێلەسپی

ج- دروستکردنی وشەی لێکدراو لە ئاوەڵناو و ناو، وەکو:

ڕەش + ە + با = ڕەشەبا

سەوز + ە + گیا = سەوزەگیا

د-دروستکردنی وشەی لێکدراو لە دووبارەکردنەوەی ئاوەڵناودا[107] ، نموونە:

خاو + ە + خاو = خاوەخاو

ورد + ە + ورد = وردەورد

3- لە کاری فەرماندا دەبێتە جێناوی لکاو بۆ کەسی دووەمی تاك، لەم حاڵەتەشدا جێناوەکە ئەرکی بکەر لە ڕستەکەدا دەبینێ، وەکو:

---

[103] عەبدوڵلا حوسێن ڕەسوڵ (2005) ، ئەرکەکانی مۆرفیمی (ە) لە زمانی کوردیدا، گ. سابات، ژ (1) ، ل38.

[104] ئەوڕەحمانی حاجی مارف (1979) ، ڕێزمانی کوردی، ناو، ل134.

[105] عەبدوڵلا حوسێن ڕەسول (2005) ، هەمان سەرچاوە، ل38.

[106] ئەوڕەحمانی حاجی مارف (1979) ، هەمان سەرچاوە، ل134.

[107] عەفان حەمە شەریف (2000) ، ئەرکی بزوێنی (ە) لە ئاستی سینتاکسدا، ل127.

2.7.1.1. Şêwe û Erkekanî “e” le Zimanî Kurdî da

Morfîmî “e” yekêk e le morfîme çalakekanî zimanî Kurdî ke em şêwe û erkaney xwarewe debînê:

1) Debête karî natewaw bo katî êsta, lew halletey ke karî tewaw le rriste da nebêt; weku:

Şîlan zîrek **e**.

Benaz ciwan **e**.

2) Debête nawbend û beşdarî dekat le diruskirdinî wişey lêkdiraw da, wate em morfîme etwanê dû wişe le yek nizîk bikatewe û be yekiyan bibestêtewe.[108] Bem şêweye:

a) Dirustkirdinî wişey lêkdiraw le dû naw;[109] weku:

gull + e + hêro = gullehêro

gulle + e + genim = gullegenim[110]

b) Dirustkirdinî wişey lêkdiraw le naw û awellnaw; weku:[111]

mêrg + e + sûr = mêrgesûr

kêl + e + spî = kêlespî

c) Dirustkirdinî wişey lêkdiraw le awellnaw û naw; weku:

reş + e + ba = reşeba

sewz + e + giya = sewzegiya

d) Dirustkirdinî wişey lêkdiraw le dûbarekirdinewey awellnaw da;[112] nimûne:

xaw + e + xaw = xawexaw

wird + e + wird = wirdewird

3) Le karî fermandan da debête cênawî likaw bo kesî duwemî tak. Lem halleteş da cênaweke erkî biker le rristeke da debînê; weku:

[108] Ebdulla Husên Resul, 2005, “Erkekanî Morfîmî “e” le Zimanî Kurdî da”, g. *Sabat*, j.1., l. 38.

[109] Ewrehmanî Hacî Marif, 1979, *Rêzimanî Kurdî, Naw*, l. 134.

[110] Ebdullah Husên Resul, 2005, heman serçawe, l. 38.

[111] Ewrehmanî Hacî Marif, 1979, heman serçawe, l. 134.

[112] Efan Heme Şerîf, (2000), *Erkî Bizwênî “e” le Astî Sîntaks da*, l. 127.

- بخوێنە تا دەربچی.

- دەرگاکە داخە.

4- دەبێتە پێشبەند (پرێپۆزیشن) ، ئەگەر هاتوو بە کاری ڕابوردوو یان ڕانەبوردوو بلکێ و جێگەی پێشبەنەکانی (بە، بۆ) بگرێتەوە[113]، وەکو:

- چووینە سەیران. __ چووین بۆ سەیران.

بیکەنە سەیران. __ بیکەن بە سەیران.

5-دەبێتە پاشگر بۆ دروستکردن و سازکردنی وشەی نوێ. وەکو:

چاك + ە = چاکە

سەوز = ە = سەوزە

6- دەبێتە ئامراز و نیشانەی بانگهێشتن، وەکو[114]:

کاك + ە = کاکە

خاڵ + ە = خاڵە

7- دەبێتە پاشگر لەگەڵ هەندێك قەدی چاوگ بۆ دروستکردنی ئاوەڵناوی کراوی داڕژراو، وەکو:

کرد + ە = کردە

کوشت + ە = کوشتە

8- دەبێتە ئامراز و نیشانەی ناسراوی، کە لەم حاڵەتەدا کورتکراوەی نیشانەی (ەکە) ی ناسراوییە، وەکو :

کوڕە هاتە ژوورەوە.

کچە چووە ماڵەوە.

10- لە کرمانجی سەرووی دا دەبێتە جێناوی کەسی لکاو بۆ کەسی سێیەمی تاك لەگەڵ کاری ڕانەبوردوودا، وەکو:

ئەو دەرسێ دنڤیسە.

ئەو دکەڤە.

---

[113] ئیدریس عەبدوڵڵا (1999) ، بزوێنی (ە) لە ئاستەکانی دەنگسازی و وشەسازی و ڕستەسازی، ل132.

[114] عەفان حەمە شەریف (2000) ، هەمان سەرچاوە، ل128.

Bixwêne ta derbiçê.

Dergake daxe.

4) Debête pêşbend (pirîpozîşin), eger hatû be karî rraburdû yan rraneburdû bilkê û cêgey pêşbenekanî "be, bo" bigirêtewe;[115] weku:

Çûyine seyran. = Çûyin **bo** seyran.

Bîkene seyran. = Bîken **be** seyran.

5) Debête paşgir bo dirustkirdin û sazkirdinî wişey niwê; weku:

çak + e = çake

sewz + e = sewze

6) Debête amraz û nîşaney banghêştin; weku:[116]

kak + e = kake

xal + e = xale

7) Debête paşgir legell hendêk qedî çawg bo dirustkirdinî awellnawî kirawî darijaw; weku:

kird + e = kirde

kuşt + e = kuşte

8) Debête amraz û nîşaney nasrawî ke lem hallete da kurtkirawey nîşaney "eke"y nasrawî ye; weku:

Kure hate jûrewe.

Kiçe çuwe mallewe.

10) Le Kirmancî serrû da debête cênawî kesî likaw bo kesî sêyemî tak legell karî rraneburdû da; weku:

Ew dersê dinivîse.

Ew dikeve.

---

[115] Îdrîs Ebdulla, (1999), Bizwênî "e" le Astekanî Dengsazî û Wişesazî û Ristesazî, l. 132.

[116] Efan Heme Şerîf, 2000, heman serçawe, l. 128.

11- دەبێتە ئامرازی دانەپاڵ و لە بری ئامرازی دانەپاڵی (ی) بەكاردێت، وەكو:

پێنووسە ڕەشەكە بكڕە.

جگە لەم ئەركانە، مۆرفیمی (ە) چەندین ئەركی تریش دەبینێ [117].

ئامرازی (ی) بەهیچ شێوەیەك وەكو پێشبەند بەكارنایەت، بەڵكو دەتوانێ ببێتە جێناو یان ئامرازی دانەپاڵ لە كاتی ئامرازی دانەپاڵدا ناوێك دەخاتە پاڵ ناوێك یاخود جێناوێك دەخاتە پاڵ ئاوەڵناوێك، یان ئاوەڵناوێك دەخاتە پاڵ ئاوەڵناوێكی تر یان.......هتد. هەروەكو ئەم نموونانەی خوارەوە:

كوڕی ئازاد زیرەكە.

كچی ئەو جوانە.

ئێوەی تێكۆشەر سەردەكەون.

كوڕێكی زیرەك هات.

[117] بۆ زیاتر شارەزابوون لە ئەركەكانی (ە) ، بڕوانە ئەم سەرچاوانەی خوارەوە:

ا- شێركۆ بابان، چەند نهێنیەك لە ڕێزمانی ئامرازی پەیوەندی (ە) دا، گ.كاروان، ژ (152) ، ل76-78.

ب- نوری عەلی ئەمین، دەوری بزوێنی (ە) لە زمانی كوردیدا، گ (ڕۆشنبیری نوێ) ، ژ (111) ، ل169-182.

ج- ئەحمەد هیرانی (1997) ، سێ كێشەی ڕێزمانی لە زمانی كوردیدا و چارەیان ئەبێ چی بێ؟!، گ (كاروان) ، ژ (112-113) ، ل24-25.

11) Debête amrazî danepall le birî amrazî danepallî “î” be kar dêt; weku:

Pênûse reşeke bikire.

Cige lem erkane morfîmî “e” çendîn erkî tirîş debînê.[118]

Amrazî “ **î/y** ی” be hîç şêweyek weku pêşbend be kar nayet, bellku detwanê bibête cênaw yan amrazî danepall le katî amrazî danepall da nawêk dexate pall nawêk yaxud cênawêk dexate pall awellnawêk yan awellnawêk dexate pall awellnawêkî tir yan htd. Her weku em nimûnaney xwarewe:

Kur**î** Azad zîrek e.

Kiç**î** ew ciwan e.

Êwe**y** têkoşer ser dekewin.

Kurêk**î** zîrek hat.

---

[118] Bo ziyatir şarezabûn le erkekanî “e” birwane em serçawaney xwarewe:

- Şêrko Baban, “Çend Nihêniyek le Rêzimanî Amrazî Peywendî “e” da”, g. *Karwan*, j.152, l. 76-78.
- Nurî Elî Emîn, “Dewrî Bizwênî “e” le Zimanî Kurdî da”, g. *Roşinbîrî Niwê*, j. 111, l. 169-182.
- Ehmed Hîranî, (1997), “Sê Kêşey Rêzimanî le Zimanî Kurdî da û Çareyan Ebê Çî Bê?!”, g. *Karwan*, j. 112-113, l. 24-25.

2.7.2. پاشبەندەکان (ەوە، وە، دا، را)

بەو کەرستانە دەوترێت کە دەچنە سەر بەشی دواوەی ناوێك یان جێناوێك یان هەر بەشێك لە بەشەکانی ئاخاوتن،کاتێك پێشبەندەکان لەگەڵ پاشبەندەکان دێن، ئەوە بەیەکەوە پێشبەندێکی ناسادە دروست دەکەن، چونکە لە پێشەوە ئاماژەمان پێکرد کە پێشبەندی سادە لە حاڵەتێك دەبێتە ناسادە کاتێك لەگەڵ پاشبەندەکان بێت.

سادە	ناسادە
بە	بە .... دا
لە	لە .... دا
بۆ	بۆ .... دا

- نامەکە بە تۆدا دەنێرم.

نامە: بەرکاری ڕاستەوخۆ

بە : پێشبەندی سادە

تۆ : بەرکاری ناڕاستەوخۆ

دا: پاشبەند

دەنێرم: کاری ڕابوردووی تێپەڕ

- ڕزگار دەچێت بۆ بازاڕ .

ڕزگار: بکەرە

دەچێت: کاری ڕانەبوردووی تێنەپەڕ

بۆ: پێشبەند

بازاڕ : بەرکاری ناڕاستەوخۆ

- کتێبەکە دەدەم بە تۆ.

کتێبەکە: بەرکاری ڕاستەوخ.

دەدەم : کاری ڕانەبوردووی تێپەڕ

م : بکەر

بە : پێشبەند

تۆ : بەرکاری ناڕاستەوخۆ

2.7.2. PAŞBEND (Paşbendekan: ewe, we, da, ra)

Bew kerestane dewitrêt ke deçine ser beşî diwawey nawêk yan cênawêk yan her beşêk le beşekanî axawtin. Katêk pêşbendekan legell paşbendekan dên, ewe be yekewe pêşbendêkî nasade dirust deken, çunke le pêşewe amajeman pê kird ke pêşbendî sade le halletêk debête nasade katêk legell paşbendekan bêt.

Sade	Nasade
be	be… da
le	le… da
bo	bo… da

Nameke be to da denêrim.

name : berkarî rrastewxo

be : pêşbendî sade

to : berkarî narrastewxo

da : paşbend

denêrim : karî rraburdûy têperr

Rizgar deçêt bo bazar.

Rizgar : biker

deçêt : karî rraneburdûy têneperr

bo : pêşbend

bazar : berkarî narrastewxo

- کتێبەکە دەدەم بە تۆ.

کتێبەکە: بەرکاری ڕاستەوخ.

دەدەم : کاری ڕانەبوردووی تێپەڕ

م : بکەر

بە : پێشبەند

تۆ : بەرکاری ناڕاستەوخۆ

- کتێبەکە دەدەمە تۆ.

کتێبەکە: بەرکاری ڕاستەوخۆ

دەدەم : کاری ڕانەبوردووی تێپەڕ

م : بکەر

ە : پێشبەند

تۆ : بەرکاری ناڕاستەوخۆ

- لە دهۆکەوە هاتووە.

لە: پێشبەند

دهۆك: بەرکاری ناڕاستەوخۆ

ەوە: پاشبەند، پاشگری دووبارەبوونەوە

هاتووە : کاری ڕابوردووی تەواو

- کارزان لە هەولێررا دێت .

لە: پێشبەند

هەولێر: بەرکاری ناڕاستەوخۆ

را: پاشبەند

لە....را : پێشبەندی ناسادە

Kitêbeke dedeme be to.

kitêbeke : berkarî rrastewxo

dedem : karî rraneburdûy têperr

e : pêşbend

m : biker

be : pêşbend

to : berkarî narrastewxo

Le Dihokewe hatuwe.

le : pêşbend

Dihok : berkarî narrastewxo

ewe : paşbend, paşgirî dûbarebûnewe

hatuwe : karî rraburdûy tewaw

Karzan le Hewlêr ra dêt.

le : pêşbend

Hewlêr : berkarî narrastewxo

ra : paşbend

le… ra : pêşbendî nasade

2.8. ژمارە

2.8.1. ڕێگاكانی دروستكردنی ژمارە:

- ✓ كۆكردنەوە
- ✓ لێكدان

2.8.2. جۆرەكانی ژمارە لە ڕووی پێكهاتنەوە :

- ✓ ژمارەی سادە
- ✓ ژمارەی داڕژاو
- ✓ ژمارەی لێكدراو

2.8.3. جۆرەكانی ژمارە لە ڕووی واتاوە:

- ✓ بنجي
- ✓ كەرتی
- ✓ ڕێكخستن

پێناسینی ژمارە:

بەشێكە لە بەشەكانی ئاخاوتن، كە ڕێژە و ئەندازە و ژمارەی كەرەستەكان لە ڕستەدا دیاری دەكات.

بەشەئاخاوتنی ژمارە یەكێكە لەو بابەتانەی كە گیروگرفتێكی زۆری لەسەرە، چونكە زۆربەی قوتابخانە زمانەوانییە نوێیەكان بەتایبەتی (ئەمریكي و بەریتاني) لەسەر ئەو باوەڕەن،كە ژمارە بەشە ئاخاوتنێكی سەربەخۆ نییە، بەڵكو بەشێكە لە بەشە ئاخاوتنی ئاوەڵناو، یان هەندێ لە زمانەوانە كوردەكان لەسەر ئەو باوەڕەن كە ژمارە بەشە ئاخاوتن نەبێ، بەبێ لەبەر چاوگرتنی خاسیەتی تایبەتی زمانی كوردی، دەبێ ئەوەش بوترێ كە لە قوتابخانەی زمانەوانی ڕووسی (مۆسكۆ) لە بارەی پۆلێنكردنی بەشە ئاخاوتنەكان، ژمارە بە بەشە ئاخاوتنێك سەیر دەكات.

پۆلێنكردنەكانی ژمارە

2.8.1. یەكەم: ڕێگاكانی دروستكردنی ژمارە

هەردوو ڕێگای كۆكردنەوەو لێكدان پەیوەندی زمان بەماتماتیكەوە دەردەخات، بەهۆیەوە ئەوەمان بۆ ڕوون دەكاتەوە،كە تا چەند ئەم دوو زانستە پەیوەندییان بەیەكەوە هەیە.لە زمانی كوردیدا ڕێگاكانی دروستكردنی بەشێك لە ژمارە، بەم شێوەیەی خوارەوەن:

1. **ڕێگای كۆكردنەوە:**

بەهۆی كۆكردنەوە دوو ژمارە دەدرێنە پالأ یەكترەوە، ئەم ڕێگایە لەسەر بەشی زۆری ئەو ژمارانە ئەنجام دەدرێت،كە لە سەرووی یازدەوەن، بۆنموونە :

چوار + دە = چواردە

چل + شەش = چل و شەش

پەنجا + پێنج = پەنجاوپێنج

هەشت + دە = هەژدە

2.8. JIMARE

2.8.1.Yekem: Rrêgakanî Dirustkirdinî Jimare

- ✓ **Rrêgay Kokirdinewe**
- ✓ **Rrêgay Lêkdan**

1.2. Duwem: Jimare Le Rrûy Pêkhatinewe

- ✓ **Jimarey Sade**
- ✓ **Jimarey Darijaw**
- ✓ **Jimarey Lêkdiraw**

1.3. Sêyem: Jimare Le Rrûy Watawe

- ✓ **Jimarey Bincî**
- ✓ **Jimarey Rêkxistin**
- ✓ **Jimarey Kertî**

JIMARE (Pênasînî Jimare)

Beşêk e le beşekanî axawtin ke rêje û endaze û jimarey kerestekan le rriste da diyarî dekat.

Beşe axawtinî jimare yekêk e lew babetaney ke gîrrûgirêftêkî zorî le ser e, çunke zorbey qutabxane zimanewanîye niwêyekan be taybetî (emrîkî û berîtanî) le ser ew baweren ke "jimare" beşe axawtinêkî serbexo nîye; bellku beşêk e le beşe axawtinî awellnaw, yan hendê le zimanewane Kurdekan le ser ew baweren ke jimare beşe axawtin nebê, be bê le ber çawgirtinî xasyetî taybetî zimanî Kurdî, debê eweş butrê ke le qutabxaney zimanewanî rrûsî (mosko) lebarey pollênkirdinî beşe axawtinekan, "jimare" be beşe axawtinêk seyr dekat.

Pollênkirdinekanî Jimare

2.8.1. Yekem: Rrêgakanî Dirustkirdinî Jimare

Her dû rrêgay kokirdinewe û lêkdan peywendî ziman be matimatîkewe derdexat, be hoyewe eweman bo rrûn dekatewe ke ta çend em dû zaniste peywendîyan be yekewe heye. Le zimanî Kurdî da rrêgakanî dirustkirdinî beşêk le jimare, bem şêweyey xwarewen:

Rrêgay Kokirdinewe

Be hoy kokirdinewe dû jimare dedrêne pall yektirewe. Em rrêgaye le ser beşî zorî ew jimarane encam dedrêt ke le serrûy yazdewen; bo nimûne:

çiwar+ de= çiwarde	penca+ pênc = penca û pênc
çil + şeş = çil û şeş	heşt + de = hejde

ئەگەر سەیرێکی ئەم نموونانەی سەرەوە بکەین، دەبینین جیاوازی لە نێوانیاندا هەیە، بە جۆرێك وشەکانی ژمارە (چواردە، شازدە، حەڤدە،......) ژمارەی لێکدراون، بەبێ ئەوەی بەهۆی ئامرازەوە بچنە پالأ یەکترییەوە، کەچی ژمارەکانی (چل و شەش، بیست و یەك، بیست و دوو، پەنجاوپێنج .....) کە ژمارەی لێکدراون، بەلێم بەهۆی ئامرازی بەیەکبەستنی (و) بەستراون، ئەمە لەلایەکەوە لەلایەکی ترەوە هەندێ لەو ژمارانە لە کاتی چوونە پاڵ یەکتری و سازکردنی ژمارەی لێکدراو، دیاردەی فۆنۆلۆجی ڕوودەدەن، وەك :

هەشت + دە = هەژدە

نۆ + دە = نۆزدە

لە نموونەی یەکەمدا، دەنگی (ش) گۆڕاوە بۆ (ژ) . اە نموونەی دووەمدا، مدەنگی (ز) پەیدابووە .

1. ڕێگای لێکدان:
ئەو ژمارانە دەگرێتەخۆ، کە بەهۆی لێکدانەوە سازدەکرێن.

دوو × سەد = دووسەد

چوار × هەزار = چوار هەزار

شەش × ملیۆن = شەش ملیۆن

2.8.2. دووەم: ژمارە لە ڕووی پێکهاتنەوە
1. ژمارەی سادە:

بەو ژمارانە دەوترێت، کە لە یەك وشەی واتادار پێکدێن، وەك (یەك، دوو، سێ، چوار، پێنج، حەوت،....) (بیست، سي، چل) ....هتد.

2. ژمارەي دارژاو:

بەو ژمارانە دەوترێت کە لە ژمارەیەکی سادە لەگەڵ پێشگرێك یاخود پاشگرێك یان هەردووکیان پێکدێت، وەك (پەنجا، حەفتا، هەشتا، ......) ...هتد.

3- ژمارەی لێکدراو:

بەو ژمارانە دەوترێت، کە لە دوو ژمارە یان زیاتر پێکدێن، وەك (چواردە، سی و سێ، بیست و حەوت، دووهەزار و شەش ...) ...هتد.

Eger seyrêkî em nimûnaney serewe bikeyn, debînîn ciyawazî le nêwanyan da heye, be corêk wişekanî jimare "çiwarde, şazde, hevde..." jimarey lêkdiraw in, be bê ewey be hoy amrazewe biçine pall yektirîyewe, keçî jimarekanî "çil û şeş, bîst û yek, bîst û dû, penca û pênc..." ke jimarey lêkdiraw in; bellam be hoy amrazî beyekbestinî "û" bestraw in. Eme le layekewe le layekî tirewe hendê lew jimarane le katî çûne pall yektirî û sazkirdinî jimarey lêkdiraw, diyardey fonolocî rrû deden; wek:

heşt + de	= hejde
no + de	= nozde

Le nimûney yekem da, dengî "ş" gorawe bo "j". Le nimûney duwem da, dengî "z" peyda buwe.

Rrêgay Lêkdan

Ew jimarane degirête xo ke be hoy lêkdanewe saz dekrên.

dû + sed	= dûsed
çiwar + hezar	= çiwar hezar
şeş + milyon	= şeş milyon

2.8.2. Duwem: Jimare Le Rrûy Pêkhatinewe

Jimarey Sade

Bew jimarane dewitrêt ke le yek wişey watadar pêk dên; wek: yek, dû, sê, çiwar, pênc, hewt, bîst, sî, çil, htd.

Jimarey Darijaw

Bew jimarane dewitrêt ke le jimareyekî sade legell pêşgirêk yaxud paşgirêk yan herdûkiyan pêk dêt; wek: penca, hefta, heşta, htd.

Jimarey Lêkdiraw

Bew jimarane dewitrêt ke le dû jimare yan ziyatir pêk dên; wek: çiwarde, sî û sê, bîst û hewt, dû hezar û şeş, htd.

2.8.3. سێیەم: ژمارە لە ڕووی واتاوە:

1. ژمارەی بنجی:

بەو ژمارانە دەوترێت کە ژمارەی ڕاستەقینە و بنچینەیی لە خۆدەگرێت، واتە هەموو ژمارە سەرەکیەکان لە خۆدەگرێت، وەك (یەك، دوو، سێ، بیست، چل، سەد، دووسەد، هەزار، ملیۆن...) ...هتد.

سێ قوتابی هاتوون.

دوو پیاو مردوون .

ژمارەی بنجی لەنێو ڕستەدا چەند تایبەتمەندیەکی هەیە، لەوانە:

دەشێ دوو ژمارەی بنجی بەیارمەتی ئامرازی (و) بێت، و دەشێ بەبێ ئامرازی (و) بێت، وەکو:

سێ چوار قوتابی هاتوون.

قوتابیانی پێنج و شەش تاقیکردنەوەیان هەیە.

بۆ دەرخستنی بڕی شتێك، ئەوا وشەیەك لەگەڵ ژمارەی بنجی دەردەکەوێت، بەیەکەوەش دەبنە وشەیەکی لێکدراو، وشەکانیش بریتین لە (سەر، دەستە، بەرگ، پارچە، چاوە، بن، دانە، چوون،...هتد) . وەکو:

- دوو دەستە پێنووسم کڕی.

- سێ بەرگ پەرتووکم فرۆشت.

- یەك پارچە زەویان هەیە.

<u>تێبینی:</u>

1. یەکێك لە خاسیەتەکانی ژمارەی بنجی ئەوەیە، کە دەشێ بە ژمارە (ڕەقەم) بنووسرێت، کە ئەمەش جیاي دەکاتەوە لە تەواوی بەشە ئاخاوتنەکانی تر، وەك:

چوار پیاو هاتن.

4 پیاو هاتن.

2. لەهەمان کاتیشدا ناو واتای چەندێتی تێدایە، وەکو لەمانەی خوارەوە بۆمان دەردەکەوێت:

(چلە، سەدە، حەفتە، ......) (چل، سەد، حەوت، .....) دیارە لێرەدا جیاوازییەکی ڕوون و ئاشکرا لە نێوانیاندا هەیە، چونکە (چلە، سەدە، حەفتە، .....) لە ڕووی بەشە ئاخاوتنەوە بەشە ئاخاوتنی ناون، لە ڕووی پێکهاتنەوە داڕژاون، ناتوانرێت بە ژمارە بنووسرێن، بەڵێم (چل، سەد، حەوت.....) لە ڕووی بەشە ئاخاوتنەوە، بەشە ئاخاوتنی ژمارەن، لە ڕووی پێکهاتنیشەوە سادەن، دەشێ بە ژمارەش بنووسرێن.

3. ئەو وشانەی لەگەڵ بەشە ئاخاوتنی ژمارە دێن، دەشێت ناسراو بن یان نەناسراو، تایبەتی، گشتی، تاك، یان کۆ،.....وەکو :

2.8.3. Sêyem: Jimare Le Rrûy Watawe

Jimarey Bincî

Bew jimarane dewitrêt ke jimarey rrasteqîne û binçîneyî le xo degirêt, wate hemû jimare serekiyekan le xo degirêt; wek: yek, dû, sê, bîst, çil, sed, dûsed, hezar, milyon, htd.

Sê qutabî hatûn.

Dû piyaw mirdûn.

Jimarey bincî le nêw rriste da çend taybetmendiyekî heye; lewane: Deşê dû jimarey bincî be yarmetî amrazî "û" bêt û deşê be bê amrazî "û" bêt; weku:

Sê çiwar qutabî hatûn.

Qutabiyanî pênc û şeş, taqîkirdineweyan heye.

Bo derxistinî birî şitêk, ewa wişeyek legell jimarey bincî derdekewêt, be yekeweş debine wişeyekî lêkdiraw, wişekanîş birîtîn le "ser, deste, berg, parçe, çawe, bin, dane, çûn, htd." weku:

Dû deste pênûsim kirî.

Sê berg pertûkim firoşt.

Yek parçe zewiyan heye.

Têbinî

1) Yekêk le xasyetekanî jimarey bincî ewe ye, ke deşê be jimare "reqem" binûsrêt, ke emeş ciyay dekatewe le tewawî beşe axawtinekanî tir; wek:

Çiwar piyaw hatin.

4 piyaw hatin.

2) Le heman katîş da naw watay çendêtî tê da ye, weku le maney xwarewe bo man derdekewêt: "çile, sede, hefte..."; "çil, sed, hewt, ..." diyar e lêre da ciyawaziyekî rrûn û aşkira le nêwanyan da heye, çunke "çile, sede, hefte..." le rrûy beşe axawtinewe beşe axawtinî naw in, le rrûy pêkhatinewe darijaw in, natwanrêt be jimare binûsrên; bellam "çil, sed, hewt..." le rrûy beşe axawtinewe, beşe axawtinî jimaren, le rrûy pêkhatinîşewe saden, deşê be jimareş binûsrên.

3) Ew wişaney legell beşe axawtinî jimare dên, deşêt nasraw bin yan nenasraw, taybetî, giştî, tak yan ko; wekû:

دوو پیاو هاتن .

دوو پیاوەکە هاتوون .

4. ژمارەی (یەك) کاتێك کە لەگەڵ ناوێك دێت، دەشێ وەك نیشانەیەکی نەناسراوی دەرکەوێ.وەکو:

یەك کوڕ هاتووە.

کوڕێك هاتووە.

یەك کچ زیرەکە.

کچێك زیرەکە.

یەك : وەك بەشە ئاخاوتنی ژمارە دەرکەوتووە، سەربەخۆیە.

ێك : نیشانەی نەناسراوە، لکاوە کەوتۆتە دوای ناوەکە.

2. ژمارەی ڕێکخستن:

بەو ژمارانە دەوترێت، کە ئەندازە و ڕێکخستنی کەرستەکە دەگەیەنێت، لە زمانی کوردیدا دوو یاسای تایبەتیمان هەیە بۆ سازکردنی ژمارەی ڕێکخستن، کە ئەوانیش بریتین لە:

بنجي + ەم = ڕێکخستن

یەك + ەم = یەکەم

چوار + ەم = چوارەم

بنجي + ەمین = ڕێکخستن

چوار + ەمین = چوارەمین

بەڵێم ئەگەر ژمارەیەك بە پیتي بزوێن کۆتایي هاتبێت، ئەوا پیتێکی نەبزوێن دێتە نێوانیان، وەك:

سێ + ەمین = سێیەمین

سێ + ەمین = سێهەم

لە<u>یەکەمین</u> ژوور دانیشتووم.

ئازاد بە<u>یەکەم</u> دەرچوو.

Dû piyaw hatin.

Dû piyaweke hatûn.

4) Jimarey “yek” katêk ke legell nawêk dêt, deşê wek nîşaneyekî nenasrawî derkewê; wekû:

Yek kurr hatuwe.

Kurêk hatuwe.

Yek kiç zîrek e.

Kiçêk zîrek e.

yek: wek beşe axawtinî jimare derkewtuwe, serbexo ye.

êk: nîşaney nenasraw e, likaw e kewtote diway naweke

Jimarey Rêkxistin

Bew jimarane dewitrêt ke endaze û rêkxistinî keresteke degeyenêt, le zimanî Kurdî da dû yasay taybetîman heye bo sazkirdinî jimarey rêkxistin, ke ewanîş birîtîn le:

1) Bincî + em = rêkxistin

yek + em = yekem

çiwar + em = çiwarem

2) Bincî + emîn = rêkxistin

çiwar + emîn = çiwaremîn

Bellam eger jimareyek be pîtî bizwên kotayî hatibêt, ewa pîtêkî nebizwên dête nêwanyan; wek:

sê + emîn = sêyemîn

sê + em = sêhem

Le yekemîn jûr danîştûm.

Azad be yekem derçû.

1. ژمارەی کەرتی:

بەو ژمارانە دەوترێت، کە ڕێژە و ئەندازەی کەرتەکە دیاری دەکات، بەو واتایەی چەندێتی دەگەیەنێت . لەم جۆرەدا دەبێت خانەی ژمارەکان بزانین ئەمە لەلایەك و لەلایەکی ترەوە زۆرجار بە یاریدەی وشەی (لەسەر) یا پێشبەندی (لە) ژمارەی کەرتی سازدەکرێت، بەجۆرێك پێشەندی (لە) یا لەسەرەتای دەستەواژەکەوە دێت، واتە لەپێش ژمارەیەکی گەورەوە دێت و ژمارە بچووکەکەش دەکەوێتە دوای خۆیانەوە، [119] وەکو:

لە هەزارا چل قوتابی دەرچوون.

یانیش هەندێ جار پێشبەندی (لە) دەکەوێتە نێوان دوو ژمارەکەوە، وەکو:

پێنج لەسەدی پارەکەم دەوێ.

یەك لەپێنجی مەڕەکانم دۆشی.

یا بەهۆی وشەی (لە) کە دەکەوێتە نێوان هەردوو ژمارەکەوە، وەکو:

دوو لەسەر پێنجی قوتابیان ئامادە بوون.

چوار لەسەر هەشتی کتێبەکانمان هێنا.

1 ـــــــــــ 9 یەکان

10 ـــــــــــ 99دەیان

100 ـــــــــــ 999 سەدان

1000 ـــــــــــ 999999 هەزاران

یەك لەسەر چواری کتێبەکانم کڕی.

لە سەدا دەی قوتابییەکان دەرچوون.

2.9.ئامرازی سەرسوڕمان و بانگهێشت

2.9.1. ئامرازی سەرسوڕمان:

مەبەست لە ئامرازی سەرسوڕمان یاخود ڕستەی سەرسوڕمان ئەوەیە کە قسەکەر واتە کەسی یەکەم هەستی خۆی بەرانبەر دەوروبەر دەردەبڕێ، ئەم هەست دەربڕینەش بۆ هەردوو حاڵەتی خۆشی و ناخۆشی بەکاردێت.

---

[119] ئەورەحمانی حاجی مارف (د) ، فەرهەنگی زاراوەی زمانناسی، سلێمانی، 2004، ل 253 - 254.

Jimarey Kertî

Bew jimarane dewitrêt ke rêje û endazey kerteke diyarî dekat, bew watayey çendêtî degeyenêt. Lem core da debêt xaney jimarekan bizanîn eme le layek û le layekî tirewe zor car be yarîdey wişey "le ser" ya pêşbendî "le" jimarey kertî saz dekrêt, be corêk pêşbendî "le"ya le seretay destewajekewe dêt, wate le pêş jimareyekî gewrewe dêt û jimare biçûkekeş dekewête diway xoyanewe;[120] weku:

Le hezara çil qutabî der çû.

Yanîş hendê car pêşbendî "le" dekewête nêwan dû jimarekewe; weku:

Pênc le sedî parekem dewê.

Yek le pêncî merekanim doşî.

Ya be hoy wişey "le" ke dekewête nêwan her dû jimarekewe; weku:

Dû le ser pêncî qutabiyan amade bûn.

Çiwar le ser heştî kitêbekanim hêna.

1_____9 yekan

10_____99 deyan

100_____999 sedan

1000_____999999 hezaran

Yek le ser çiwarî kitêbekanim kirî.

Le seda dey qutabiyekan der çûn.

2.9. AMRAZÎ SERSURRMAN Û BANGHÊŞIT

2.9.1. Amrazî Sersurrman

Mebest le amrazî sersurrman yaxud rristey sersurrman ewe ye ke qiseker wate kesî yekem hestî xoy beranber dewrrûber derdebirrê, em hest derbirrîneş bo her dû halletî xoşî û naxoşî be kar dêt.

[120] Ewrehmanî Hacî Marif (d), *Ferhengî Zarawey Zimannasî*, Silêmanî, 2004, l. 253-254.

لە زمانی کوردیدا کۆمەڵێك ئامراز و وشەمان هەیە، کە ئەویش بۆ مەبەستی سەرسوڕمانی بەکاردێن، کە بەسەر دوو گرووپ دابەش دەکرێن، بەم شێوەیە :

1. ئامرازی سەرسوڕمان بۆ حاڵەتی خۆشي (ئافەرین، ئۆخەی، ئۆخەیش، هەربژی........) .

ئافەرین! بە یەکەم دەرچووی.

2. ئامرازی سەرسوڕمان بۆ حاڵەتی ناخۆشي (ئاخ، ئۆف، پەکو، پەکوف، ئای، ئۆف، مخابن.........) .

ئاخ! دیسان لە وانەکە دەرنەچووم.

لە زمانی کوردیدا ڕستەی سەرسوڕمان بە دوو شێواز دروست دەکرێت:

لە شێوازی یەکەمدا وشەی سەرسوڕمانی لە ڕستەکەدا دەبینرێت، لەم حاڵەتەشدا نیشانەی سەرسوڕمانی (!) دەکەوێتە دوای وشەکەوە و نیشانەی (.) خاڵ لە کۆتایی ڕستەکەدا دادەنرێت،وەکو:

ئافەرین ! بە یەکەم دەرچوویت .

مخابن ! ئازاد دەرنەچوو .

لە شێوازی دووەمدا وشەی سەرسوڕمانی لە ڕستەکەدا نابینرێت، لەم حاڵەتەشدا نیشانەی سەرسوڕمانی (!) دەکەوێتە کۆتایی ڕستەکەوە، وەکو :

خانووێکی جوانە !

بەیەکەم دەرچوویت !

تێبینی

لە زمان بەگشتی و لە زمانی کوردی بە تایبەتی دوو دیاردە دەبینرێت، کە ئەوانیش (هێز) و (ئاوازە) ن، مەبەست لە هێز ئەوەیە کە پاڵەپەستۆ و هێزێك دەچێتە سەر بڕگەیەك لە بڕگەکانی وشە، واتە دیاردەیەکی وشەسازییە. مەبەستیش لە ئاوازە ئەوەیە کەپاڵەپەستۆییێك دەخرێتە سەر وشەیەك لە وشەکانی ڕستە، واتە حاڵەت و دیاردەیەکی ڕستەسازییە، ئەم دوو حاڵەتەش (هێز، ئاواز) لە زمانناسی نوێدا دەچنە ناو چوارچێوەی پراگماتیکەوە، چونکە دەبێ هەردوو لایەنی قسەکەر و گوێگر هەبێ ئینجا ئەنجام دەدرێت.

2.9.2. ئامرازی بانگهێشت یان بانگکردن:

مەبەست لە ڕستەی بانگکردن بەو ڕستانە دەوترێت، کە لایەنی بانگکردنی تێدایە، واتە ئامرازێك لە ئامرازەکانی بانگکردن یان نیشانەیەك لە نیشانەکانی بانگکردن دەبینرێ.

لە کرمانجی ناوەراستی زمانی کوردیدا تەنیا لە حاڵەتی بانگکردندا جیاوازی لە نێوان نێر و مێدا دەکرێت. ئامراز و نیشانەکانی بانگکردن بەم شێوەیەی خوارەوەن:

Le zimanî Kurdî da komellêk amraz û wişeman heye ke ewîş bo mebestî sersurrmanî be kar dên, ke be ser dû grrûp dabeş dekrên; bem şêweye:

1) Amrazî sersurrman bo halletî xoşî: **Aferîn! Oxey! Oxeyş! Herbijî!...**

Aferîn! Be yekem derçûy.

2) Amrazî sersurrman bo halletî naxoşî: **Ax! Of! Peku! Pekuf! Ay! Mixabin!...**

Ax! Dîsan le waneke derneçûm.

Le zimanî Kurdî da rristey sersurrman be dû şêwaz dirust dekrêt:

Le şêwazî yekem da wişey sersurrmanî le rristeke da debînrêt, lem halleteş da nîşaney sersurrmanî "!" dekewêne diway wişekewe û nîşaney xal "." le kotayî rristeke da dadenrêt; weku:

Aferîn! Be yekem derçûyt.

Mixabin! Azad derneçû.

Le şêwazî duwem da wişey sersurrmanî le rristeke da nabînrêt, lem halleteş da nîşaney sersurrmanî "!" dekewête kotayî rristekewe; weku:

Xanuwêkî ciwan e!

Be yekem derçûyt!

Têbinî: Le ziman be giştî û le zimanî Kurdî be taybetî dû diyarde debînrêt ke ewanîş "hêz" û "awaz"en. Mebest le hêz ewe ye ke palepesto û hêzêk deçête ser birgeyek le birgekanî wişe, wate diyardeyekî wişesazî ye. Mebestîş le awaze ewe ye ke palepestoyêk dexrête ser wişeyek le wişekanî rriste, wate hallet û diyardeyekî rristesazî ye, em dû halleteş "hêz, awaz" le zimannasî niwê da deçine naw çiwarçêwey pragmatîkewe, çunke debê her dû layenî qiseker û giwêgir hebê înca encam dedrêt.

2.9.2. Amrazî Banghêşit yan Bangkirdin

Mebest le rristey bangkirdin bew ristane dewitrêt ke layenî bangkirdinî tê da ye, wate amrazêk le amrazekanî bangkirdin yan nîşaneyek le nîşanekanî bangkirdin debînrê.

Le Kirmancî nawerrastî zimanî Kurdî da tenya le halletî bangkirdin da ciyawazî le nêwan nêr û mê da dekrêt. Amraz û nîşanekanî bangkirdin bem şêweyey xwarewen:

ئامرازەکانی بانگکردن:

(ئەی، هۆ (نێر) ، هێ (مێ) ، ....)

ئەی کوڕینە وەرنە مەکتەب.

هێ کچینە وەرنەماڵەوە.

نیشانەکانی بانگردن:

ینە : بۆ کۆی نێر و مێ بەکاردێت.

ە، ۆ : بۆ تاکی نێر بەکاردێت.

کوڕە وەرە ماڵەوە

ێ: بۆ تاکی مێ بەکاردێت

کچێ بڕۆ نان بخۆ.

Amrazekanî Bangkirdin: ey, ho (nêr), hê (mê), **...**

Ey kurîne werine mekteb.

Hê kiçîne werine mallewe.

Nîşanekanî Bangkirdin:

îne : bo koy nêr û mê be kar dêt.

e, o : bo takî nêr be kar dêt.

Kur**e** were mallewe.

ê : bo takî mê be kar dêt.

Kiç**ê** biro nan bixo.

2.10. پارتیکل

بەشێکە لە بەشەکانی ئاخاوتن، کە هەمیشە لە پاڵ کارێک یان چاوگێک دێت، ئەمیش بۆ دیاریکردنی مەبەستێک، کە دەبێتە هۆی تەواوکردنی مانای کارەکە یاخود چاوگەکە.

فۆرمەکانی پارتیکلیش لە زمانی کوردیدا بریتین لە (دەی، دە، با، دەبا، خۆ، خۆزگە،بریا، جا، دەبوو ،دەبوایە،ڕەنگە،دەشێ،دەبێ، دەبێت، هاتە، خستە، دەتوانین، دەتوانێت، دەشێت، دەوێرم،...هتد) .

ئەم بەشە ئاخاوتنە لە ڕووی پێکهاتنەوە سادەن و ناسادەن، بە زۆری لە پێش کارێک یان چاوگێک لەڕستەدا دێن، بەتایبەتی لەڕێژەی دانانیدا لەگەڵ کارەکانی (ڕابوردوو، ڕانەبوردوو) دەردەکەوێ، لەم حاڵەتەشدا واتای ڕستەکە دەچێتە حاڵەتی (خۆزگەیی، ویست، گومان، ئاوات، ئارەزوو، پێویست...هتد) .

دەبوو بڕۆیشتبمایە ئاهەنگەکە.

دەبێت تاقیکردنەوەکە ئەنجام نەدەین.

لە زمانی کوردیدا جگە لە زاراوەی پارتیکل، ئەوە زاراوەی (کاری یاریدەدەر) یش بەکاردێ، هەر لەبەر ئەوەش پێی دەوترێ کاری یاریدەدەر، چونکە هاریکاریی و یاریدەدەری کار و کەرەسەی تر دەدات لە ڕستەدا . کاری یاریدەدەر کاتێ لە ڕێژەی دانانیدا دەدەکەوێ، ئەوە دەبێتە هێما و سیمایێک بۆ جیاکردنەوەی لە ڕێژەی ڕاگەیاندن و فەرماندانداندا، لەبەرئەوەی کاتێ ڕستەیەک لە شێوازو ڕێژەی دانانی دەگۆڕین بۆ ڕێژەی فەرمانداان یاخود ڕاگەیاندن،ئەوە لە دەستپێکدا دەبێ پارتیکلەکان لە ڕستەدا لابەرین، هەروەکو ئەم نموونانەی خوارەوە:

- دەبوو کارەکە بکەم . (ڕانەبوردووی دانانی)

کارەکە دەکەم . (ڕانەبوردووی ڕاگەیاندن)

کارەکە بکە . (فەرماندان)

- خۆزگە نانەکەم خواردبا . (ڕابوردووی دانانی)
نانەکەم خوارد . (ڕابوردووی ڕاگەیاندن)

نانەکە بخۆ. (فەرماندان)

2.10. PARTÎKIL

Beşêk e le beşekanî axawtin ke hemîşe le pall karêk yan çawgêk dêt, emîş bo diyarîkirdinî mebestêk ke debête hoy tewawkirdinî manay kareke yaxud çawgeke. Formekanî partîkilîş le zimanî Kurdî da birîtîn le: **dey, de, ba, deba, xo, xozge, birya, ca, debû, debwaye, reng e, deşê, debê, debêt, hate, xiste, detwanîn, detwanêt, deşêt, dewêrim, htd.**

Em beşe axawtine le rrûy pêkhatinewe saden û nasaden, be zorî le pêş karêk yan çawgêk le rriste da dên, be taybetî le rêjey dananî da legell karekanî "rraburdû, rraneburdû" derdekewê, lem halleteş da watay rristeke deçête halletî xozgeyî (wîst, guman, awat, arezû, pêwîst, htd.)

Debû biroyştibimaye ahengeke.

Debêt taqîkirdineweke encam nedeyn.

Le zimanî Kurdî da cige le zarawey partîkil, ewe zarawey (karî yarîder) îş be kar dê. Her le ber eweş pêy dewitrê karî yarîder, çunke harîkarîy û yarîderî kar û keresey tir dedat le rriste da. Karî yarîder katê le rêjey dananî da derdekewê, ewe debête hêma û sîmayêk bo ciyakirdinewey le rêjey rageyandin û fermandan da, le ber ewey katê rristeyek le şêwaz û rêjey dananî degorên bo rêjey fermandan yaxud rageyandin, ewe le destpêk da debê partîkilekan le rriste da la berîn, herweku em nimûnaney xwarewe:

Debû kareke bikem. (rraneburdûy dananî)

Kareke dekem. (rraneburdûy rageyandin)

Kareke bike. (fermandan)

Xozge nanekem xwardiba. (rraburdûy dananî)

Nanekem xward. (rraburdûy rageyandin)

Naneke bixo. (fermandan)

2.11. امرازی بەستنەوە

لە زمانی کوردیدا جگە لە زاراوەی ئامرازی بەستنەوە، ئەوا زاراوەکانی (ئامرازی لێکدەر، ئامرازی عەتف، ئامرازی پەیوەندی، ئامرازی ڕەبت،....ز) بەکاردێن، کە هەر هەموویان هەمان مەبەست دەگەیەنن.

مەبەست لە ئامرازی پەیوەندی بەو ئامرازانە دەوترێت کە بۆ بەستنەوەی دوو وشە یان دوو فرێز یا دوو ڕستە بەیەکترەوە بەکاردێن، بەمەبەستی دیاریکردنی پەیوەندی نێوان ئەم دوو وشە یاخود ئەم دوو فرێزە یاخود ئەم دوو ڕستەیە.

ئامرازەکانی پەیوەندیش لە زمانی کوردیدا بریتین لە (و، ش، یش، بەڵێم، کە، بەڵکو، بەڵکی، نە...نە، یا، یان...یان، یاخود، نەك، نەوەك، نەوەکو، تا، هەتا، تاکو، هەتاکو، هەتاوەکو،...هتد) [121].

وەکو لە پێشەوە ئاماژەمان بۆی کرد، کە ئەم ئامرازانە دەشێ دوو وشە یا دوو فرێز یا دوو ڕستە بەیەکەوە ببەستن، بۆ نموونە: ئامرازی پەیوەندی (و) لە زمانی کوردیدا بەم شێوانەی خوارەوە بەکاردێت:

1- دوو وشەی سادە دەخاتە پالأ یەکتری و وشەیەکی لێکدراو ساز دەکات، وەکو:

هێلکەو ڕۆن، گورج وگۆلأ، لەرزوتا، مشتومڕ،...هتد) .

2- دوو فرێزو دەستەواژە دەخاتە پالأ یەکتریەوە، وەکو:

مانگا دۆشین و قەزوان خواردن نەگوتراوە.

3- دوو ڕستەی سادە دەخاتە پالأ یەکتریەوە، بەهۆیەوە ڕستەیەکی لێکدراو ساز دەکات، وەکو:

- من و محەمەد ڕۆیشتین.

- جووتیارەکە زەوییەکەی کێلێ و تۆوەکەی پێووەکرد.

- ئازاد نانی خوارد و ڕۆیشت.

---

[121] لیژنەی زمان و زانستەکان، ڕێزمانی ئاخاوتنی کوردی، کۆڕی زانیاری کورد، بەغدا، 1976، ل 333 - 334.

2.11. AMRAZÎ BESTINEWE

Le zimanî Kurdî da cige le zarawey amrazî bestinewe, ewa zarawekanî (amrazî lêkder, amrazî ‘etif, amrazî peywendî, amrazî rebit...) be kar dên ke her hemûyan heman mebest degeyenin.

Mebest le amrazî peywendî bew amrazane dewitrêt ke bo bestinewey dû wişe yan dû firêz ya dû rriste be yektirewe be kar dên, be mebestî diyarîkirdinî peywendî nêwan em dû wişe yaxud em dû firêze yaxud em dû rriste ye.

Amrazekanî peywendîş le zimanî Kurdî da birîtîn le: **û, ş, îş, bellam, ke, bellku, belkî, ne...ne, ya, yan...yan, yaxud, nek, newek, neweku, ta, heta, taku, heta ku, heta weku, htd.**[122]

Weku le pêşewe amajeman boy kird, ke em amrazane deşê dû wişe ya dû firêz ya dû rriste be yekewe bibestin, bo nimûne: amrazî peywendî **“û”** le zimanî Kurdî da bem şêwaney xwarewe be kar dêt:

1) Dû wişey sade dexate pall yektirî û wişeyekî lêkdiraw saz dekat; weku:

hêlke**û**ron, gurc**û**gol, lerz**û**ta, mişt**û**mir, htd.

2) Dû firêz û destewaje dexate pall yektiriyewe; weku:

Manga doşîn **û** qezwan xwardin negutrawe.

3) Dû rristey sade dexate pall yektiriyewe, be hoyewe rristeyekî lêkdiraw saz dekat; weku:

Min **û** Mihemed royiştîn.

Cûtyareke zewîyekey kêla **û** towekey pêwe kird.

Azad nanî xward û royişt.

---

[122] Lîjney Ziman û Zanistekan, *Rêzimanî Axawtinî Kurdî*, Korî Zanyarî Kurd, Bexda, 1976, l. 333-334.

بەڵێم ئامرازی پەیوەندی (ش - یش) تەنیا بۆ مەبەستی جەختکردن و تەئکیدکردن بەکاردێت، وەکو:

منیش ڕۆیشتم.

ئەوانیش نانیان خوارد.

هەروەها ئامرازی (یان....یان) ئەم دوو ئامرازە لە ڕستەی لێکدراودا بەکاردێ، بەتایبەتی بۆ ڕستەی لێکدراوی هەڵبژاردە بەکاردێ، بەهۆیەوە گوێگر سەر پشك دەکات لەهەڵبژاردنی یەکێك لەم دوو حاڵەتە، وەکو:

یان بڕۆ یان دانیشە.

یان نان بخۆ یان بڕۆ.

هەروەها ئامرازی (نە...نە) کە ئەمیش بۆ حاڵەتی نەرێ کردن بەکاردێ و هەمیشە لەڕستەی لێکدراوی نەرێدا پەیدا دەبێ، کە نەرێنی هەردوو ڕستەکەی نێو ڕستە لێکدراوەکە دەخاتەڕوو، وەکو:

نەدادەنیشێ نە دەڕوات.[123]

---

[123] عەبدوڵلا حوسێن ڕەسول (د) ، پوختەیەکی وردی ڕستەسازی کوردی، چاپی دووەم، کتێبفرۆشی سۆران، چاپخانەی منارە، هەولێر، 2006، ل 34.

Bellam amrazî peywendî **"ş, îş"** tenya bo mebestî cextkirdin te'kîdkirdin be kar dêt; weku:

Minîş royiştim.

Ewan**îş** nanyan xward.

Herweha amrazî **"yan...yan"** em dû amraze le rristey lêkdiraw da be kar dê, be taybetî bo rristey lêkdirawî helbijarde be kar dê, be hoyewe giwêgir ser pişk dekat le helbijardinî yekêk lem dû hallete; weku:

Yan biro **yan** danîşe.

Yan nan bixo **yan** danîşe.

Herweha amrazî, **"ne...ne"** ke emîş bo halletî nerêkirdin be kar dê û hemîşe le rristey lêkdirawî nerê da peyda debê, ke nerênî her dû rristekey nêw rriste lêkdiraweke dexate rrû; weku:

Ne dadenîşê **ne** derwat.[124]

[124] Ebdulla Husên Resul (d), *Puxteyekî Wirdî Ristesazî Kurdî*, Çapî Duwem, Kitêbfiroşî Soran, Çapxaney Minare, Hewlêr, 2006, l. 34.

سەرچاوەکان

1- ئەورەحمانی حاجی مارف (د) ، ڕێزمانی کوردی، بەرگی یەکەم (مۆرفۆلۆژی) ، بەشی یەکەم (ناو) ، چاپخانەی کۆڕی زانیاری عێراق، بەغدا، 1979.

2- ئەورەحمانی حاجی مارف (د) ، ڕێزمانی کوردی، بەرگی یەکەم (وشەسازی) ، بەشی دووەم (جێناو) ، دەزگای ڕۆشنبیری و بلێوکردنەوەی کوردی، بەغدا، 1987.

3- ئەورەحمانی حاجی مارف (د) ، ڕێزمانی کوردی، بەرگی یەکەم (وشەسازی) بەشی سێیەم (ئاوەڵناو) ، کۆڕی زانیاری عێراق/ دەستەی کورد، بەغدا، 1992.

4- ئەورەحمانی حاجی مارف (د) ، ڕێزمانی کوردی، بەرگی یەکەم (وشەسازی) ، بەشی چوارەم (ژمارە و ئاوەڵکردار) ، دەزگای ڕۆشنبیری و بلێوکردنەوەی کوردی، بەغدا، 1998.

5- ئەورەحمانی حاجی مارف (د) ، ڕێزمانی کوردی، بەرگی یەکەم (وشەسازی) ، بەشی پێنجەم (کردار) ، دەزگای چاپ و پەخشی سەردەم، سلێمانی، 2000.

6- ئەورەحمانی حاجی مارف (د) ، وتاری کار بەپێی ڕۆنان و چەند سەرنجێك، گۆڤاری ڕۆشنبیری نوێ، ژمارە (139) ، 1997.

7- ئەورەحمانی حاجی مارف (د) ، فەرهەنگی زاراوەی زمانناسی، سلێمانی، 2004.

8- ئیدریس عەبدوللاّ، بزوێنی (ە) لە ئاستەکانی دەنگسازی و وشەسازی و ڕستەسازی،گۆڤاری ڕامان،1999.

9- ئەحمەد هیرانی، سێ کێشەی ڕێزمانی لە زمانی کوردیدا و چارەیان ئەبێ چی بێ؟!، گ (کاروان) ، ژ (112-113) ،1997.

10-تۆفیق وەهبی،دەستووری زمانی کوردی،جیزمی یەکەم،بەغدا،1929.

11- ڕەفیق محێدین شوانی (د) ، ئەو وشانەی لە چاوگەوە وەردەگیرێن، دەزگای توێژینەوە و بڵاوکردنەوەی موکریانی، چاپخانەی خانی، دهۆك، 2008.

12- ڕەفیق محێدین شوانی (د) ،ئامرازی بەستنەوە لە زمانی کوردیدا، دەزگای سەردەم، سلێمانی 2004.

13-سعید صدقی کابان، مختصر صرف ونحوی کوردی،جزء 1، چاپخانەی نجاح، بەغدا 1928.

14- سەلام ناوخۆش و نەریمان خۆشناو، زمانەوانی، بەرگەکانی (یەکەم و دووەم و سێیەم) ، چاپخانەی منارە، هەولێر، 2009.

15- شێرکۆ بابان، چەند نهێنیەك لە ڕێزمانی ئامرازی پەیوەندی (ە) دا، گ.کاروان، ژ (152) .

16- عبداللە شالی، ڕابەری قوتابیان بۆ چاوگ و بۆ فرمان، چاپی یەکەم، چاپخانەی (دار الجاحف) ، 1976، بەغدا، ل4.

17- عەبدوڵڵێ حوسێن ڕەسول (د) ، ناکردن لەکوردیدا نامەی ماجستێر، زانکۆی سەلاحەدین، 1991.

18- عەبدوڵڵێ حوسێن ڕەسول (د) ، پوختەیەکی وردی ڕستەسازی کوردی، چاپی دووەم، کتێبفرۆشی سۆران، چاپخانەی منارە، هەولێر، 2006 .

SERÇAWEKAN

1. Ewrihmanî Hacî Marif (d), *Rêzimanî Kurdî, Bergî Yekem (Morfolojî), Beşî Yekem (Naw),* Çapxaney Korî Zanyarî Iraq, Bexda, 1979.

2. Ewrihmanî Hacî Marif (d), *Rêzimanî Kurdî, Bergî Yekem (Wişesazî), Beşî Duwem (Cênaw),* Dezgay Roşinbîrî û Bilawkirdinewey Kurdî, Bexda, 1987.

3. Ewrihmanî Hacî Marif (d), *Rêzimanî Kurdî, Bergî Yekem (Wişesazî), Beşî Sêyem (Awellnaw),* Korî Zanyarî Iraq/Destey Kurd, Bexda, 1992.

4. Ewrihmanî Hacî Marif (d), *Rêzimanî Kurdî, Bergî Yekem (Wişesazî), Beşî Çiwarem (Jimare û Awellkirdar),* Dezgay Roşinbîrî û Bilawkirdinewey Kurdî, Bexda, 1998.

5. Ewrihmanî Hacî Marif (d), *Rêzimanî Kurdî, Bergî Yekem (Wişesazî), Beşî Pêncem (Kirdar),* Dezgay Çap û Pexşî Serdem, Silêmanî, 2000.

6. Ewrihmanî Hacî Marif (d), "Witarî Kar be Pêy Ronan û Çend û Serincêk", *Govarî Roşinbirî Niwê,* Jimare. 139, 1997.

7. Ewrihmanî Hacî Marif (d), *Ferhengî Zarawey Zimannasî,* Silêmanî, 2004.

8. Idrîs Ebdulla, "Bizwênî "e" le Astekanî Dengsazî û Wişesazî û Rristesazî", *Govarî Raman,* 1999.

9. Ehmed Hîranî, "Sê KêşeyRêzimanî le Zimanî Kurdî da û Çareyan ebê çî bê?", *g. Karwan,* j. 112-113, 1997.

10. Tofîq Wehbî, *Destûrî Zimanî Kurdî,* Cizmî Yekem, Bexda, 1929.

11. Refîq Mihêdîn Şiwanî (d), *Ew Wişaney le Çawgewe Werdegîrên,* Dezgay Tiwêjînewe û Bilawkirdinewey Mukrîyanî, Çapxaney Xanî, Dihok, 2008.

12. Refîq Mihêdîn Şiwanî (d), *Amrazî Bestinewe le Zimanî Kurdî da,* Dezgay Serdem, Silêmanî, 2004.

13. Seîd Sidqî Kaban, *Muxtesîrî Serf û Nehwî Kurdî,* Cuzî 1, Çapxaney Necah, Bexda, 1928.

14. Selam Nawxoş û Nerîman Xoşnaw, *Zimanewanî,* Bergekanî (Yekem û Duwem û Sêyem), Çapxaney Minare, Hewlêr, 2009.

15. Şêrko Baban, "Çend Nihêniyek le Rêzimanî Amrazî Peywendî "e" da", *g. Karwan,* j. 152.

16. Ebdullah Şalî, *Raberî Qutabiyan bo Çawg û bo Firman,* Çapî Yekem, Çapxaney (Daru'l-Cahez), 1976, Bexda, l. 4.

17. Ebdullah Husên Resul (d), *Nakirdin le Kurdî da* (Namey Macistêr), Zankoy Selaheddîn, 1991.

18. Ebdullah Husên Resul (d), *Puxteyekî Wirdî Rristesazî Kurdî,* Çapî Duwem, Kitêbfiroşî Soran, Çapxaney Minare, Hewlêr, 2006.

19- عەبدوڵڵا حوسێن ڕەسوڵ، ئەرکەکانی مۆرفیمی (ە) لە زمانی کوردیدا، گ. سابات، ژ (1) ، 2005.

20- عەفان حەمە شەریف، ئەرکی بزوێنی (ە) لە ئاستی سینتاکسدا،گۆڤاری کاروان، 2000 .

21- عومەر مەحموود کەریم، کاری تێپەڕ و تێنەپەڕ لە زمانی کوردیدا، نامەی ماجستێر، بەشی کوردی کۆلیژی پەروەردە (ئیبن روشد) ی زانکۆی بەغدا، .2004

22- لیژنەیەك لەوەزارەتی پەروەردە، زمان و ئەدەبی کوردی، پۆلی دووەمی ناوەندی، چاپخانەی ئارام، بەغدا، 2007، ل .45

23- لیژنەیەك لەوەزارەتی پەروەردە، زمان و ئەدەبی کوردی، پۆلی سێیەمی ناوەندی، چاپخانەی ئارام، بەغدا، .2007

24- لیژنەی زمان و زانستەکان، ڕێزمانی ئاخاوتنی کوردی، کۆڕی زانیاری کورد، بەغدا، .1976

25- محەمەد عومەر عەول، دابەشبوونی کرداری لێکدراو لە ڕووی داڕشتن و ئەرکەوە (لە کرمانجی خواروو) دا، نامەی ماجستێر، زانکۆی سلێمانی، 2001 .

26-محەمەد مەعروف فەتاح، (د) ، کارو پۆلێن کردنەکانی بەپێی ڕۆنان، گۆڤاری ڕۆشنبیری نوێ، ژمارە (121) ، 1989.

27-مصگفی محمد زەنگنە، کار و ئەرکی لە سینتاکسدا، نامەی ماجستێر، زانکۆی سەلاحەددین،.1989

28- نوری عەلی ئەمین، دەوری بزوێنی (ە) لە زمانی کوردیدا، گ (ڕۆشنبیری نوێ) ، ژ (111) .

29- د.نەسرین فەخری، پاشگری (اندن) لە زمانی کوردیدا، گۆڤاری کۆڕی زانیاری کورد، بەرگی سێیەم، بەشی یەکەم، بەغدا،.1974

30- د.نەسرین فخری و د.کوردستان موکریان، ڕێزمانی کوردی،چاصخانەی زانکۆی سەلاحەدین، هەولێر،.1982

31- نووری عەلی ئەمین، ڕێزمانی کوردی، چاپخانەی کامەران، سلێمانی، 1960.

32- نووری عەلی ئەمین، قەواعیدی زمانی کوردی، لە (صرف و نەحو) دا، بەرگی یەکەم،، چاپخانەی مەعارف، بەغدا،.1956

33- نووری عەلی ئەمین، قەواعیدی زمانی کوردی، لە (صرف و نەحو) دا، بەرگی دووەم، چاپخانەی مەعارف، بەغدا،.1958

34- نەریمان عەبدوڵڵێ خۆشناو، بکەر نادیار، سەنتەری ڕوناکبیری هەتاو، هەولێر، چاپخانەی شەهاب، .2007

35- نەریمان عەبدوڵڵێ خۆشناو، کاری تێپەڕ لێکۆڵینەوەیەکی بەرانبەرییە لە نێوان زمانی کوردی و زمانی عەرەبیدا، گ . کاروان، ژ. (198) ، .2005

36- پرۆفیسۆر وریا عومەر ئەمین، ئاسۆیەکی تری زمانەوانی، دەزگای ئاراس، هەولێر، .2004

37- وریا عومەر ئەمین (د) ، ڕەخنەی نارەخنە، گۆڤاری ڕۆشنبیری نوێ، ژمارە (140) ، .1997

19. Ebdullah Husên Resul (d), “Erkekanî Morfîmî “e” le Zimanî Kurdî da”, *g. Sabat*, j. 1, 2005.

20. ‘Efan Heme Şerîf, “Erkî Bizwênî “e” le Astî Sîntaks da, *g. Karwan*, 2000.

21. ‘Umer Mehmûd Kerîm, *Karî Têperr û Têneperr le Zimanî Kurdî da* (Namey Macistêr, Beşî Kurdî, Kolîjî Perwerde Îbn Ruşdî, Zankoy Bexda), 2004.

22. Lîjneyek le Wezaretî Perwerde, *Ziman û Edebî Kurdî* (Pollî Duwemî Nawendî), Çapxaney Aram, Bexda, 2007, l. 45.

23. Lîjneyek le Wezaretî Perwerde, *Ziman û Edebî Kurdî* (Pollî Sêyemî Nawendî), Çapxaney Aram, Bexda, 2007.

24. Lîjney Ziman û Zanistekan, *Rêzimanî Axwatinî Kurdî,* Korî Zanyarî Kurd, Bexda, 1976.

25. Mihemed ‘Umer ‘Ewil, *Dabeşbûnî Kirdarî Lêkdiraw le Rrûy Dariştin û Erkewe le Kirmancî Xwarrû da* (Namey Macistêr, Zankoy Silêmanî, 2001)

26. Mihemed Me’ruf Fetah, (d), “Kar û Pollênkirdinekanî be Pêy Ronaw, *Govarî Roşinbirî Niwê,* Jimare: 121, 1989.

27. Mistefa Mihemed Zengine, *Kar û Erkî le Sîntaks da,* (Namey Macistêr, Zankoy Selaheddîn, 1989)

28. Nûrî ‘Elî Emîn, “Dewrî Bizwênî “e” le Zimanî Kurdî da, *Govarî Roşinbirî Niwê,* j. 111.

29. D. Nesrîn Fexrî, “Paşgirî “-andin” le Zimanî Kurdî da”, *Govarî Korî Zanyarî Kurd,* Bergî Sêyem, Beşî Yekem, Bexda, 1974.

30. D. Nesrîn Fexrî û D. Kurdistan Mukriyanî, *Rêzimanî Kurdî,* Çapxaney Zankoy Selaheddîn, Hewlêr, 1982.

31. Nûrî ‘Elî Emîn, *Rêzimanî Kurdî,* Çapxaney Kameran, Silêmanî, 1960.

32. Nûrî ‘Elî Emîn, *Qewa’îdî Zimanî Kurdî le “Serf û Nehw” da,* Bergî Yekem, Çapxaney Me’arif, Bexda, 1956.

33. Nûrî ‘Elî Emîn, *Qewa’îdî Zimanî Kurdî le “Serf û Nehw” da,* Bergî Duwem, Çapxaney Me’arif, Bexda, 1958.

34. Nerîman ‘Ebdulla Xoşnaw, *Bikernadiyar,* Senterî Ronakbîrî Hetaw, Hewlêr, Çapxaney Şehab, 2007.

35. Nerîman ‘Ebdulla Xoşnaw, “Karî Têperr, Lêkollîneweyekî Beranberîye le Nêwan Zimanî Kurdî û Zimanî Erebî da”, *g. Karwan,* j. 198, 2005.

36. Profîsor Wirya ‘Umer Emîn, *Asoyekî Tirî Zimanewanî,* Dezgay Aras, Hewlêr, 2004.

37. Wirya ‘Umer Emîn, (d), “Rexney Narexne”, *Govarî Roşinbirî Niwê,* Jimare: 140, 1997.

FERHENG

A

aloz ئالۆز aloz, tevlihev, têkel. *t.* karışık; girift.
amajekirdin ئاماژەکردن diyarkirin; qalkirin. *t.* belirtme; değinme.
amraz ئامراز amraz, daçek, pirtik *t.* edat, ilgeç
amrazî bangkirdin ئامرازی بانگکردن gireyên/artîkelên gazîkirinê. *t.* çağırma ekleri.
amrazî peywendî ئامرازی پەیوەندی gihanek, gihînek, navgînên bestinê guhêrker. *t.* bağlaç.
amrazî peywendî sade ئامرازی پەیوەندی سادە gihanekên xwerû. *t.* sade bağlaçlar.
amrazî peywendî lêkdiraw ئامرازی پەیوەندی لێکدراو gihanekên hevedudanî. *t.* bileşik bağlaçlar.
amrazî sersurman ئامرازی سەرسورمان *r.z.* gireyên/artîkelên baneşanê/banekê. *t.* ünlem ekleri
arastebûn ئاراستەبوون berpêbûn, arastebûn. *t.* yönelme.
arastekirdin ئاراستەکردن arastekirin, berpêkirin. *t.* yöneltme.
araste kirdin ئاراستە کردن araste kirin, ber pê kirin. *t.* yöneltmek.
awel ئاوەڵ heval, dost, hevrê. *t.* arkadaş.
awelfirman ئاوەڵفرمان hoker, hevalferman, hevalkirdar. *bnr.* awelkar. *t.* belirteç, zarf.
awelkar ئاوەڵکار hoker, hevalkirdar. *t.* belirteç, zarf.
awelkarî çendêtî ئاوەڵکاری چەندێتی hokerên çendî. *t.* nicelik zarfları.
awelkarî çonyetî ئاوەڵکاری چۆنیەتی hokerên rewşê/çawaniyê. *t.* nitelik/durum zarfları.
awelkarî darijaw ئاوەڵکاری داڕژاو hokerên darijtî. *t.* türemiş zarflar.
awelkarî kat ئاوەڵکاری کات hokerên demê. *t.* zaman zarfları.
awelkarî nerênî ئاوەڵکاری نەرێنی hokerên nerênî. *t.* olumsuzluk zarfları.
awelkarî pirsiyarî ئاوەڵکاری پرسیاری hokerên pirsiyarî. *t.* soru zarfları.
awelkarî sade ئاوەڵکاری سادە hokerên xwerû. *t.* sade/basit zarflar.
awelkarî lêkdiraw ئاوەڵکاری لێکدراو hokerên hevedudanî. *t.* bileşik zarflar.
awelkarî şiwênê ئاوەڵکاری شوێنێ hokerên cihî. *t.* mekân zarfları.
awelkirdar ئاوەڵکردار hoker, hevalferman, hevalkirdar. *t.* belirteç, zarf.

awelnaw ئاوەڵناو hevalnav, rengdêr. *t.* sıfat.

le zimanî îngîlîzî awelnaw le pêş naw da dê di zimanê îngilîzî de hevalnav di pêşiya nav de tê *İngilizcede sıfat ismin önüne gelir.*

awelnawî çonêtî ئاوەڵناوی چۆنێتی *bnr.* awelnawî çonyetî.

awelnawî çonyetî ئاوەڵناوی چۆنیەتی hevalnavên çawaniyê. *t.* nitelik sıfatları.

awelnawî darijaw ئاوەڵناوی داڕژاو hevalnavên darijtî. *t.* türemiş sıfatlar.

awelnawî jimareyî ئاوەڵناوی ژمارەیی hevalnavên jimarî. *t.* sayı sıfatları.

awelnawî jimarey bincî ئاوەڵناوی ژمارەی بنجیی hevalnavên jimarên binecî. *t.* temel sayı sıfatları.

awelnawî jimarey kertî ئاوەڵناوی ژمارەی کەرتی hevalnavên jimarên kertî. *t.* kesir sayı sıfatları.

awelnawî lêkdiraw ئاوەڵناوی لێکدراو hevalnavên hevedudanî. *t.* bileşik sıfatlar.

awelnawî nadiyar ئاوەڵناوی نادیار hevalnavên nediyar. *t.* belirsiz sıfatlar.

awelnawî nisbî ئاوەڵناوی نسبی hevalnavên pêwendiyê. *t.* ilgi sıfatları.

awelnawî nîşane ئاوەڵناوی نیشانە hevalnavên nîşanî. *t.* işaret sıfatları.

awelnawî sade ئاوەڵناوی سادە hevalnavên xwerû. *t.* sade/basit sıfatlar.

B

belayen بەلایەن alîgir, bialî. *t.* taraftar, tarafgir

belkû بەڵکوو belkî, muhtemel. *t.* belki.

bem بەم bi vî/vê. *t.* böyle, bu ile.

be man بەمان bi van. *t.* bunlarla.

be maneş بەمانەش bi van jî. *t.* bunlarla *da.*

bemeş بەمەش bi vî/ê jî. *t.* bununla da.

bem şêweye بەم شێوەیە bi vî awayî. *t.* böylece.

berawird kirdin بەراورد کردن rûberî hev kirin, berhev dan. *t.* karşılaştırmak.

bêlayen بێلایەن bêalî, notr. *t.* tarafsız; nötr.

bêlayen بێلایەن bêalî, bêlayen. *t.* tarafsız; yönsüz.

bêlayenî بێلایەنی bêalîtî, bêlayenî. *t.* tarafsızlık.

biker بکەر kirde, kara. *t.* özne, fail.

bikerdiyar بکەردیار bikerdiyar. *t.* etken fiil.

bikernadiyar بکەرنادیار bikernediyar. *t.* edilgen

fiîl.
bineret بنەڕەت bingeh, binçîne, binax. *t.* temel; kök. ***binî reg û rîşe** binê reh û kokan *damar ve köklerin uzantıları.*
binaretî بنەڕەتی sereke, eslî, bingehî. *t.* asli.
bizwên بزوێن dengdêr. *t.* sesli, ünlü.
nebizwên نەبزوێن bêdeng, nedengdêr. *t.* sessiz, ünsüz.

C

ceste جەستە çeşn, celeb, bir. *t.* tür, cins; çeşit, grup.
cestekirdin جەستەکردن senifandin, tesnîfkirin. *t.* sınıflandırma.
cestekiraw جەستەکراو senifandî. *t.* tasnifli.
cext جەخت cehd, hewl û têkoşîn, liberxwedan. *t.* uğraş, gayret, emek.
lêkolîneweyek cext dekat ke bextewerî rengdanewey başî heye bo dilî mirov.
cextandin جەختاندن cextandin, kirpandin, dakokî. *t.* vurgulama.
ewey demewêm cextî le ser bikim ewe ye ke ewa ku dixwazim dakokiyê (lêhûrbînê/kirpînê/teqil) li ser bikim ew e ku *vurgulamak istediğim odur ki...*
cênaw جێناو cihnav. *t.* zamir.
cênawî hawbeş جێناوی هاوبەش cihnavên hevbeş. *t.* müşterek zamirler.
cênawî heyî جێناوی هەیی cihnavên xwedîtiyê. *t.* iyelik zamirleri.
cênawî kesî جێناوی کەسی cihnavên kesî. *t.* şahıs zamirleri.
cênawî kesî likaw جێناوی کەسی لکاو cihnavên kesî yên pêve. *t.* bitişik şahıs zamirleri.
cênawî kesî serbexo جێناوی کەسی سەربەخۆ cihnavên kesî yên cûda. *t.* ayrık şahıs zamirleri.
cênawî lêkder جێناوی لێکدەر cihnava lêkder/peywendî ku. *t.* ki zamiri.
cênawî nadiyar جێناوی نادیار cihnavên nediyar. *t.* belirsiz zamirler.
cênawî nerênî جێناوی نەرێنی cihnavên neerênî. *t.* olumsuzluk zamirleri.
cênawî nîşane جێناوی نیشانە cihnavên nîşanî. *t.* işaret zamirleri.
cênawî pirsiyarî جێناوی پرسیاری cihnavên pirsiyarî. *t.* soru zamirleri.
cênawî xoyî جێناوی خۆیی cihnava vegerok.*t.* dönüşlü zamir.
ciya جیا cuda, cihê, hevneçû. *t.* ayrı.
ciya ciya جیا جیا cuda cuda, cihê cihê. *t.* ayrı ayrı.
ciyabûnewe جیابوونەوە cudabûyî, cihêbûyî. *t.*

ayrık; ayrılık.
ciya kirdinewe جیاکردنەوە cuda kirin, veqetandin. *t.* ayırmak.
ciyakar جیاکار cudakar. *t.* bölücü.
ciyakarî جیاکاری cudakarî, ciyawazî. *t.*bölücülük.
ciya lewe جیا لەوە ji bilî vê, her wiha. *t.* ayrıca.
ciyat جیات şûn, dews. *t.* yer. ***le ciyatî** di şûna *yerinde.*
ciyawaz جیاواز ciyawaz, cuda, cihê. *t.* ayrı; başka.
ciyawazî جیاوازی ciyawazî, cudayî. *t.* ayırım.
ciyawazî kirdin جیاوازی کردن cudayî kirin. *t.* ayırım yapmak.
ciyayî جیایی cihêtî, cudayî. *t.* ayrılık.
cûlandin جوولاندن leqandin, cihê tiştekî guherandin, hejandin, lebitandin. *t.* hareket ettirmek..
cûlandinewe جوولاندنەوە teq pêdan, guhastin, hejandin. *t.* hareket ettirmek.
cûlane جوولانە tevgerîn, hereket kirin, livîn, lebitîn, bizav, hejîn, hereket kirin, leqandin, cihê xwe guherandin, guhastin. *t.* hareket etmek.
cûle جوولە hejan, lerz, tevger, bizav, liv, lebat. *t.* hareket.
natwanim destekanim bicûlênim
nikarim destên xwe hereket bikim *ellerimi oynatamıyorum.*
cûle kirdin جووڵەکردن tevgerîn, bizavdar bûn. *t.* hareketlenmek.

Ç

çawg چاوگ rader, lêkernav, mesder. *t.* mastar. ***nîşaney "to" le zimanî îngîlîzî da bo çawg be kar dehêndirêt; weku to see dîtin. *nawî çawg** radernav *mastar ismi (dilbilgisi)* .
çawgî darijaw چاوگی دارژاو raderên darijtî. *t.* türemiş mastarlar.
çawgî lêkdiraw چاوگی لێکدراو raderên hevedudanî. *t.* bileşik mastarlar.
çawgî sade چاوگی سادە raderên xwerû. *t.* sade mastarlar.
çawgî têper چاوگی تێپەڕ raderên gerguhêz. *t.* geçişli mastarlar.
çawgî têneper چاوگی تێنەپەڕ raderên negerguhêz. *t.* geçişsiz mastarlar.
çemandinewe چەماندنەوە çemandin, tewandin. *t.* bükme, eğme.
çemanewe چەمانەوە çemîn, tewîn. *t.* bükülmek.

çemaw چەماو tewiyayî, çemiyayî. *t.* bükük, eğik.
çon چۆن çawa, çilo. *t.* nasıl.
çonyetî چۆنیەتی çawanî; rewş. *t.* nitelik, vasıf; durum.

D

dengzasî دەنگسازی dengsazî. *t.* fonetik.
diyalêkt دیالێکت devok, diyalekt. *t.* ağız (şive)
diyar دیار diyar, xuya, aşîkar. *t.* belirgin.
diyarîkiraw دییاریکراو diyarkirî, destnîşankirî. *t.* belirli, belli başlı.
diyarî kirdin دیاری کردن diyar kirin, kifş kirin. *t.* belirlemek.
diyarxer دیارخەر ravek. *t.* tamlama.
diyarxerî awelkar دیارخەری ئاوەڵکار raveka hokerî. *t.* zarf tamlaması.
diyarxerî awelnaw دیارخەری ئاوەڵناو raveka hevalnavî. *t.* sıfat tamlaması.
diyarxerî naw دیارخەری ناو raveka navî. *t.* isim tamlaması.
diyarxerî cênaw دیارخەری جێناو raveka cihnavî. *t.* zamir tamlaması.
diyarxerî zincîre دیارخەری زنجیره raveka zincîrî. *t.* zincirleme tamlama.

E

eger ئەگەر eger, heke, ger. *t.* eğer.
egerçî ئەگەرچی her çend. *t.* gerçi, her ne kadar.
egîna ئەگینا heke na, eger na, da ne. *t.* yoksa.
elifûbê ئەلفوبێ alfabe, elîfba, elifbêtik. *t.* alfabe.
ew ئەو ew (rewşa netewandî) ; wî (tewandî - nêr) ; wê (tewandî - mê) . *t.* o (bükünsüz halde) ; o (bükünlü halde)
ewan ئەوان wan (rewşa tewandî) ; ew. *t.* onlar (bükünlü halde) ; onlar (bükünsüz halde)
ewber ئەوبەر wî rexî. *t.* o taraf.
ewca ئەوجا paşî, dûre; encax; hingê, wî demî. *t.* sonra; ancak; o sıralar.
ewdal عەودال evdal, derwêşên gerok. *t.* abdal.
-ewe ەوە ***geran*ewe** گەڕانەوە ve- **ve**gerîn; ve. *t.* bir türetme eki; bir art edat. **xwardin*ewe*** *ve*xwarin *içmek.* **le salî 1957ewe** ji sala 1957ê vir ve *1957 yılından beri.*
ewekey tir ئەوەکەی تر

ya/a din, yê/ê din. *t.* diğeri.
ewende ئەوەندە ev çend, ev qas, ew qas, hinde. *t.* bunca, onca, o kadar.
Azad ewende bawerî be xoy û be Berfîn heye ke Azad ew qas bi xwe û bi Berfîn bawer e ku *Azad o kadar kendine ve Berfin'e güveniyor ki...*
ewendey ke ئەوەندەی کە ew qas ku, hinde ku. *t.* onca.
eweta ئەوەتا va ye, ev e, binêre. *t.* işte.

Ê

êwe ئێوە hûn (netewandî), we (tewandî) . *t.* siz.
êweş ئێوەش hûn *jî*, we *jî*. *t.* siz *de*

F

ferman فەرمان ferman, emir. *t.* buyruk, emir.
fêr bûn فێر بوون hîn bûn, fêr bûn. *t.* öğrenmek.
fêrge فێرگەه fêrgeh, xwendingeh, dibistan. *t.* kurs; okul, dershane.
***şiwêneke şitî tê da fêr bibît**.
fêrkar فێرکار hîndekar, mamosta, hîrewan. *t.* eğitmen, öğretmen.
fêrkarî فێرکاری karê lêfêrkirin û lêfêrbûnê, karê lêkolîn û tiwîjandinê. *t.* öğretim, araştırma.
nexoşxaney fêrkarî nexweşxaneya lêkolînê *araştırma hastanesi.*
fêrker فێرکەر fêrker, hîndekar. *t.* öğretici, belletmen.
fêr kirdin فێر کردن fêr kirin, hîn kirin, rahênan. *t.* öğretmek, belletmek.
fonetîk فۆنەتیک fonetîk, dengzanî. *t.* fonetik.
fonolocî فۆنۆلۆجی deng nasî. *t.* fonoloji.

G

goran گۆڕان guhêran; guherîn. *t.* değişim; başkalaşmak.
gorîn گۆڕین guhertin. *t.* değiştirmek.
guncandin گونجاندن guncandin, lêanîn. *t.* uydurma; uyarlama.
guncaw گونجاو guncan, misaîd. *t.* uygun, müsait.

H

hawdeng هاودەنگ hevdeng. *t.* eş sesli.
hawdengî هاودەنگی hevdengî. *t.* ağız birliği; ses uyumu.
hawmana هاومانا

hemwate, hemmane. *t.* anlamdaş.
hawnaw هاوناو hemnav, hevnav. *t.* adaş.
hawwata هاوواتا hemwate, hemmane. *t.* anlamdaş.
henase هەناسە henase, nefes. *t.* soluk, nefes.
hoy هۆی sedem, eger, sebeb. *t.* sebep, neden.

J

jimare ژمارە jimar, hejmar; aded, lib. *t.* sayı, adet.
jimarekanî rêzekî ژمارەکانی ریزەکی jimarên rêzê. *t.* sıra sayıları. ***yekemîn, duwemîn, sêyemîn...*** *birinci, ikinci, üçüncü...*
jimarey sade ژمارەی سادە jimarnavên xwerû. *t.* sade/basit sayı isimleri.
jimarey lêkdiraw ژمارەی لێکدراو jimarnavên hevedudanî/pevedudani. *t.* bileşik sayı isimleri.
jimarnawî darijaw ژمارناوی دارژاو jimarnavên darijtî. *t.* türemiş sayı isimleri.
jimarey bincî ژمارەی بنجی jimarnavên binecî. *t.* asal sayı isimleri.
jimarey rîzbend ژمارەی ریزبەند jimarên pileyî. *t.* sıra sayı isimleri.
jimarey rêkxistin ژمارەی رێکخستن jimarên pileyî. *t.* sıra sayı isimleri.
jimarey kertî ژمارەی کەرتی jimarên kertî. *t.* kesir sayı isimleri.
jimêrok ژمێرۆک jimêrok, abakus. *t.* abaküs.

K

karî karadiyar کاری کارادیار lêkerên/karên bikerdiyar. *t.* etken fiiller.
karî karanadiyar کاری کارانەدیار lêkerên bikernediyar. *t.* edilgen fiiller.
karî lêkdiraw کاری لێکدراو lêkerên hevedudanî. *t.* bileşik fiiller.
karî sade کاری سادە lêkerên xwerû. *t.* basit/sade fiiller.
karî tewaw کاری تەواو lêkerên temam. *t.* tam fiiller.
karî natewaw کاری ناتەواو lêkerên netemam.
karî têper کاری تێپەڕ lêkerên gerguhêz. *t.* geçişli fiiller.
karî têneper کاری تێنەپەڕ lêkerên negerguhêz. *t.* geçişsiz fiiller.
karî yarîder کاری یاریدەر lêkerên alîkar. *t.* yardımcı fiiller.
kat کات dem, wext,

zeman; serdem.
t. zaman; dönem.
katî dahatû کاتی داهاتوو
dema dêbê. *t.*
gelecek zaman.
katî dahatûy tewaw
کاتی داهاتووی تەواو
dema dêbêya temam.
t. tam gelecek zaman.
katî rabirdû کاتی
ڕابردوو dema borî.
t. geçmiş zaman.
katî rabirdûy nizîk
کاتی ڕابردووی نزیك
dema boriya diyar. *t.*
belirli geçmiş zaman.
katî rabirdûy tewaw
کاتی ڕابردووی تەواو
dema boriya nediyar. *t.*
belirsiz geçmiş zaman.
katî rabirdûy berdewam
کاتی ڕابردووی
بەردەوام dema boriya
domdar. *t.* sürekli
geçmiş zaman.
katî ranebirdû کاتی
ڕانەبردوو dema
niha. *t.* şimdiki zaman.
kewane کەوانە kevan,
parantez. *t.* ayraç.
kirdar کردار lêker,
bnr. kar; kar, kiryar. *t.*
fiil; iş, hareket, davranış.
kirdarî sade کرداری سادە
bnr. karî sade.
kirdarî کرداری kardarî,
pratîkî. *t.* ameli. **hengawî**
kirdarî gava
pratîkî *pratik adım.*
kirdarî lêkdiraw
کرداری لێکدراو *bnr.* karî
lêkdiraw.
kirdarî têper کرداری
تێپەڕ *bnr.* karî têper.
kirdarî têneper کرداری
تێنەپەڕ *bnr.* karî têneper.
kokirdinewe کۆکردنەوە
berhevkirin, civandin,
komkirin. *t.* toplama,
biriktirme, yığma.
kolînewe کۆڵینەوە vekolîn.
t. araştırma.
lêkolînewe lêkolîn
araştırma.

L

laper لاپەڕ rûpel, sehîfe.
t. sayfa.
lay لای rex, kenar, kêlek.
t. kenar, yan.
lebarey لەبارەی derbarê.
t. hakkında.
le ber لە بەر ji ber, ji bo.
t. -den dolayı. **le ber**
ewe ji ber ku, ji ber wê
yekê, lewra, lewma,
loma *bundan dolayı.*
le ber çî لەبەر چی ji bo
çi. *t.* ne için, neden.
le...ewe لە...ەوە ji...ve. *t.*
-den beri.
legel لەگەڵ ligel, bi...re.
t. ile; birlikte.
le lay لە لای li ber, li
cem. *t.* yanında.
le layen لە لایەن ji aliyê,
ji terefê. *t.* tarafından.
le mawey لە ماوەی di
dema. *t.* süresince.
lêkdanewe لێکدانەوە
daxûyandin, şîrove
kirin. *t.* açıklamak.
lêkdiraw لێکدراو *r.z.*
pevedudanî. *t.* birleşik,
bileşik (dilbilgisi) .
lêkolînewe لێکۆڵینەوە
lêkolîn, vekolîn. *t.*
araştırma.

M

maye مایه sedem, sebeb; cih; nirx, biha, sermaye; serekanî, çavkanî; madde. *t.* neden, vesile; yer; değer; kaynak; madde.

melaşû مەڵاشوو panika devî, ezmanê devî. **dem, lût, melaşû** dev, poz, ezmandev *ağız, burun, damak.*

N

nasnaw ناسناو nasnav, xweşnav, navê neqandî; paşnav. *t.* unvan; mahlas, takma ad.

nasraw ناسراو naskirî, aşîna, nasyar; navdar. *t.* aşina, tanıdık, tanınan; ünlü.

naw ناو nav; *r.z.* navdêr. *t.* ad.

nawî berhest ناوی بەرهەست *r.z.* berhestnav, navên şênber. *t.* somut isim.

nawî berjimar ناوی بەرژمار *r.z.* navê berjimar. *t.* sayılabilir isim.

nawî berkar ناوی بەرکار *r.z.* biresernav. *t.* edilgen ortaç.

nawî berzeyn ناوی بەرزەین *r.z.* navê razber. *t.* soyut isim.

nawî bêlayen ناوی بێلایەن *r.z.* navên bêalî. *t.* nötr isimler.

nawî biker/nawî kara ناوی بکەر/ناوی کارا bikernav. *t.* etken ortaç.

nawî darijaw ناوی دارژاو *r.z.* navên darijtî. *t.* türemiş isimler. **wekû asin + ger = asinger.**

nawî dûlayen ناوی دوولایەن *r.z.* navê dualî, notr. wekû **qutabî, mamosta.**

nawî giştî ناوی گشتی *r.z.* hevenav. *t.* cins isim.

nawî ko ناوی کۆ *r.z.* navên pirjimar. *t.* çoğul isimler.

nawî komeleyî ناوی کۆمەڵەیی *r.z.* komenav. *t.* topluluk ismi.

nawî lêkdiraw ناوی لێکدراو *r.z.* navên hevedudanî. *t.* bileşik isimler. **wekû mar + masî = marmasî.**

nawî lêkdiraw û darijaw ناوی لێکدراو و دارژاو *r.z.* navên hevedudanî û darijtî. *t.* basit ve türemiş isimler.

nawî mê ناوی مێ *r.z.* navên mê. *t.* dişil isimler.

nawî nasraw ناوی ناسراو *r.z.* navên diyar. *t.* belirli isimler.

nawî nanasraw ناوی ناناسراو *r.z.* navên nediyar. *t.* belirsiz isimler.

nawî nêr ناوی نێر *r.z.* navên nêr. *t.* eril isimler.

nawî sade ناوی سادە *r.z.* navên xwerû. *t.* sade/

basit isim.
nawî taybetî ناوی تایبەتی
serenav. *t.* özel isim.
nawnan ناونان nav
danîn. *t.* ad koymak.
nawî nejimêre ناوی
نەژمێرە *r.z.* navê neberjimar.
t. sayılamayan
isim.

nawî tak ناوی تاك *r.z.*
navên yekjimar. *t.* tekil
isimler.
nediyar نەدیار nenaskirî,
nediyar. *t.* belirsiz.
nenasraw نەناسراو nenaskirî,
nediyar, bênav.
t. anonim.

P

pabend پابەند girêdayî.
t. bağlı.
paşbend پاشبەند *r.z.*
paşgir. *t.* son ek.
peywend پەیوەند
peywend, girêdanî. *t.*
ilişki; bağıntı.
peywendî پەیوەندی
peywendî, têkilî. *t.*
ilgi, alâka; ilişki.
pêkhate پێکهاتە pêkhatî;-
bunye, binaxe, binyat.
t. bileşik; bünye.
pêkhatin پێکهاتن pêkhatin.
t. gerçekleşme.
pêk hatin پێك هاتن pêk
hatin. *t.* gerçekleşmek.
pêkhatin پێکهاتن lêkhatin,
selihîn. *t.* barışma.
pêk hatin پێك هاتن lêk
hatin, selihîn. *t.* barışmak.
pêkhênanewe پێکهێنانەوە
pêkanîn; lihevanîn,
lêkanîn. *t.* gerçekleştirme;
barıştırma.
pêk hênanewe پێك
هێنانەوە pêk anîn; li
hev anîn, li êk anîn.
t. gerçekleştirmek;
barıştırmak. **pêkhatin** پێکهاتن lêkhatin,
selihîn. *t.* barışma.
pêk hatin پێك هاتن lêk
hatin, selihîn. *t.* barışmak.

pêkhênanewe پێکهێنانەوە
pêkanîn; lihevanîn,
lêkanîn. *t.* gerçekleştirme;
barıştırma.
pêşbend پێشبەند *r.z.*
pêşgir. *t.* önek.
pêşekî پێشەکی destpêk;
pêşgotin. *t.* giriş;
önsöz.
pêwan پێوان pîvan *t.*
ölçü; ölçme.
pêwanerêz پێوانەرێز *r.z.*
pîvanerêz. *t.* kurallı.
pêwanekirdin پێوانەکردن
pîvandin. *t.* ölçme.
pile پلە pile, derece. *t.*
derece; aşama.
pilediyarîker پلەدیاریکەر
r.z. pilediyarker. *t.*
dereceleri gösteren.
pilekanî awelnaw
پلەکانی ئاوەڵناو *r.z.* pileyên
hevalnavan. *t.*
sıfatların dereceleri.
piley berawirdî bala
پلەی بەراوردی باڵا *r.z.*
pileya berztiriyê. *t.*
üstünlük derecesi.
piley çespaw پلەی چەسپاو
r.z. pileya wekheviyê.
t. eşitlik derecesi.
piley here bala پلەی
هەرە باڵا *r.z.* pileya

berztirîniyê. *t.* en üstünlük derecesi.
pirsiyar پرسیار pirsiyar, pirs. *t.* soru.
pirsiyar kirdin پرسیار کردن pirsiyar kirin. *t.* sormak.
polênkirdin پۆلێنکردن senifandin. *t.* sınıflama

Q

qise kirdin قسه کردن qise kirin, axaftin. *t.* konuşmak.
qutabî قوتابی xwendekar, şagirt. *t.* öğrenci.
qutabxane قوتابخانه xwendingeh, dibistan. *t.* okul.

R

rabirdû ڕابردوو borî, çûyî, raborî, rabirdû, pêşeroj. *t.* geçmiş, mazi.
rabirdûy berdewam ڕابردووی بەردەوام *r.z.* boriya berdewam. *t.* sürekli geçmiş.
rabirdûy sade ڕابردووی ساده *r.z.* boriya sade. *t.* basit geçmiş.
rabirdûy tewaw ڕابردووی تەواو *r.z.* boriya temam. *t.* tam geçmiş.
rageyandin ڕاگەیاندن ragihandin. *t.* bildirmek.
rahênan ڕاهێنان hîndarî, meşq; îdman. *t.* alıştırma; antrenman.
regî kar ڕەگی کار rayeka lêkerê. *t.* fiil kökü.
regez ڕەگەز zayend, regez. *t.* cinsiyet.
req ڕەق req. *t.* katı, sert.
resen ڕەسەن resen, esl. *t.* asıl.
rewanbêjî ڕەوانبێژی rewanbêjî, belaxet. *t.* belâgat.
rêga ڕێگا rê; rê û rêbaz. *t.* yol; yol ve yöntem.
rêje ڕێژە *r.z.* rawe, kîp. *t.* kip.
rêjey dananî ڕێژەی دانانی *r.z.* raweya daxwazî. *t.* dilek kipi.
rêjey fermandan ڕێژەی فەرماندان *r.z.* raweya fermanî. *t.* emir kipi.
rêjey rageyandin ڕێژەی ڕاگەیاندن *r.z.* raweya ragihandinî. *t.* bildirme kipi.
rêziman ڕێزمان *r.z.* rêziman. *t.* dilbilgisi.
rêziman her du layenî wişesazî (morfolocî) û ristesazî (sîntaks) degirête xo rêziman her du aliyên bêjesazî û hevoksaziyê digire nava xwe.
rêzimanî zayî ڕێزمانی زایی *r.z.* rêzimana zayî. *t.* üretici dilbilgisi.
rêzimanî erkyarî ڕێزمانی ئەرکیاری *r.z.* rêzimana erkyarî. *t.* işlevsel dilbilgisi.
rêzimanî şêwegorî ڕێزمانی شێوەگۆڕی *r.z.* rêzimana şêwegorî. *t.* dönüşümsel dilbilgisi.
riste ڕستە hevok, cumle. *t.* cümle.

ristey pêtî ڕستەی پێتی
r.z. hevoka xwerû. *t.*
basit cümle.
ristey lêkdiraw ڕستەی
لێکدراو *r.z.* hevoka
hevedudanî. *t.* bileşik
cümle.
ristey nawî ڕستەی ناوی
hevoka navî. *t.* isim
cümlesi.
ristey girêbend ڕستەی
گرێبەند *r.z.* hevoka
girêbend. *t.* karmaşık
cümle.
ristey awelnawî ڕستەی
ئاوەڵناوی *r.z.* hevoka
hevalnavî. *t.* sıfat
cümlesi.
ristey awelkarî ڕستەی
ئاوەڵکاری *r.z.* hevoka
hokerî. *t.* zarf cümlesi.

ristesazî ڕستەسازی
hevoksazî. *t.* sentaks,
cümle bilgisi.
ristey aloz ڕستەی ئالۆز
r.z. hevokên alozî. *t.*
karmaşık cümleler.
ristey hawta ڕستەی هاوتا
r.z. hevokên hevta. *t.*
eşit cümleler.
ristey lêkdirawî aloz
ڕستەی لێکدراوی ئالۆز *r.z.*
hevokên hevedudanî
yên alozî. *t.* karmaşık
bileşik cümleler.
ristey mercî ڕستەی
مەرجی *r.z.* hevokên
mercî. *t.* şart cümleleri.
ristey sade ڕستەی سادە
r.z. hevokên xwerû. *t.*
basit/sade cümleler.

S

serbest سەربەست serbest,
biserxwe. *t.* serbest,
bağımsız.
serbexo سەربەخۆ serbixwe. *t.*
bağımsız.
sersurman سەرسوڕمان
şaşbûn, ecêbman,
mestbûn. *t.* şaşılma;
hayret etme.
sersurman سەرسوڕمان
r.z. baneşan, banek. *t.*
ünlem işareti.

T

tak تاك ferd, takekes.
t. birey.
tewawbûn تەواوبوون
tewawbûn, temambûn.
t. tamamlanma.
tewawkar تەواوکار
tewawker. *t.* tamamlayıcı.
tewawkarî تەواوکاری îkmal
(îmtîhana îkmalê) .
t. bütünleme (sınav) .
tewawkirdin تەواوکردن
xelaskirin, qedandin. *t.*
bitirme.
tewaw kirdin تەواو کردن
xelas kirin, qedandin.
t. bitirmek.
têkel تێکەڵ têkel, tevlihev.
t. karışık.
têkelbûn تێکەڵبوون têkelbûn.
t. karmaşıklaşma.
têkelaw kirdin تێکەڵاو
کردن tevlihev kirin,
tev dan. *t.* karıştırmak.
têper تێپەڕ têper. *t.*
geçişli.
têperandin تێپەڕاندن têperandin.

t. geçme, geçirme.
têper bûn تێپەڕبوون derbas bûn, borîn. *t.* geçmek.
têperîn تێپەڕین têperîn. *t.* geçme, transit.

W

wata واتا wate, mane. *t.* anlam.
watasazî واتاسازی watenasî, watezanî (zanista ku zimên ji hêla wateyê ve vedikole) *t.* anlambilgisi.
watayî واتایی wateyî. *t.* anlamsal.
wergêr وەرگێر wergêr, tercuman. *t.* tercüman.
wergêran وەرگێران wergerandin. *t.* tercüme etme, çevirme.
wişe وشە peyv, bêje, kelîme; soz, ferman. *t.* kelime; söz. **wişe le çend pît pêk dê** peyv ji çend pîtan pêk tê *kelime birkaç harften oluşur.*
wişesazî وشەسازی *r.z.* bêjesazî. *t.* kelime yapımı.
wişezanî وشەزانی *r.z.* bêjezanî. *t.* morfoloji.
wişey darijaw وشەی دارژاو *r.z.* bêjeyên darijtî. *t.* türemiş kelimeler.
wişey erkyarî وشەی ئەرکیاری *r.z.* bêjeya erkyarî. *t.* işlevsel kelime.
wişey lêkdiraw وشەی لێکدراو *r.z.* bêjeyên hevedudanî. *t.* bileşik kelimeler.
wişey sade وشەی سادە *r.z.* bêjeyên xwerû. *t.* sade kelimeler.
witar وتار gotar, xutbe; nivîsar. *t.*söylev; makale; konuşma.

Z

zayend زایەند zayend. *t.* cinsiyet